KB093209

오스만 제국 600년사

1299~1922

오스만 제국
600년사

1299~1922

이희철
지음

푸른역사

책을 펴내며

오스만 제국은 서양사에서 '잊힌 제국'이다. 15세기 오스만 제국의 부상과 확장은 유럽인들에게 충격과 함께 시련을 안겨주었다. 20세기 초까지 오스만 제국이 존재하는 동안 기독교 세계(유럽)와 이슬람 세계(오스만 제국)는 대결 구도에 갇히게 되었다. 그리고 20세기 후반에 이르러서는 기독교 세계의 우월성을 강조하는 서양(기독교)과 동양(이슬람)의 이분법적 담론 속에서 이슬람은 서구의 경계 대상이 되었고, 유럽을 괴롭힌 오스만 제국은 기독교 세계 밖의 '타자'일 뿐이었다. 그 때문에 오스만 제국에 관한 서구의 탐구는 지연되었다.

이처럼 서양사에서 '잊힌' 오스만 제국은 최근 반세기 동안 터키와 미국·영국·프랑스 등 서구 역사학자들의 탐구를 통해 서양사의 당당한 한 축으로 부활하고 있다.

오스만 제국은 역사상 가장 강력하고 가장 오래 존속한 제국 중 하나이며 세계사에도 큰 영향력을 끼친 제국이다. 유목인이었던 터키인들이 아나톨리아반도에 정착하여 비잔티움 제국의 도시들을 정복한 뒤 유럽 '땅'에서 유럽인들을 대면한 것은 14세기였다. 그로부터 19세기까지 유럽과 오스만 제국은 생존을 위한 치열한 경쟁 속에서 서로 정치·문화적 영향을 주고받으며 공존했다. 그리고 16세기 초에 이집트 맘루크 술탄국을 정복한 이후 20세기 초반까지 대부분의 중동 지역을 지배했다. 아나톨리아반도를 중심으로 서쪽의 남동부 유럽 발칸반도와 동쪽의 중동 지역은 수 세기 동안 오스만 제국의 양 날개였다.

오늘날 터키 공화국의 전신인 오스만 제국은 여러 면에서 로마 제국과 닮은 점이 많다. 로마가 이탈리아반도 작은 도시에서 출발하여 거대한 제국으로 성장한 것처럼, 오스만 제국도 아나톨리아반도의 작은 도읍에서 출발하여 거대한 군사 제국이 되었다. 두 제국이 지중해 패권국의 모델이라는 것도 닮았고, 제국의 역사가 정복 전쟁으로 점철된 것도 그렇다. 그러면서도 두 제국은 광활한 영토와 법치를 기초로 다민족을 통합했고, 신앙과 예술 분야에서 지대한 문화적 영향력을 발휘했다. 또한 로마인들에게 로마 제국과 그들만의 종교와 문화가 있었다면, 터키인에게는 오스만 제국과 그들만의 종교와 문화가 있었다. 로마가 모든 로마인을 위한 세계 정상 도시였다면, 이스탄불(옛 이름 콘스탄티노플)은 모든 오스만 제국 사람들의 세계 정상 도시였다. 유럽인들에게 로마 제국이 영원한 제국인 것처럼, 오스만 제국은 모든 튀르크인(터키인)들에게 영원한 제국이다.

내가 오스만 제국의 역사와 문화를 쓰고자 마음을 굳힌 것은 꽤 오래되었다. 그 이유는 오스만 제국의 광대함에 대한 경외감과 알 수 없는 신비로움 때문이었다. 그러나 제국의 권역이 너무 넓고 그 작동 메커니즘도 너무 복잡하여 어디서부터 공부를 시작해야 할지 몰랐다. 오랫동안 단편적이고 파편적 지식을 축적하는 데 시간을 보냈다. 거대한 오스만 제국이 하루아

침에 이루어지지 않았듯이, 오스만 제국에 대한 폭넓은 이해를 갖추는 데는 정말 꾸준한 노력과 많은 시간이 필요했다.

　오스만 제국 역사 공부와 관련한 나의 경험 하나를 소개하고자 한다. 나는 낯선 곳을 가면 여기저기 책방을 둘러보고 책을 사고는 책머리 속장에 간단한 메모를 적어놓는 습관이 있다. 정보화 시대가 도래하던 1990년대 초 앙카라에서 공부할 때는 전문서적을 수집하는 것이 주말 일과가 될 정도로 헌책방을 뒤지고 다녔다. 그런데, 중고서점에 가면 헌책이 가득 담긴 상자가 몇 개씩 있곤 했다. 책방 주인은 유럽, 미국, 일본 등에서 '터키 역사'에 관한 책들을 수집해달라는 주문을 받아 보내주고 있다고 했다. 그때 외국에서는 이미 오스만 제국에 관한 연구가 본격적으로 시작되고 있다는 것을 직감했다. 곧바로 조지워싱턴대학의 역사학 교수가 쓴 《터키: 소사小史Turkey: A Short History》를 우리말로 밤낮으로 번역했다. 번역을 다 마친 후 영국 출판사에 직접 편지를 보내 한국어 출판 허가를 어렵게 받았지만, 국내에서는 오스만 제국이 너무 생소한지 받아주는 출판사가 없었다. 가까스로 책이 나왔지만, 오스만 제국 연구는 '외롭게' 시작되었다.

　《오스만 제국 600년사 1299~1922》는 오스만 제국의 역사를 처음 접하는 독자들을 위해 집필하였다. 건국부터 멸망까지의 역사를 편년체 통사 방식으로 서술하였다. 뿐만 아니라 전쟁과 정복을 통한 군사 강국, 다민족·다종교 사회, 종교적 관용, 지적·문화적·예술적 성취, 독특한 정신적 가치관과 신념, 탁월한 건축문화와 예술, 유럽과의 교류와 상호 영향 등 오스만 제국의 특징을 독자들이 잘 이해할 수 있도록 하였다. 필자는 대학원에서 국제관계학, 말하자면 외교정치학을 공부한 학습 관성으로 복잡한 국제관계 양상의 오스만 제국을 세계사의 부분이라는 관점에서 살펴보려고 했다. 현대인의 시각에서 오스만 제국을 이해하는 관점은 크게 두 가지이다. 첫째는 비잔티움 제국 변방의 작은 토후국이 세계 강국으로 성장하는 과정과 확장 전략에 관한 것이고, 둘째는 르네상스와 대항해시대 이후 유럽의 급속한 변화에 대한 오스만 제국의 인식, 그리고 당면한 변화와 혁신에 관한 것이다.

필자는 제국의 생명 주기로 일반적으로 받아들여진 태동기–전성기–정체기–쇠퇴기–붕괴기 등 다섯 단계를 참고하여 오스만 제국 역사를 다섯 단계로 구분하였는데, 국가 형성기와 전성기 다음의 17~19세기까지 3세기는 세기별로 변화 양상이 뚜렷한 특징이 있어 세기로 나누어 집필하였다. 오스만 제국을 처음 대하는 독자들을 위해 오스만 제국에 이르기까지 터키인의 역사를 서두에 배치하였다. 이 책은 총 6부로 구성되며 단계별 내용은 다음과 같다.

제1부는 터키인들의 선조인 튀르크인들의 과거 역사와 아나톨리아반도에 튀르크인들이 진입하여 셀주크 제국을 세우는 과정을 짚어본다. 제2부는 1300~1453년까지의 건국 시기를 다룬다. 제1대에서 7대까지의 술탄 기간으로 아나톨리아 서부 변방에서 시작된 토후국이 오스만 술탄국으로 성장하고 확대되는 과정이다. 제3부는 오스만 제국의 최전성기인 1453~1600년까지로, 변경의 오스만 술탄국이 세계 제국으로 부상한 시기로 오스만 제국의 전성기이자 고전기Classical Age이다. 제7대 술탄부터 12대 술탄까지의 기간이다. 제4부는 격랑의 시대로 1600~1700년까지의 17세기 오스만 제국을 탐색한다. 제13대에서 22대 술탄까지의 기간이다. 오스만 제국의 영토 확장이 둔화 국면에 접어들고 술탄의 권위 추락과 통치 위기를 맞으면서 서서히 길게 진행될 정체기가 시작되는 과정을 다룬다. 제5부는 변화와 외교의 시대로 1700~1800년까지의 18세기 오스만 제국을 다

룬다. 제23대 술탄부터 28대 술탄까지의 기간으로 중앙집권체제가 약화되고 영토가 상실되는 쇠퇴기이다. 오스트리아·러시아·영국·프로이센·프랑스 등 유럽의 5대 열강이 오스만 제국 영역에서 일방적인 전략적 이익 추구에 몰두하는 시기이기도 하다. 마지막으로 제6부는 1800~1922년까지 개혁과 근대화 과정을 거쳐 제1차 세계대전으로 몰락하는 과정을 다룬다. 제29대 술탄부터 36대 술탄까지의 기간으로 개혁에 대한 저항, 소수민족들의 독립을 향한 민족주의 열풍으로 심각한 내부 도전에 직면한 위기 상황을 포함한다.

오스만 제국 역사의 원전原典에 접근하는 일은 어려운 일이다. 터키에 남아 있는 오스만 제국 역사의 원전은 페르시아어, 아랍어, 13세기 아나톨리아 튀르크어, 16세기 오스만 튀르크어 등으로 기록되어 있어 이들 언어에 능통해야 하기 때문이다. 나는 오스만 제국을 연구하면서 주로 공적 기관인 터키역사위원회의 문헌과 대학의 논문, 그리고 할릴 이날즉 같은 정통 터키 역사학자의 문헌과 논문을 두루 섭렵했다. 필자는 오스만 제국 역사를 활발히 연구하고 있는 미국, 영국, 프랑스 등의 유수 대학이나 학자, 연구자들이 생산하는 문헌, 논문 등과 같은 선행 연구물에 크게 의존하고 혜택받았음을 밝히는 바이다.

헤로도토스의 《역사》 서문에 있는 단어 하나를 감히 빌려 말한다면, 이 책은 오스만 제국에 관한 '탐사 보고서'를 쓰는 자세로 준비했다. 아무쪼록 이 책이 역사를 전공하는 학생, 연구자나 동·서양 역사에 관심을 가진 일반 독자들에게 오스만 제국 역사에 관한 친절한 길잡이 입문서이자 교양 학술서로 도움이 되었으면 한다.

한편, 터키는 국내적으로 '튀르키예'라는 국명을 사용했지만, 국제적으로는 영어식 표기인 '터키'라는 국명이 널리 쓰이고 있었다. 그러나 '터키'가 영어 단어로 칠면조인 데다 속어로 '무능한 자' 혹은 '패배자'의 뜻으로 쓰여 그간 터키 정부는 국명 변경을 위한 대대적인 캠페인을 벌여왔다. 그 결과 2022년 6월 초 유엔이 터키 정부의 요청을 받아들이면서 터키Turkey라는 국명이 튀르키예Türkiye로 변경되었다. 이는 2023년 터키(튀르키예) 공화국 건국 100주년을 앞두고 터키인들의 역사적 정체성과 그들이 일궈온 문화적 가치 및 국가 브랜드를 고양하는 의미 있는 조치로 보인다. 국호 변경으로 터키, 터키인, 튀르크인, 튀르키예인 등을 어떻게 정의하고 사용해야 하는지는 학술적인 검토가 필요해 보이지만, 본 책에서는 그간 통상적으로 사용해 온 터키, 터키인을 그대로 쓰기로 한다.

끝으로, 어려운 출판 환경에서도 졸저의 출판을 허락해준 도서출판 푸른역사에 진심으로 감사드린다. 초고를 읽고 유용한 조언을 주시고 꼼꼼한 편집을 거쳐 단아한 책으로 만들어 주신 출판사 관계자 여러분들의 노고에도 머리 숙여 감사드린다.

2022년 여름
저자 이희철

오스만 제국 600년사

차례

1299~1324	**오스만 가지 건국자 재위(초대)**
1324~1362	**오르한 가지 재위(2대)**
1326	비잔티움 도시 푸르사(부르사) 정복, 오스만 제국 최초의 수도
1327	오스만 제국 최초의 은화, 부르사에서 주조
1331	비잔티움 도시 니케아(이즈니크) 정복
1337	비잔티움 도시 니코메디아(이즈미트) 정복
1341~1347	비잔티움에서 내전
1345	카레시 토후국 병합
1346	오르한, 비잔티움 황제 요안니스 6세 칸타쿠제노스의 딸 테오도라와 결혼
1362~1389	**무라드 1세 재위(3대)**
1363	비잔티움 도시 아드리아노플(에디르네) 정복, 오스만 제국의 두 번째 수도
1375~1380	게르미얀, 하미디 토후국 병합
1389	코소보 전투 승리(무라드 1세 전사), 세르비아 정복
1389~1402	**바예지드 1세 재위(4대)**
1396	니코폴리스 전투에서 오스만 군대 유럽 십자군에 승리
1402	앙카라 전투에서 바예지드 1세 티무르에 생포
1402~1413	술탄 유고 사태Ottoman Interregnum, 내전에서 메흐메드 1세 승리
1413~1421	**메흐메드 1세 재위(5대)**
1415	바예지드의 아들 무스타파 반란, 수피주의자 셰이흐 베드레틴 반란
1416	겔리볼루 해전에서 베네치아 함대에 대패
1421~1451	**무라드 2세 재위(6대)**
1422	콘스탄티노플 포위 작전
1440	베오그라드 공략 실패
1443	세르비아의 니시 전투에서 패배
1444	바르나 전투에서 십자군 연합군에 승리
1448	세르비아의 코소보 전투에서 기독교 연합군대에 승리, 발칸반도 완전 장악
1450년경	데브쉬르메 제도 시행
1451~1481	**메흐메드 2세 재위(7대)**
1453	콘스탄티노플 정복, 비잔티움 제국 멸망
1454~1480	25년간 원정 수행
1459	톱카프 궁전 건축 시공
1461	흑해의 트레비존드 제국 정복

1475~1783	흑해의 노예무역 중심지 크림 칸국, 오스만 제국의 속국이 됨
1479	베네치아, 오스만 조정에 화가 젠틸레 벨리니 파견
1481~1512	**바예지드 2세(8대)**
1485~1491	이집트 맘루크왕조와의 전쟁, 양측 간 결정적 승자 없이 종료
1492	스페인에서 추방된 유대인 수용
1499~1503	베네치아와의 전쟁, 모레아반도에서 베네치아 세력 축출
1501	아나톨리아 동부 변경에서 사파비 왕조(1501~1736) 건국
1512	셀림 1세, 아버지인 바예지드 2세 폐위
1512~1520	**셀림 1세 재위(9대)**
1514	사파비 왕조와의 찰드란 전투에서 승리
1515	둘카디르 토후국, 오스만 제국에 병합
1516~1517	맘루크 술탄국 정복, 시리아, 이집트 정복으로 칼리프 지위 획득
1520	셀림 1세 병사病死
1520~1566	**쉴레이만 1세 재위(10대)**
1521~1566	13차례 대규모 원정 수행
1521	헝가리 원정 베오그라드 정복, 유럽 세계 동요
1523	로도스 정복, 성요한기사단 축출
1526	모하치 전투에서 러요시 2세의 헝가리 군대 제압
1529	제1차 빈 침공 실패, 퇴각
1541	헝가리 부다(현 부다페스트) 정복
1547	헝가리 분열: 쉴레이만 1세와 합스부르크가의 페르디난트 1세 간 조약 체결
1554	이스탄불에 커피하우스 개점
1557	쉴레이마니예 모스크 건설
1566	헝가리 원정 중 쉴레이만 1세 사망
1566~1574	**셀림 2세 재위(11대)**
1570	베네치아 지배령 키프로스 정복
1571	레판토 해전에서 신성 동맹의 함대에 패배
1574~1595	**무라드 3세 재위(12대)**
1577	톱하네 언덕에 오스만 제국 최초 천문 관측소 설립
1578~1579	톱카프궁 하렘 확장 공사
1579	대재상 소콜루 메흐메드 파샤, 자객에 피살
1580	영국에 무역 특혜capitulation 부여
1581	프랑스에 무역 특혜 부여

1583~1590	캅카스 지배권을 놓고 사파비 왕조와의 전쟁
1595~1603	**메흐메드 3세 재위(13대)**
1595	즉위 시 어린 유아 포함 19명의 남자 형제 교살, 정의 칙령 공포
1596~1617	아나톨리아 전역에서 젤랄리 반란(농민반란)
1603~1617	**아흐메드 1세(14대)**
1603	형제살해법 철폐, 가택연금의 카페스 제도 시행
1606	오스트리아와 지트바토로크 조약 체결, 15년 전쟁(1591~1606) 종결
1609	정의 칙령 공포
1609~1616	성 소피아교회 맞은편에 블루 모스크 건립
1617~1618	**무스타파 1세(15대)**
1618	정신질환으로 폐위, 오스만 1세의 폐위로 재즉위(1622~23)했으나 폐위
1618~1622	**오스만 2세(16대)**
1621	폴란드 원정, 호틴 전투에서 승전 없이 귀환, 이스탄불 해협 결빙
1622	예니체리에 의해 오스만 1세 폐위, 예디쿨레 감옥에서 죽음
1623~1640	**무라드 4세(17대)**
1631	이스탄불 대화재, 흡연 금지법 발령, 코취 베이 보고서 술탄에 상정
1635	아르메니아 예레반 성 탈환, 타브리즈 탈환
1637	사파비 왕조 원정, 바그다드 탈환
1639	사파비 왕조와 카스르쉬린 조약 체결, 현재 터키와 이란의 국경 설정
1640	간경변 증세로 28세로 사망
1640~1648	**이브라힘(18대)**
1648	방탕하고 사치스러운 생활로 고위관리, 예니체리 등의 반란으로 폐위
1648~1687	**메흐메드 4세(19대)**
1656~1676	쾨프륄뤼 메흐메드, 쾨프륄뤼 파즐 아흐메드, 부자父子 대재상 역임
1669	쾨프륄뤼 파즐 아흐메드, 베네치아령 크레타섬 정복
1683	제2차 빈 공략 실패
1683~1699	빈 공략 실패 후 유럽과 네 개의 전선에서 전쟁
1687~1691	**쉴레이만 2세(20대)**
1688	재정난 타개 위해 만그르 동전 발행
1691~1695	아흐메드 2세(21대)
1695	종신 세금 징수권을 부여하는 말리카네 제도 시행
1695~1703	**무스타파 2세(22대)**
1699	카를로비츠 조약 체결, 오스트리아·베네치아·폴란드와 16년간의 전쟁 종결

1700	러시아와 이스탄불 조약 체결, 13간의 전쟁 종결
1703	세이홀 이슬람 페이줄라 에펜디의 직권남용과 부정부패로 술탄 폐위
1703~1730	**아흐메드 3세(23대)**
1711	러시아와 프루트 평화조약 체결
1718	오스트리아와 파사로비츠 평화조약 체결
1718~1730	튤립 시대: 문화 개방 시대
1721	이르미세키즈 첼레비 메흐메드를 프랑스에 외교사절로 파견
1730	파르로나 할릴 반란으로 술탄 폐위, 대재상 교살
1730~1754	**마흐무드 1세(24대)**
1732	사파비 왕조와 평화조약 체결
1739	베오그라드 재점령
1745	이스탄불 대화재
1750	이스탄불 대화재
1752	이스탄불 지진
1754~1757	**오스만 3세(25대)**
1755	골든혼 결빙
1756	이스탄불 대화재
1757~1774	**무스타파 3세(26대)**
1760	랄렐리 모스크 건축
1766	이스탄불 대지진
1768~1774	러시아와 전쟁
1770	러시아와 체쉬메 해전에서 대패
1774~1789	**압뒬하미드 1세(27대)**
1774	러시아와 퀴췩카이나르자 조약 체결
1782	이스탄불 대화재
1783	러시아, 크림 칸국 합병
1787~1791	러시아와 전쟁
1789~1807	**셀림 3세(28대)**
1789	프랑스대혁명
1793	니자므 제디드(새로운 질서)라는 이름의 개혁
1798	나폴레옹, 이집트 침략/ 오스만 제국, 프랑스에 선전포고
1799	오스만-영국 동맹, 나폴레옹의 급거 본국 귀환
1801	프랑스군, 이집트 철수

1802	프랑스와 평화조약 체결, 관계 복원
1804	세르비아인 반란
1805	메흐메드 알리 파샤, 이집트 총독으로 임명
1806	세르비아인 반란, 러시아에 선전포고
1807	카박츠 무스타파 반란으로 셀림 3세 폐위
1807~1808	**무스타파 4세(29대)**
1808	셀림 3세 복위 목적으로 알렘다르 무스타파(아얀) 반란/무스타파 4세 폐위
1808~1839	**마흐무드 2세(30대)**
1808	아얀들과 세네디 이티파크(실행협의서) 서명
1826	예니체리 강제 해체
1827	나바리노 해전에서 러시아·영국·프랑스의 3국 연합함대에 대패
1829	의상법 공표
1830	세르비아 자치 인정, 그리스 독립
1832	메흐메드 알리 이집트 총독 반란
1833	러시아와 휸카르 이스켈레시 조약으로 동맹 형성
1838	발타리마느 조약으로 영국에 무역 특혜
1839	이집트 군대의 니집 탈환 소식에 술탄 사망
1839~1861	**압뒬메지드(31대)**
1839	귈하네 칙령 공표
1840	유럽 열강, 이집트 문제를 해결하기 위한 런던 조약 체결
1841	메흐메드 알리를 이집트의 세습 총독으로 임명
1841	터키 해협에 관한 런던 조약 체결
1853~1856	러시아와 크림 전쟁
1854	최초의 외채 도입
1856	개혁 칙령 공표
1856	돌마바흐체 궁전 개관 및 크림 전쟁 종전 기념 연회
1861	압뒬메지드, 결핵으로 병사
1861~1876	**압뒬아지즈(32대)**
1839~1876	탄지마트 시대, 유럽식 개혁
1863	이집트 방문, 수에즈운하 건설 사업 행사 참여
1867	프랑스·영국·오스트리아 공식 순방
1871	런던 조약, 흑해의 중립 조항 폐기
1876	대내외 채무 상환 정지 선언

1876	쿠데타로 술탄 폐위와 사망
1876~1876	**무라드 5세(33대)**
1876	정신 이상 증세로 폐위 (93일 재위)
1876~1909	**압뒬하미드 2세(34대)**
1876	최초의 헌법 '카누니 에사씨' 공포
1877	양원제로 구성된 최초의 의회 개원
1877~1878	러시아와 전쟁
1878	압뒬하미드 2세, 국가가 전쟁 중임을 이유로 의회 해산
1878	러시아와 산스테파노 강화조약 체결
1881	오스만국가채무위원회(7개국 채권단 대표) 설립
1896	크레타에서 그리스인 반란
1903	마케도니아 반란
1908	압뒬하미드 2세, 헌정 복귀 선언
1908	그리스, 크레타섬 병합 선포
1909	하레케트 부대, 이스탄불 입성, 일드즈 궁 포위, 압뒬하미드 2세 폐위
1909~1918	**메흐메드 5세(35대)**
1910	츠라안 궁전 화재
1911	리비아 트리폴리에서 이탈리아와 전쟁, 패배
1912~1913	제1차 발칸 전쟁, 발칸의 소국들에 패전
1913	제2차 발칸 전쟁, 발칸의 영토 상실
1914~1918	제1차 세계대전, 패전국으로 전락
1918~1922	**메흐메드 6세(36대)**
1918	몬드로스 휴전협정, 연합군 세력 이스탄불 점령
1919	무스타파 케말, 에르주룸·시바스·아마스야 등에서 국민저항운동 주도
1920	오스만 제국을 분할하는 세브르 비밀협정(이스탄불 술탄 정부 서명)
1921~1922	무스타파 케말 주도 국민저항군, 그리스와 전투/ 그리스군 격퇴
1922	연합국 측과 무단야 휴전조약 체결
1922	술탄 왕정제 폐지, 메흐메드 6세 망명
1922	압뒬메지드 에펜디, 칼리프로 선출
1923	터키 문제 해결을 위한 로잔 평화조약, 터키 공화국 공식 출범
1924	칼리프 제도 폐지, 오스만 왕가 후손 추방 조치

1
역사 속의 튀르크인,
터키인

터키인의 기원

터키인, 튀르크인

오늘날 우리가 '터키인'이라 할 때는 터키 공화국에서 터키어를 모국어로 구사하며 사는 사람들을 말한다. '튀르크Türk'는 터키인들의 조상을 의미하는데, 이는 인종적·언어적인 측면이 강조되는 단어이다. 터키의 언어학자 탈라트 테킨에 따르면, 터키인은 언어학적으로 알타이어를 사용하는 알타이계 민족으로 튀르크 계열에 속한다. 터키어로는 '터키인'과 '튀르크'인을 구별하는 별도의 단어는 없다. 'Türk'라쓰고 문맥에 따라 '터키인'도 되고 '튀르크인'도 된다. 사실 '튀르크' 또는 '튀르크인'을 설명하기란 간단한 일이 아니다. '튀르크'란 일종의 통칭으로 그 구성원은 시·공간적으로 다양하다. 튀르크인들의 역사가 만든 지리적 범위가 광활하고 그 지리적 범위에서 살았던 사람, 언어와 문화들이 직물 조직의 씨줄 날줄처럼 서로 엮여 있기 때문이다. 그런 이유로 터키 공화국 밖의 터키인들, 과거 역사 속의 터키인들은 모두 '튀르크인'으로 부른다.

튀르크인들의 '원시 고향proto-Turkic homeland'은 중앙아시아 지역이다. 중앙아시아의 험준한 산맥과 건조한 사막, 풀이 많은 초원 지역이 유목민의 영역이었다. 이곳은 기동성이 뛰어난 유목 기마민족의 생활 터전이었다. 고고학적 연구 결과에 따르면, 원시 튀르크족proto-Türk은 알타이 문화권의 아파나시예보 문화와 안드로노보 문화가 꽃핀 지역에 거주하였다. 아파나시예보 문화(기원전 3000~1700)는 알타이산맥에서 볼가강에 이르는 지역에서 형성되었고, 안드로노보 문화(기원전 1700~1200)는 알타이산맥에서 사얀산맥 남서쪽에 펼쳐진 광활한 초원에서 번영하였다. 튀르크인들은 이곳에서 목축을 주업으로 하고 농업을 부업으로 하며 생계를 유지하였다. 전사이자 유목민인 튀르크인들은 기후 변화, 인구 증가, 식량 부족, 지정학적 권력 경쟁 등으로 기원전 1700년대부터 최초의 거주지를 떠나 알타이산맥과 톈산산맥이 연결되는 지역으로 이주하였다. 3,500년 동안 튀르크인들은 유라시아에 걸쳐 있는 초원 지역에서 유목생활을 했기 때문에, 튀르크인들의 문화는 초원 유목문화가 바탕이 되었다.

튀르크인들의 정치적 단위는 부족이었다. 부족의 크기는 환경에 따라 다르지만, 규모가 크고 작은 것은 중요하지 않았다. 같은 언어, 전통, 관습만 갖고 있으면 부족이 되었다. 부족민들은 무리를 이끄는 부족장을 따라 가족과 천막, 가축을 함께 데리고 이주했다. 튀르크라는 이름 아래 수많은 부족이 모이게 되었다. 그래서 '튀르크'는 다양한 부족의 연맹체를 상징하는 이름이다. 튀르크인들의 연맹체가 만들어진 곳은 알타이산맥을 중심으로 한 북방 유라시아 초원지대이다. 동쪽의 몽골 초원과 서쪽의 중앙아시아 초원을 연결한 것이 북방 유라시아 초

튀르크인들의 원시 고향

아래 지도의 짙은 회색은 고고학적 연구 등으로 밝혀진 기원전 20000~10000년경
튀르크인들의 원시 고향이다. 북쪽으로는 시베리아, 남쪽으로는 히말라야산맥,
동쪽으로는 싱안링(흥안령)산맥, 서쪽으로는 카스피해로 둘러싸인 오늘날 중앙아시아
지역이다. 튀르크인들은 기원전 1700년경부터 동쪽으로는 중국 간쑤성, 오르도스고원 지역,
서쪽으로는 톈산산맥과 아랄해 지역 등으로 이주하였다. 살림 코자Salim Koca(1952~2020) 교수의
연구논문(〈튀르크인들의 이주와 확산Türklerin Göçleri ve Yayılmaları, 2002〉)과
케말 카라Kemal Kara의 고교 역사 검정교과서(2004) 참조.

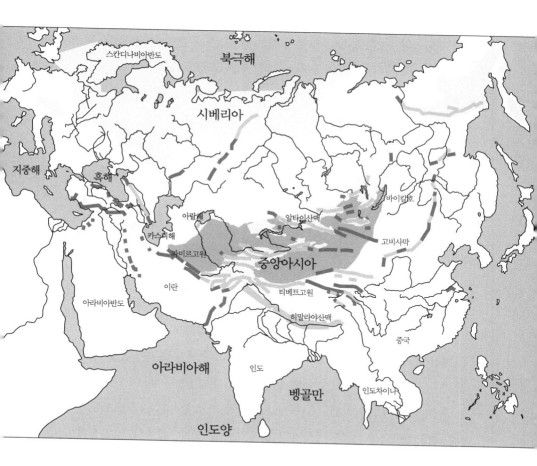

원으로 실크로드가 관통하는 곳이다. 다양한 부족의 연맹체였던 흉노와 돌궐 제국이 몽골 초원의 알타이산맥 근처에서 탄생하여 중앙아시아 초원으로 영역을 넓혀갔고, 광활한 유라시아 초원에서 먼 거리를 연결하는 중계무역으로 교역로와 상권을 장악하여 경제적 부를 얻었다. 중국에서 당나라가 들어선 7세기 이후부터 동쪽 초원 지역은 중국 문화권이 되었고, 서쪽의 초원 지역은 페르시아와 이슬람 문화권이 되었다. 7세기 중반부터 이슬람을 접하고 9~10세기에 이슬람을 수용하면서 튀르크인들의 세계는 통일국가 셀주크를 중심으로 역동적으로 전개되었다. 셀주크 제국 시대에 튀르크인들은 중앙아시아를 떠나 오늘날 중동으로 대규모 이주를 했으나, 튀르크계의 카라한 왕조, 나이만 왕국은 칭기즈 칸의 몽골 제국이 등장하기 전인 12세기 말까지 초원을 지켰다.

수천 년 동안 튀르크인들은 크고 작은 제국을 수없이 건설하였다. 무사 기질이 강한 튀르크인들은 제국을 건설하는 능력이 탁월했다. 그중에서도 튀르크인들이 유라시아 초원에서 세운 흉노 제국과 돌궐 제국은 초원의 패권을 쥐고 있었다. 튀르크인들이 최초로 세운 흉노 제국은 기마술과 궁술에 능한 유목 기마민족의 원형이 되었다. 거대한 영토나 사회를 운영하기 위한 이원화(동서 또는 좌우로 구분) 제도나 십진법에 따른 군사조직(십, 백, 천, 만 단위) 편성은 이후 돌궐, 위구르 등 튀르크계 거의 모든 국가에 전승되어 튀르크 사회를 특징짓는 정치제도 개념이 되었다. 흉노 제국이 멸망한 후 6세기에 몽골 초원에 돌궐 제국이 등장하였다. 동서로 합쳐진 돌궐의 영토는 이전의 흉노 제국 영토와 거의 같은 지역이었고, 중국에서 지중해까지 연결되는 실크로드가 돌궐의 영역이 되었다. 전성기에 돌궐은 중국, 인도, 페르시아, 비잔티움 등 4개국과 국경을 같이하였다. 돌궐 멸망 이후 튀르크인들은 새로운 삶의 터전을 찾아 아시아 서쪽과 중앙아시아 지역으로 이주하였다. 여러 세기가 지나 중앙아시아에 이주한 무슬림 튀르크인들은 셀주크 제국을 세웠다.

이처럼 유목민족인 튀르크인들의 역사는 이주의 역사였다. 그들의 이주는 두 번에 걸쳐 세계 역사의 흐름을 바꾸어놓았다. 첫 번째는 흉노의 일파인 훈족이 유럽의 게르만족을 침략한 사건이다. 훈족의 공세에 밀린 게르만족이 연쇄적으로 로마를 침공하여 결국 로마 제국이 멸망하였고, 이로 인해 세계사에서 고대가 마감되고 중세가 열렸다. 두 번째는 튀르크족 중에서 가장 규모가 큰 오구즈족의 대이동으로 건설된 오스만 제국이 콘스탄티노플을 정복한 사건이다. 이로써 비잔티움은 몰락하였고, 중세가 마감되고 근대가 열렸다.

튀르크계의 전설적인 부족 오구즈족

튀르크계 부족 중에 오늘날 터키인들의 가장 가까운 조상은 '오구즈족'이다. '오구즈Oguz, Oğuz'라는 말은 멀리는 기원전 3~2세기 중국의 기록에 나타난다고는 하지만, 역사 무대에서는 8세기 돌궐 비문에 등장하면서 사용되었다. 그러나 오구즈족의 존재가 확실하게 드러난 때는 그들이 오늘날 중동 지역 전역에 셀주크 제국을 건설하면서부터다. 7세기 후반부터 8세기 초 몽골의 툴라강에 살기 시작한 오구즈족은 오늘날 터키, 아제르바이잔, 이란의 아제리인, 이라크의 튀르크멘, 투르크메니스탄 사람들의 선조가 되었다. 오구즈족은 몽골의 툴라강과 셀렝가강 사이에서 집단으로 거주하다가 중앙아시아 서쪽의 아무다리야강과 시르다리야강 사이, 즉 트란스옥시아나에 대규모로 거주하였다.

오구즈 부족은 이곳에서 상업을 주로 하면서 남쪽의 압바스 왕조와 종교적·문화적인 접촉을 하게 되었다. 오구즈족들이 샤머니즘을 버리고 유일신을 믿는 이슬람을 알게 된 것은 바로 이때다. 오구즈족은 10세기경부터 이슬람 수니파에 귀의하였다. 이슬람의 엄격한 율법주의나 경외심만을 강조하는 형식주의를 탈피하여 신비적 체험을 통해 '신과 합일'에 도달한다며 이슬람을 포교하는 수피주의자(이슬람 신비주의자)의 영향을 받은 것이다. 중앙아시아 튀르크족이 이슬람 문명 집단을 수용한 것은 인류 문명사에서 외부 문명을 거족적으로 수용한 대표적인 사례이다. 튀르크인들의 이슬람화 과정은 마찰없이 비교적 순탄하게 진행되었다. 튀르크족 고유의 천신 신앙이 이슬람의 유일신 신앙과 유사하고 튀크르족들의 진취적이고 도전적인 정복정신이 이슬람의 성전holy war(가자gazha)과 부합되는 면이 있기 때문이었다.

오구즈족은 11세기에 메소포타미아, 시리아, 이란 등을 포함한 중동에 대셀주크 제국을 건국해 중세 이슬람 세계에서 중요한 위치를 차지하게 되었다. 오구즈족은 아랍인과 페르시아인들을 지배하면서 다른 부족들보다 우월한 지위를 얻게 되었고, 이슬람 역사에서 괄목할 만한 주목을 받았다.[1] 오구즈족이 이슬람을 받아들인 후 무슬림이 된 사람들과 그렇지 않은 사람들을 구분하였는데, 10세기부터 이슬람을 받아들인 오구즈족들은 '튀르크멘Türkmen', 개종하지 않은 사람들은 그대로 '오구즈'라고 불렸다. 오구즈 부족에 관한 이야기는 튀르크인들의 세계관, 생활상, 전통 관습, 영웅담을 담은 설화로 구성된 30여 개에 가까운 《오구즈나메*Oğuznâme*》(오구즈 이야기)에 전해 내려온다. 《오구즈나메》에 따르면, 오구즈족은 24개 부족으로 구성되었는데, 24개 오구즈 부족의 이름은 모두 신화적 인물인 오구즈 칸Oğuz Kağan의 자손 이름으로 되어있다.[2] 오구즈 부족의 이야기는 튀르크인들이 혈연을 강조하는 씨족, 부족을 얼마나 중요하게 여겼는지를 보여준다.

이슬람 셀주크 제국

셀주크 제국의 창건자 셀주크

셀주크 술탄조의 이름은 건국자 셀주크Seljuk의 이름을 따서 붙여졌다. 셀주크 가문은 '대셀주크 제국Great Seljuk Empire'(1040~1195)과 '아나톨리아 셀주크조The Seljuks of Anatolia'(1077~1308)를 세웠다. 대셀주크 제국을 세운 튀르크 부족은 오구즈족이었다. 반유목, 반정주 생활을 하던 오구즈족은 10세기에는 시르다리야강과 카스피해 사이의 지역에 살고 있었다. 시르다리야강 연안의 젠드, 예니켄트, 파라브 같은 곳은 오구즈족이 많이 살던 도읍이다. 그들은 이곳에서 '오구즈 부족국가Oguz Yabgu State'를 이루고 이웃 국가에 양을 팔며 풍요로운 생활을 영위했다. 오구즈 부족의 통치자를 '야브구Yabgu'라 불렀는데, 24개의 오구즈 부족은 각각의 야브구가 통치했다.

셀주크 제국의 역사 대장정은 '셀주크'가 거주지를 떠난 것으로 시작한다. 985년경 셀주크는 자신을 따르는 오구즈 부족 사람들과 기병,

양과 낙타 떼를 데리고 예니켄트를 떠나 이슬람 무사(가지gazi)들이 많은 '젠드Cend'(현 카자흐스탄의 키질로르다)로 이주했다. 젠드는 이슬람 세계와는 멀리 떨어진 변방이었다. 이곳에서 셀주크는 이슬람을 받아들였다. 셀주크가 이슬람을 받아들인 것은 이슬람을 수용하지 않은 오구즈 부족들과의 결별을 의미했다. 셀주크는 주변의 사만(819~999), 카라한(840~1212), 가즈니(963~1186), 파티마(909~1171) 등과 같은 이슬람 왕조들에 직접 맞설 수는 없었다. 때문에 세력을 키워야 했다. 이슬람교도가 된 셀주크는 젠드를 넘어 이교도들과 싸워 승리를 거듭하면서 유명해졌다. 그는 '가지'라는 칭호를 얻었고 유목민들은 셀주크 군대의 일원이 되려고 몰려들었다.

역사적으로 문명의 교차로인 트란스옥시아나는 튀르크계, 페르시아계 왕조들이 장악하려던 곳이었다. 이 시기에 트란스옥시아나를 지배하던 페르시아계 사만 왕조는 튀르크계 카라한 왕조의 침략에 곤욕을 치르고 있었다. 트란스옥시아나에서 국경을 맞대고 있는 사만과 카라한 사이에서 셀주크는 사만 왕조를 지원했다. 그 대가로 사만 왕조는 셀주크에 누르(부하라와 사마르칸트 사이의 도읍)에 있는 목초지를 내주었고, 셀주크는 사만 왕조 국경을 방어해주었다.

셀주크가 노쇠해지자 그의 아들 아르슬란Arslan(사자라는 뜻)이 부족을 지휘했다. 카라한의 부하라 침략(999)으로 사만 왕조가 멸망하자, 셀주크족은 다시 카라한 왕조와 아프가니스탄에서 발흥한 가즈니 왕조의 틈바구니에 끼게 되었다.

중동을 지배한 대셀주크 제국

셀주크는 100세 넘게 살았고 11세기 초반인 1007년에 사망했다. 셀주크에게는 미카일, 이스라일(나중에 아르슬란으로 개명), 무사, 유수프 등네 명의 아들이 있었다.³ 미카일이 전장에서 사망하자 셀주크는 그의두 아들(투우룰Tuğrul, 차으르Çağrı)을 양육하였다. 셀주크가 세상을 떠난 뒤 아르슬란이 야브구에 올랐다. 아르슬란이 이끄는 셀주크 부족은트란스옥시아나의 혼란한 정치 현장에 휘말리게 되었다. 반란을 일으키고 부하라로 도망쳐 나온 카라한의 세자(알리 티긴) 편을 든 아르슬란은 1025년 가즈니 왕조의 마흐무트 칸에게 생포되어 7년간 감옥에서지내다 사망했다. 아르슬란의 생포로 셀주크의 손자 투우룰이 야브구가 되었다. 당대 사만조, 카라한조, 가즈니조 같은 강대한 국가를 세우려던 셀주크 부족은 투우룰과 차으르 형제의 등장으로 대셀주크 제국건설을 위한 정치 격변을 잇달아 겪어야 했다.

투우룰은 동생 차으르와 함께 공동 통치자가 되어 안정된 거주지 선택과 영토 확장을 위한 '성전'에 진력하였다. 투우룰은 1040년 가즈니조와 '단다나칸Dandanakan 전투' 승리 후에 이란의 니샤푸르Nishapur에서 '토후국'을 넘어 독립을 선포하고 제국의 초대 술탄이 되었다. 이슬람 세계의 문화와 경제 중심지 중 하나인 니샤푸르가 튀르크인들의지배하에 들어갔다. 1040년은 대셀주크 제국으로 발돋움한 해가 되었다. 1055년에는 시아파 부이 왕조의 위협을 받고 있던 이슬람 제국 압바스 왕조의 칼리프를 도와 바그다드를 정복했고, 1071년에는 비잔티움 제국의 군대와 '말라즈기르트(당시 지명 Manzikert) 전투'에서 압승하는 놀라운 성과를 보였다. 말라즈기르트 전투의 승리는 튀르크인(셀주크인)들의 전설적인 승리였다. 비잔티움은 이 전쟁에서 패배한 후 쇠락하게 되어 국경을 지킬 만한 힘도 잃게 되었다.

말라즈기르트 전투를 승리로 이끈 인물은 알프 아르슬란Alp Arslan이다. 알프 아르슬란은 차으르의 아들로 1063년에 큰아버지 투우룰이 사망하자 그해 대셀주크 제국의 2대 술탄으로 등극했다. 대셀주크 제국은 알프 아르슬란의 뒤를 이은 멜리크샤Melikşah 1세(재위 1072~92) 시대에 전성기를 맞았다. 셀주크의 아들 아르슬란 사망 후 반세기 만의 일이었다. 셀주크 제국의 영토는 동쪽에서는 중국, 서쪽으로는 비잔티움과 국경을 나누게 될 만큼 광활하여 '대great제국'이라는 이름이 붙게 되었다.

대셀주크 제국은 중세 이슬람 제국의 황금시대를 구가한 압바스 칼리프 왕조(750~1258)에 버금가는 광대한 영토를 차지했다. 중세 이슬람 문명 세계의 영토가 셀주크인들의 영토가 되었고, 메르브·레이·이스파한·바그다드·하마단 등 페르시아와 아랍 세계의 문명도시가 대셀주크 제국의 지배 아래 놓이게 되었다. 유목집단이 제국으로 변모해 가면서 국가 통치는 유목민 통치방식에서 정착민 통치방식으로 자리 잡았다. 대셀주크 제국의 군대는 튀르크멘 부족민과 튀르크계 '굴람ghulam'으로 구성된 기병대가 보병의 주축을 이루었다. 굴람은 정복지나 노예시장에서 획득한 노예를 이슬람으로 개종, 군사 훈련을 시킨 뒤 중앙 상비군으로 활용한 노예군인slave-warriors으로 전시에는 막강한 전투력을 과시했다.[4] 또한, 튀르크멘과 굴람 출신 지휘관들에게 중앙정부의 봉급 대신 토지를 하사하고 징수권을 부여하는 '이크타iqta' 제도를 시행했다. 이크타 제도는 중앙의 재정 부담을 줄이면서 변방의 침략에 즉각 대응할 수 있게 하였다.

대셀주크 제국 건설 전후로 이어진 튀르크 유목민들의 대규모 이주는 7~8세기 이슬람의 발흥과 아랍인들의 팽창 못지않게 극적이었고 근대 이전의 역사에서 찾아보기 힘든 대규모 집단 이주사를 기록하였다. 초원 유목문화에 익숙한 튀르크인들은 11세기 후반에 이르러 아랍·이슬람·페르시아 세계의 찬란한 정착 문명을 한꺼번에 손에 넣는 행운을 거머쥐었다. 튀르크인들은 대셀주크 제국 건설로 오늘날 중동 지역에서 자신들의 존재를 처음으로 드러낸 후 이 지역의 지배자가 되었다. 특히 대셀주크 제국의 영토인 이란 지역은 찬란한 문화를 꽃피운 페르시아 제국이 있던 곳으로 튀르크인들은 페르시아의 문화·예술·언어의 신실한 보호자patron가 되었다. 이에 더해 이슬람화된 아랍과 페르시아 지역에서 대셀주크 제국은 정통 수니 이슬람의 보호자가 되었고, 이 대의명분을 위해 대셀주크 제국은 신학교인 메드레세를 여러 도시에 세웠다. 이슬람은 제도화된 메드레세 교육을 통해 더욱 체계화되었다. 대셀주크 제국의 명재상 '니자뮐뮐크Nizamülmülk(또는 Nizam al-Mulk)'는 이슬람 법학과 신학뿐만 아니라 의학·수학·천문학 등을 가르치는 니자미예 메드레세Nizamiye Medrese를 여러 곳에 세웠다. 1063년, 최초의 고등 교육기관인 메드레세가 니샤푸르에 세워졌고, 1066년에는 가장 큰 규모의 메드레세가 바그다드에 세워졌다. 바그다드에 이어 실크로드를 따라 이스파한, 발흐, 바스라, 무술 등 주요 상업·문화 도시에도 메드레세가 설립되었다.

제국의 전성기에 니자뮐뮐크는 가장 탁월한 정치인이자 정치사상가였다. 그는 페르시아 학자 출신으로 셀주크의 알프 아르슬란 술탄과 그의 아들 멜리크샤 술탄 시대에 걸쳐 약 30년간 대재상을 지낸 인물이다. 니자뮐뮐크의 역량을 전적으로 신임한 멜리크샤는 통치자와 관료들이 원칙에 따라 행동하도록 필요한 조언 등을 책으로 써줄 것을 요청했다. 니자뮐뮐크는 《정치의 서書Siyasetname》(Book of Government)를 통해 당시 정치 상황을 진단하고, 미래 정치를 위해 군주가 무엇을 피해야 하며 신민의 만족한 삶을 위해 무엇을 해야 하는지 등을 정리했다. 그의 책은 이슬람 세계에서 정의의 실현, 효율적인 통치와 정부의 역할을 토론하기 위한 교재로 사용되었다. 그는 후에 《군주론》을 쓴 마키아벨리에 비유되었다. 불행하게도 대셀주크 제국의 전성기는 오래가지 않았다. 극단 시아파의 음모로 니자뮐뮐크가 1092년 10월에 살해되었고, 11월에는 술탄 멜리크샤도 독살되어 전성기의 막을 내리게 되었다. 이후 제국은 왕권 다툼으로 내홍이 계속되는 가운데 극단 시아파 교주의 암살 테러가 계속되었고, 마지막 8대 술탄 센제르는 약 40년간 술탄 직에 있었지만, 제국은 이미 쇠진해진 상태였다. 마침내 오구즈족들의 반란으로 술탄이 생포되었고, 1157년 술탄이 세상을 떠나자 제국도 건국된 지 한 세기를 겨우 넘기고 단명하게 되었다.

아나톨리아 셀주크조의 건국

대셀주크 제국이 반세기의 짧은 전성기를 끝내고 국세가 쇠약해진 것은 이미 제국의 본토에서 떨어져나간 3개의 셀주크 분국이 생겨난 것과 무관하지 않았다. 제국의 전성기 이전에 남부 페르시아의 케르만에 세워진 케르만 셀주크, 시리아 셀주크, 아나톨리아 셀주크가 분리되어 나갔고, 1092년 멜리크샤가 사망한 직후 술탄의 형제와 네 아들이 권력 투쟁을 벌여 이라크와 호라산 셀주크도 분리되었다. 대셀주크 제국

의 분국은 여러 부족으로 만들어진 초원 유목 제국의 전통적인 내부
분열성을 그대로 보여주었다. 이 중에서 아나톨리아 셀주크조는 셀주
크 국가 중 가장 오래 유지된 왕조이자 셀주크의 정치·경제·문화 등에
서 차지하는 역사적 비중이 다른 셀주크 분국과 비해 매우 컸다. 비록
대셀주크 제국은 단명하였으나 아나톨리아에서 번성한 셀주크조를 함

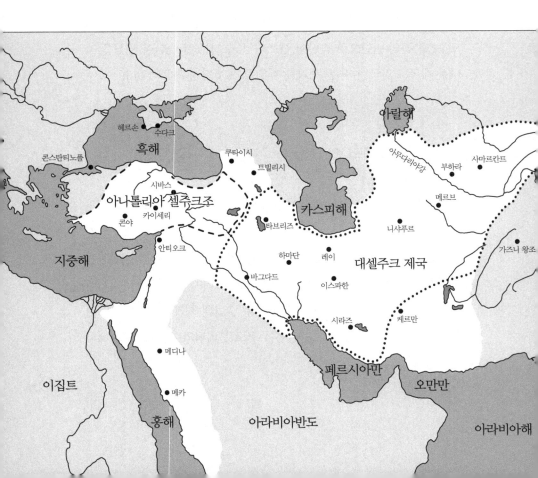

께 놓고 보면, 셀주크 왕조는 역사 무대에서 300년을 버티며 튀르크 이슬람 제국의 바탕을 만들었다.

아나톨리아 셀주크조가 탄생하는 데는 대셀주크 제국의 초대 술탄 투우룰의 사망으로 술탄위位 승계를 놓고 벌어진 혈연 간 권력 투쟁이 발단이었다. 권력 투쟁에서 승리한 알프 아르슬란이 2대 술탄이 되었고 패배한 쉴레이만(후에 쉴레이만 샤가 됨)은 정치 보복을 피해 비잔티움 변경 지역으로 피신했다.

1071년 말라즈기르트 전투 승리로 튀르크인들이 아나톨리아로 들어가는 '문'이 열리고 6년여가 지난 1077년, 쉴레이만이 비잔티움의 수도 콘스탄티노플이 그리 멀지 않은 니케아에 정착하고, 그곳을 '룸 술탄국'⁵이라고 명명했다. '아나톨리아 셀주크조'의 시작이었다. 니케아는 이즈니크로 변경되어 아나톨리아에서 튀르크인들의 최초 수도가 되었다.

쉴레이만 샤Süleyman Şah(재위 1077~86)의 니케아 정착은 때마침 비잔티움 황실 내부의 권력을 두고 벌어진 진흙탕 싸움으로 순조롭게 이뤄졌다. 비잔티움의 황제 니케포루스 3세가 아나톨리아에서 셀주크의 세력이 더 강성해지는 것을 막아보려 했지만 역부족이었고, 다음 황제인 알렉시우스 1세 콤네누스(1081~1118)는 새롭게 등장한 무슬림 세력 셀주크와 드라콘강을 국경으로 하는 평화협정을 맺어야만 했다. 1086년에 쉴레이만은 본국인 대셀주크 제국으로부터 독립했음을 선언했다.

십자군을 부른 성지 예루살렘

셀주크의 약진은 놀라웠다. 이전의 아랍인이나 페르시아인들이 콘스탄티노플 공략을 시도했던 때보다도 콘스탄티노플이 더 가까워졌다. 셀주크는 여기서 멈추지 않았다. 술탄 알프 아르슬란 사망 5년 후인 1077년 셀주크는 서쪽으로 원정을 계속해 시아파 파티마 왕조의 영역으로 들어가 팔레스타인과 시리아를 차지하고 예루살렘을 정복했다. 예루살렘은 이전 이슬람의 아랍 제국이 7세기에 점령하여 '바위의 돔 Dome of Rock'을 세운 곳이다. 이슬람 세계는 '바위의 돔'이 세워진 그곳이 바로 무함마드가 승천하여 하늘로 올라가 계시를 받은 곳이라고 믿었다. 그 때문에 이슬람교도에게도 예루살렘은 성지였고, 이로써 유대교, 기독교와 이슬람 등 3대 종교의 공동 성지가 되었다.

셀주크 세력이 점차 강해지면서 기독교 세계는 성지 예루살렘의 운명에 관해 우려하기 시작했다. 셀주크가 팔레스타인을 정복한 이후 아랍 세계는 정치적으로 불안해졌고, 이로 인해 기독교인들의 예루살렘 성지순례도 불안해졌기 때문이다. 셀주크는 예루살렘을 메카와 메디나 같은 성스러운 도시로 만들겠다며 현지의 유대인과 기독교인들의 자유를 제한했고, 유럽인들의 성지순례 또한 제한했다. 이런 상황에서 비잔티움의 황제 알렉시우스 1세는 유럽의 군사력을 이용하여 셀주크로부터 점령당한 지역을 평정하고자 하였다. 1095년 비잔티움 황제는 우르반 2세 교황에게 셀주크튀르크 세력을 저지할 군사를 파견해달라고 요청하였다.

1096년 말에 3만 명의 십자군 병사들이 콘스탄티노플을 향해 출발하였다. 십자군은 아나톨리아를 지나면서 셀주크가 비잔티움으로부터

3대 종교의 성지 예루살렘의 '바위의 돔'

예루살렘의 '솔로몬 성전' 자리 위에 세워진 이슬람 성전 '바위의 돔Rock of Dome'이다.
황금빛의 바위의 돔은 7세기 후반 이슬람 제국 우마이야 왕조의 칼리프가 세웠다.
이슬람 세계 무슬림은 바위의 돔이 자리한 곳을 무함마드가 하늘로 올라간(승천) 곳이라고 믿는다.

빼앗은 니케아와 도릴라이움Dorylaeum(현 에스키셰히르)을 탈환하여
비잔티움에 넘겨주었다. 1098년 십자군은 시리아의 안티오크 성채를
정복하고 이듬해인 1099년 예루살렘을 포위하기 시작하였다. 공성전
두 달여 만에 예루살렘은 십자군에 의해 함락되었다. '신의 도시' 예루
살렘을 되찾은 십자군 병사들의 대부분은 되돌아갔으나 일부는 남아
그 지역에 마치 유럽의 중세 도시처럼 예루살렘 왕국, 에데사 백작령
등 4개의 십자군 제후국을 세웠다. 셀주크는 엄청난 십자군의 규모와
전장에서 드러낸 십자군의 잔인성을 이겨내지 못했다. 수도 니케아를

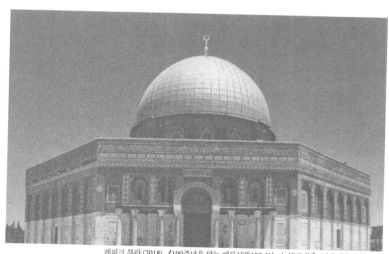

레퍼크 투란 (2018). 《100주년을 맞는 예루살렘*100. Yılında KUDUS*》. 터키역사위원회. p4.

십자군에 빼앗긴 셀주크는 수도를 아나톨리아 내륙 중심부 콘야(옛날 이름 이코니움Iconium)로 옮겨야만 했다. 이것이 제1차 십자군 전쟁이었다. 아나톨리아 셀주크 왕조의 클르치 아르슬란Kılıç Arslan 1세(1092~1107)는 서양의 십자군과 싸운 최초의 무슬림 군주가 되었다.

십자군과 비잔티움 그리고 몽골

불행하게도 아나톨리아 셀주크조 영토는 제1차~3차 십자군 원정대가 예루살렘을 향해 지나가는 횡단로가 되었다. 십자군 국가인 에데사 백작령을 모술의 이슬람 세력이 정복하자, 이를 응징하겠다며 출정한 제2차 십자군 전쟁(1145~49)은 메수드 1세(1116~56) 때 일어났고, 이집트의 아이유브 왕조의 살라딘이 하틴 전투에서 예루살렘을 탈환(1187)하자 이를 다시 찾기 위해 벌어진 제3차 십자군 전쟁(1189~92)은 클르치 아르슬란 2세(1156~92) 때 있었다. 제2차 십자군 전쟁에서 셀주크, 장기 토후국, 파티마 왕조 등 이슬람 세력은 조직적인 저항으로 십자군에 승리를 거두었고, 제3차 십자군 전쟁 때는 신성 로마 제국 황제 프리드리히 1세의 갑작스러운 익사 사고와 프랑스와 영국 군대의 분열로 이슬람 세력이 승리를 거두었다. 제4차 십자군 원정(1202~04)에서 셀주크조는 십자군과 직접적인 충돌은 없었다. 십자군의 원래 원정 목표는 아이유브 왕조의 거점인 이집트였으나, 원정지를 변경하여 기독교 도시 콘스탄티노플을 함락하고 약탈했기 때문이다. 셀주크는 변경 국가인 비잔티움의 수도 콘스탄티노플이 십자군에 함락되는 것을 목격했다.

셀주크는 십자군 원정으로 직·간접적인 충격과 피해를 감수해야 했지만, 셀주크가 상대해야 할 적수는 십자군만이 아니었다. 서쪽에서는 비잔티움과 십자군, 동쪽에서는 다니쉬멘드Danişmend 토후국, 시리아 셀주크 왕조, 호라즘 왕조, 아이유브 왕조, 아르메니아 왕국 등과도 상대해야 했다. 전선이 매우 복잡했다.

셀주크 왕조는 비잔티움과는 주변 정세에 따라 평화와 대결이 오가는 관계를 이어갔다. 클르치 아르슬란 2세(재위 1156~92)는 즉위하자마자 다니쉬멘드와 비잔티움이 셀주크조에 대항하는 동맹관계를 맺었고 이에 비잔티움과 새로운 동맹을 모색하기 위해 1162년 마누엘 2세의 궁전을 방문했다. 클르치 아르슬란 2세는 황제의 환대를 받고 기대하던 지지를 받아냈다. 그리고 비잔티움의 수도 콘스탄티노플에서 몇 달을 보낼 만큼 셀주크조와 비잔티움 간에는 비교적 평화가 유지되었다.

그러나 1175년 마누엘 2세는 셀주크조가 빼앗은 다니쉬멘드 토후국의 영토 반환을 요구했고 셀주크는 이를 거절했는데, 이는 개전의 사유가 되었다. 다음 해인 1176년 셀주크조의 클르치 아르슬란 2세는 마누엘 1세와 콘야 근처에서 미리오케팔론 전투를 치렀다. 승리한 쪽은 클르치 아르슬란 2세였다. 셀주크의 미리오케팔론 전투 승리는 100년 전의 말라즈기르트 전투 승리의 재판이었다. 이 전투 패배는 비잔티움 제국 쇠망의 전초전이 되었고, 아나톨리아반도에서 비잔티움의 존재는 유명무실해졌다. 미리오케팔론 전투에서 기염을 토한 클르치 아르슬란 2세가 1192년에 77세로 사망하자 9명의 아들 간에 내전이 끊이지 않았고, 무려 12년 동안 이어졌다. 콘스탄티노플에서 십자군에 의한 라틴 제국이 세워진 1204년, 그해에 친親비잔티움 인물인 케이휘스레브Keyhüsrev가 술탄으로 즉위한 후 셀주크 왕조는 다시 회복되었다.

아나톨리아반도에 영향을 미친 네 차례에 걸친 십자군 원정이 겨우 끝나자 1200년대 초중반에 셀주크에 다시 위협 세력이 등장했다. 이번에는 몽골이었다. 몽골군이 아나톨리아 셀주크 영토에 처음 침략한 것은 1221년이었다. 아나톨리아 셀주크의 황금기인 알라에딘 케이쿠바드 1세의 재위 기간(1220~37)이었다. 다음 해에도 몽골군은 시바스까지 진입하였으나 다행히 철수하였다. 정찰 성격의 침략이었다. 이때만 해도 몽골은 셀주크에 적대적이지는 않았다. 그런데 이번에는 달랐다. 1241년 몽골 제국의 오고타이 칸의 사망을 계기로 몽골과 가신 상태를 벗어나려 한 그야세딘 케이휘스레브Gıyaseddin Keyhüsrev 2세를 응징하기 위해 몽골군이 작심하고 셀주크를 공격해온 것이었다. 몽골군은 1242년에 먼저 에르주룸에 진입하여 약탈과 살육을 감행했다. 셀주크의 술탄은 군대를 모아 시바스에서 대형을 갖추고 몽골군을 맞을 준비를 하였다.

1243년 셀주크 군대는 쾨세다으에서 바이추 노얀[6]이 이끄는 몽골군과 맞서게 되었다. 쾨세다으 전투에서 셀주크 군대는 큰 인명 피해를 입었다. 공포에 질린 술탄 케이휘스레브가 야간에 전장을 철수하자 지휘관의 철수를 알게 된 병사들도 전장을 떠났다. 몽골군은 에르진잔, 시바스, 카이세리 등을 거치면서 수많은 인명을 살육하고 농지를 파괴했다. 몽골군이 아나톨리아 내부로 진격하자 술탄은 몽골 사령관에 사신을 보냈고, 셀주크가 몽골의 속국이 되기로 하면서 몽골의 거침없는 진격은 멈추었다. 1243년은 셀주크 역사에서 굴욕적인 해이자 아나톨리아 셀주크 왕조가 쇠락하는 결정적인 기점이 되었다. 아나톨리아는 점점 몽골의 영향력 안에 들어갔고 셀주크는 몽골의 조공국이 되어 왕조는 급격히 쇠퇴하고 이름만 남게 되었다.

아나톨리아 셀주크조의 문화와 상업

대셀주크 제국이 뼛속 깊이 체득된 유목민 전통에 이슬람·페르시아의 전통과 신념을 덧보탠 것처럼, 아나톨리아 셀주크인들은 여기에 더해 기독교 국가인 비잔티움의 관습과 신념을 덧입혔다. 다양한 문화를 융합한 아나톨리아 셀주크 왕조는 거대한 모스크, 메드레세, 병원, 다리, 목욕탕, 케르반사라이 등 건축물에서 종교적 포용성과 뛰어난 예술성을 표현했다. 젤랄렛딘 루미, 유누스 엠레 같은 이슬람 신비주의자(수피즘)의 영향을 받아 수피 문학이 발전했다. 시인, 철학자, 수피주의자들이 모여든 수도 콘야는 문화 도시가 되었다. 많은 이슬람 건축물이 건설되면서 도시가 늘어나자 13세기에 콘야, 시바스, 카이세리는 인구 10만 명이 넘는 대도시로 성장했다. 전쟁이 끊이지 않아 나라가 전시 상태나 마찬가지였지만, 중앙정부는 중앙과 지방 행정조직을 정비하여 중앙집권체제를 확립하려 하였고, 치료·병원 시설과 자선·구호 시설을 세우는 데 행정력을 동원했다.

아나톨리아 셀주크도 '모국'이었던 대셀주크 제국처럼 페르시아의 영향을 많이 받은 국가였다. 셀주크인들은 평상시에는 터키어를 사용했으나, 국가의 행정과 종교 업무에는 아랍어를 사용하였다. 페르시아어는 궁정 언어이자 문학 언어가 되었다. 술탄들도 수준 높은 이슬람 교육을 받아 아랍어와 페르시아어를 구사할 줄 알았다. 페르시아에서 시집 《디완*Divan*》을 만드는 문화는 그대로 셀주크 시대에도 이어졌다. 셀주크 시대 대부분 술탄의 이름은 중세 페르시아의 서정 시인 피르다우시가 쓴 《왕의 서書*Shahnameh*》(Book of Kings)에 나오는 왕들의 이름에서 따온 것이었다. 페르시아·이슬람·중앙아시아 문화의 영향을 받

아나톨리아 셀주크 시대의 메드레세

13세기 아나톨리아 셀주크 시대 시바스Sivas에 세워진 괵Gök(천상) 메드레세이다.
가운데 마당(중정)을 가진 2층 구조의 이 메드레세는 이슬람 세계에서 대표적인 교육 시설이었다.
아나톨리아 셀주크 시대의 메드레세는 중정, 기도소mescit, 영묘, 강의실, 음수대 등 시설을
갖췄고, 모스크와 마찬가지로 셀주크 시대의 기하학적 장식 양식을 잘 보여주고 있다.

일한 악쉬트 (1993), 《터키의 보물 *Treasures of Turkey*》, 이스탄불: 악쉬트문화관광출판사, p.22.

은 셀주크가 군사, 경제, 행정, 건축 등 다양한 분야에서 쌓아온 경험과 성과는 그대로 다음 오스만 제국에 계승되었다.

특히 술탄은 상업과 교역을 중시하며 이를 진흥하는 정책을 개발하고 지원하였다. 1204년 콘스탄티노플에 라틴 제국이 세워진 후 레반트 지역에서 서양 상인들의 활동이 늘어나자 셀주크에도 무역이 늘어났다. 이에 술탄은 주요 도시마다 말·양·소금·밀·목재 등 다양한 시장(파자르Pazar)을 만들어 상인들이 몰리게 하였고, 흑해·에게해·지중해의 항구도시를 과거 실크로드 거점과 연결되도록 하였다. 실크로드가 사방으로 연결되는 카이세리에는 '야반루 파자르Yabanlu Pazarı'라는 국제시장이 개설되었다. 야반루 파자르는 외국 물산 및 상인들이 집결하여 마치 국제상품 전시장 같은 곳이었다.[7] 그리고 대륙으로 실크로드를 오가던 무역 상인들을 위한 숙소 케르반 사라이를 곳곳에 건설하였다. 아나톨리아 전국이 육상과 해상 교역의 네트워크로 연결되었다. 무역로를 확장하며 상업과 교역을 중시한 몽골 제국의 상업 네트워크와 다를 바 없었다.

13세기 아나톨리아

몽골의 셀주크 지배

몽골이 이슬람 세계에 본격적으로 진입한 것은 칭기즈 칸이 동서 무역로의 교차점에 있는 이란(페르시아) 호라즘 제국의 부하라, 사마르칸트 등 이슬람의 역사적 도시를 파괴하고 정복하면서 시작되었다. 호라즘 왕조의 시조는 셀주크 제국이 책봉한 튀르크족 노예 '맘루크' 출신이었다. 몽골의 침략으로 호라즘 왕조의 튀르크계 귀족들은 몽골 귀족에 편입되었다. 칭기즈 칸의 호라즘 제국 정복은 몽골 제국이 중앙아시아와 이슬람 세계를 정복하는 신호탄이 되었다.

칭기즈 칸은 1219년부터 1225년까지 중앙아시아의 거의 전역을 지배하였다. 1227년 칭기즈 칸이 사망한 이후, 1250년대 이르러 몽골 제국의 영역에는 칭기즈 칸의 후손들에 의해 중앙아시아의 상업 중심지 차카타이 칸국(1227~1363), 남부 러시아의 킵차크 칸국(1227~1502), 중국 신장의 오고타이 칸국(1223~1310), 페르시아 이란의 일 칸국

(1256~1335) 등 4개의 칸국이 세워졌다. 그리고 중국 본토에는 대원大元(1256~1353)을 세워 몽골 제국은 유라시아를 석권하였다. 동서로 연결된 거대한 유라시아 대륙은 대원 제국을 중심으로 몽골 4칸국에 의해 사실상 국경 없이 통합되었다. 동서로 사람과 물자가 교류되었고, 문화 교류와 함께 유라시아 전역이 거대한 통상권이 되어 교역이 활발하게 이루어졌다. 주로 이슬람교도들로 조직된 카르텔과 같은 대규모 상인 단체 오르톡ortoq(터키어 오르탁)이 몽골 권력층의 지원을 받으며 국제무역을 수행했다.[8] 이란 지역에 몽골 대제국의 속국인 일 칸국이 들어선 1250년대 몽골은 동쪽으로는 한반도, 서쪽으로는 바그다드와 헝가리까지의 전 지역을 침략하고 정복했다.

아나톨리아 셀주크 왕조에 직접적인 위협을 가한 몽골 세력은 일 칸국이었다. 몽골군이 호라즘을 침략할 무렵, 몽골의 침략을 받지 않은 이슬람의 왕조로는 바그다드의 압바스 왕조, 이집트의 아이유브 왕조와 아나톨리아의 셀주크 왕조 등 세 개 왕조였다. 중세 이슬람의 황금시대를 열었던 압바스 왕조는 1258년 훌라구가 이끄는 몽골군의 바그다드 함락으로 무참하게 멸망하였다. 셀주크 왕조는 몽골 일 칸국과 국경을 같이하는 상황이 되었다. 몽골의 아나톨리아에 대한 결정적인 원정사업은 1243년 '쾨세다으Köse Dağı 전투'였다. 이 전투에서 승리한 몽골은 아나톨리아를 지배하고 있는 셀주크에 대한 지배권을 강화하였다. 그러나 아나톨리아 동부와 동남부 지역을 장악한 몽골에 셀주크는 여전히 다루기 쉽지 않은 상대였다. 아나톨리아 지역에 대한 패권 경쟁에는 셀주크와 몽골 외에도 비잔티움 제국, 아이유브 왕조, 호라즘의 망명 귀족 등이 가세해 아나톨리아의 정세는 매우 복잡했다.

셀주크 왕조는 강성해지는 몽골의 위력 앞에 살아남기 위해서는 몽골과 평화관계를 유지해야만 했다. 비잔티움의 변방인 아나톨리아 서부를 정복하고 있는 셀주크로서는 동서 두 개 전선에서 동시에 전열을 갖추는 것은 현실적으로 어려웠기 때문이다. 셀주크는 막대한 금화와 비단, 양, 염소, 낙타 등 유목민들의 삶의 원천인 동물 등을 포함한 조공품을 몽골에 바치면서 충성맹세를 하고 주종관계를 유지해나갔다. 아나톨리아 셀주크 전성기의 술탄인 케이쿠바트는 몽골의 위협을 단독으로 막아내기는 어렵다고 판단하고 몽골의 요구를 들어주며 본토를 방어했다.[9] 케이쿠바트 술탄 다음에 즉위한 그야세딘 케이휘스레브 2세(1237~46) 시기는 사실상 셀주크의 종말을 예고했다. 케이휘스레브도 몽골과의 복속관계를 인정하면서 몽골의 침략을 일단 멈추게 할 수 있었다. 그러나 케이휘스레브 사망 이후 나이 어린 세 아들, 그 후에 이어진 다섯 명의 술탄 시기에 셀주크는 내부의 혼란스러운 권력 다툼과 몽골의 위협이라는 소용돌이 속에서 대혼란에 휩싸였다.

예술의 성지 페르시아 지역에 있던 일 칸국은 100년이 안 되는 동안 정치적으로 셀주크를 압박했지만, 문화예술 면에서 이슬람 세계와 튀르크인들에게 끼친 영향은 상당했다. 일 칸국의 지배층에는 이슬람교도 튀르크족들이 많이 참여하였고, 일 칸국의 칸들은 예술과 과학기술 분야의 후원자였다. 제7대 가잔 칸(1295~1304) 때 시아파 이슬람을 받아들인 일 칸국은 아르다빌, 이스파한, 나탄즈, 타브리즈, 술타니야 등 이란 도시에 대규모의 이슬람 모스크와 기념비적 건축물을 많이 세웠다. 칸국의 힘과 위엄은 건축물의 거대한 크기와 웅장한 높이로 표상되었다. 중국풍이 가미된 일 칸국의 건축 기법은 후에 호라산의 티무르 제국과 인도 무굴 제국의 건축물에도 영향을 끼쳤다. 일 칸국이 남긴 가장 중요한 문화유산은 페르시아의 세밀화 전통을 새롭게 발전시킨 것이었다. 일 칸국의 칸들은 중국학자와 장인들을 타브리즈로 불러들여 세밀화를 그리도록 하였다. 칸국의 이슬람교도 장인들은 중국인의 서예와 식물 세밀화 기법을 배우고 이를 페르시아 세밀화에 접목하여 중국 화풍이 혼합된 세밀화로 발전시켰다. 일 칸국에서 발전된 중국풍이 담긴 세밀화 기법과 아랍어 서예는 중근동과 이슬람 세계에 큰 영향을 미쳤다. 일 칸국을 통해 중국 문명, 페르시아 문명, 이슬람 문명 간 교류가 활발히 이루어졌고, 일 칸국의 건축, 예술, 중국의 전통 의학 등은 셀주크에도 그대로 전해졌다.

튀르크계 토후국 전성시대

아나톨리아 내륙 콘야에 수도를 둔 아나톨리아 셀주크가 힘을 앞세운 몽골의 노골적인 내정 간섭과 수탈에 시달리며 멸망의 길로 접어들게 되자, 아나톨리아 서부 변경은 매우 혼란스러운 상황으로 변했다. 몽골의 압제를 피해 이슬람 튀르크인들이 아나톨리아로 이주하기 시작했다. 1071년 말라즈기르트 전투 이후 튀르크 유목민들의 두 번째 대이동이었다. 아나톨리아 변경에서 새로운 삶을 찾으려는 튀르크 유목민과 전사들은 그리스인, 아르메니아인, 쿠르드인 등 현지의 비이슬람교도 거주인들과 섞이게 되었다.[10] 아나톨리아에서의 패권이 비잔티움에서 튀르크인들에게 넘어가는 시기에 셀주크 영토의 서쪽 끝은 비잔티움과 접경하게 되었다. 사실상 이곳은 셀주크의 영향력이 미치지 않는 '변경'이었다. 셀주크의 변경 지역은 흑해, 지중해 연안과 서부 내륙 지역 등 세 곳이었다. 이들 지역에는 셀주크의 중앙정부가 파견한 관할구역 에미르emir(사령관)가 있었지만, 사실상 지역의 실세는 주로 산악지대에서 이슬람을 위해 이교도와 싸우며 전사들을 이끄는 향촌 세력인 베이bey(지도자라는 뜻의 경칭)들이었다. 반유목민 상태가 된 전사들은 몽골 일 칸국의 통제나 재정적인 압박에서 해방되기를 원했다. 그들은 몽골에 의해 임명된 콘야의 허수아비 술탄도 인정하지 않았다. 변경에 몰린 이슬람 수피주의자들과 이슬람교도 전사들은 서서히 부족장을 중심으로 정치적인 세력을 만들기 시작하였다.

몽골의 영향력이 강해지고 동시에 셀주크의 영향력이 점점 약해지는 시기에 크고 작은 전사의 무리가 아나톨리아반도에서 치열한 영역 경쟁을 벌였다.

쾨세다으 전투 이후부터 1300년경까지 아나톨리아 내륙에는 오스만, 게르미얀, 카라만 같은 토후국이, 에게해 연안을 따라서는 멘테셰, 아이든, 사루한, 카레시 같은 토후국들이 생기게 되었다. 에게해 연안의 일부 토후국은 해군까지 보유하였고, 13세기 말~14세기 초에 이르러 이들은 비잔티움에 거대한 위협 세력으로 등장하였다. 시간이 지나면서 아나톨리아에는 튀르크인들이 세운 20여 개의 토후국이 난무하여 세 확장 경쟁에 불이 붙었다. 아나톨리아 토후국들은 셀주크 왕조에도 충성해야 하면서도 몽골 일 칸국의 속국 상태였기 때문에 이중 지배 구조로 어려움을 겪었다. 셀주크 왕조는 쇠멸해가고 있었지만, 여전히 토후국들에 대한 영향력을 놓치지 않으려 하였고, 일 칸국 역시 셀주크 왕조와 아나톨리아 토후국에 대해 지배력을 행사하려 하였다.

몽골은 토후국들에 충성맹세를 요구했으나 토후국들은 이에 저항했다. 더구나 셀주크 왕조가 쇠락해가는 것을 목격한 토후국들은 셀주크와 몽골로부터 독립하려는 움직임을 보였다. 몽골의 식민 통치로 혼란

아나톨리아 셀주크조 멸망 후 아나톨리아반도에 세워진 튀르크 토후국들

지도상의 오스만 토후국은 에게해 연안 해양 세력인 카레시 토후국을 병합(1357)한 후의 영역이다.
토후국들은 메흐메드 1세와 그의 아들 무라드 2세 때 오스만 제국에 거의 병합되었다.

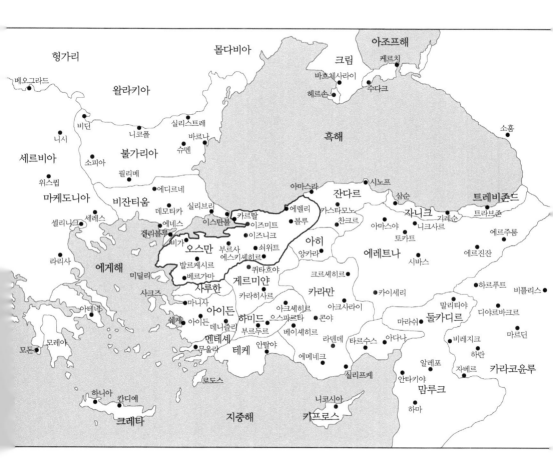

스러운 셀주크가 한 시대를 끝내려는 즈음, 아나톨리아에서 또 새로운 기운이 일어났다. 오스만 제국의 탄생이다.

기원전 200~기원후 216	흉노 제국(유라시아)
350~550	유럽 훈 제국
552~744	돌궐 제국(유라시아)
727~735	오르혼 돌궐비문
750~1258	압바스 칼리프조
8세기말	오구즈족 연합 세력(트란스옥시아나)
840~1211	카라한 제국(트란스옥시아나, 중앙아시아)
963~1186	가즈니 제국(아프가니스탄)
1040	단다나칸 전투(셀주크 대 가즈니 왕조)
1040~1157	대셀주크 제국
1071	말라즈기르트 전투(비잔티움 제국 대 셀주크)
1077~1308	아나톨리아 셀주크 왕조
1220	칭기즈 칸, 중동 원정
1243	쾨세다으 전투(몽골 대 셀주크)
1250~1517	맘루크 술탄 왕조(이집트, 시리아)
1256~1335	몽골 일 칸국(이란)
1258	몽골, 바그다드 점령
1299~1922	오스만 제국

2
건국 시기
1300~1453

건국 초기 정복사업

오스만 토후국과 전사 '가지'

튀르크 유목민과 전사들은 아나톨리아에서 셀주크 왕조의 쇠락으로 생긴 '힘의 공백' 자리에 1240년대부터 독자적인 관할구역을 가진 '토후국'을 세우기 시작했다. 기독교와 이슬람 세계를 양분하는 아나톨리아 서부 국경 지역에서 이교도와 싸우는 토후국을 '우치 베일리이Uç beyliği'라 하는데, '국경에 있는 토후국'[1] 이라는 의미였다. 셀주크 왕조 말기에 비잔티움 제국의 변경에 세워진 작은 토후국들은 몽골의 압력으로 존폐 위기에 몰린 셀주크 왕조의 영토를 지켜주는 최전방 부대 같은 역할을 했다. 아나톨리아 서쪽 에게해 연안은 온화한 기후에 평원이 많아 유목민들이 지내기에 좋은 곳이었다. 이곳은 또한 몽골의 일 칸국에서 멀리 떨어져 있어 그들의 압제로부터 빠져나온 튀르크 유목민들의 피난처가 되었다.

　1290년대 들어서면서 튀르크 유목민들이 새로운 삶의 터전을 찾아에게해 연안으로 이주하였다. 튀르크 유목민들은 이 땅의 원주민인 그리스인, 아르메니아인, 쿠르드인, 유대인들과 섞이게 되었다.

비잔티움 제국을 바로 마주 보고 있는 아나톨리아반도의 에게해 연안에는 카레시, 사루한, 아이든, 멘테셰 등 4개의 토후국이 먼저 자리를 잡았다. 오스만 토후국은 카레시와 국경을 같이하며 다른 토후국에 비해 크지는 않았고, 내륙에 있었다. 오스만이 비잔티움 도시에 도전을 시작하기 훨씬 전인 1256년에 콘야, 니이데를 중심으로 한 지중해 연안의 카라만 토후국이 먼저 기치를 올렸다. 카라만은 오스만 토후국이 견제해야 할 최대의 적이 되었다.

오스만 토후국은 지도자 오스만Osman이 세운 나라였다. 오스만 부족의 역사는 오스만의 아버지인 에르투우룰Ertuğrul이 쇠위트Söğüt에 거주하면서 시작되었다. 셀주크의 술탄은 토후국들을 '내 편'으로 끌어들이는 수단으로 영지를 하사했는데, 쇠위트는 셀주크의 술탄이 에르투우룰에게 거주하도록 내준 곳이었다. 에르투우룰은 추종자 무리를 이끌고 양 떼와 함께 이곳에 정착하였다. 에르투우룰이나 오스만도 '가지gazi(전사)'였다. 에르투우룰 사망(1281) 이후, 오스만이 비잔티움 제국의 영토인 비티니아²(현 부르사−빌레지크−이즈니크 지역) 정복에 성공하자 변경의 전사들이 오스만에 몰리기 시작하였다. 야르히사르와 빌레지크 정복에 성공한 오스만 가지는 1299년 쇠위트에서 독립국가를 선언했다. 작은 변경 마을 '쇠위트'는 오스만 제국의 씨앗이 뿌려진 곳이 되었고, 이후 오스만 가지는 비잔티움 영토에 대한 정복사업을 수행했다.

아나톨리아 서부로 몰린 유목민들은 모두 '가지'였다. 타고난 무사 기질을 가진 튀르크 가지들은 이슬람 세계를 확장하며 전리품을 얻는

오스만 가지의 태수 즉위를 보여주는 16세기 세밀화

오스만 가지 시기 아나톨리아 토후국의 태수들은 아나톨리아 셀주크조 술탄의
칙령으로 승인받았기 때문에 '술탄'이라는 칭호를 사용할 수 없었다.

할릴 이날즉 & 귄셀 렌다 (편저, 2004),
《오스만의 문명 1 *Ottoman Civilization 1*》, 터키문화부, p. 35.
기예의 책Hünernâme, Vol. 1, TSM(톱카프궁 박물관) H1523, fol. 49r.

'가지gazha(성전) 정신' 아래 쉽게 융합되었다. '가자 정신'은 튀르크인들을 충실한 무슬림으로 이미지화하였고 공동의 목적의식을 고취해 오스만 제국이 이교도 지역으로 영토를 팽창하게 하는 원동력이 되었다. 초기 '가지'들은 이슬람의 율법주의적 교리에 순종하는 사람들은 아니었다. 7세기 이래 성전holy war을 주도한 아랍의 전사들과 달리, 튀르크 유목민 가지들은 이슬람의 엄격한 교리나 법에 경직되지 않은 유연한 태도를 보이며 수피즘에 관심을 가졌다. 변경에서 활동하는 이단 이슬람 신비주의자인 '데르비쉬Derviş'[3]의 포교에 영향을 받았기 때문이다. 초기의 술탄들은 이교도를 향한 성전을 자극해주는 데르비쉬들의 도움을 많이 받았고, 술탄은 종교적 믿음과 실천을 위해 자신이 속한 수피 교단을 갖게 되었다. 오스만의 건국 초기에 통치나 사회조직은 유목문화의 특징을 벗어나지 못했다. 변방의 전사들은 자신을 수니 무슬림이라 믿으면서도 중앙아시아에서 대대로 체화된 샤머니즘적 전통 관습은 버리지 못했다.

비잔티움 제국의 세 도시 정복

오스만 재위기에 유럽은 봉건제도 아래 분열된 채 정치적 통일체를 만들지 못하고 있었다. 비잔티움 제국 역시 마르마라해와 에게해 연안의 몇 개 도시를 제외하고는 대부분 영토를 잃은 상황이었다. 또한, 셀주크의 생존을 위협하던 일 칸국도 1330년대 초 흑사병이 휩쓸어 영토가 황폐해졌고 내란으로 혼란이 계속되었다. 오스만이 정복사업을 하는 데는 호기였다.

오스만은 내부적으로는 자신을 따르는 추종자들에게 강력한 지도력을 발휘하면서 외부로는 두려운 존재로 주목받게 되었다. 1302년 비잔티움 제국의 군대와 맞선 코윤히사르(비잔티움의 지명은 바페우스) 전투에서 오스만 가지는 대승을 거두었는데, 이후에 '오스만'이라는 이름이 아나톨리아에 널리 알려지게 되었다.

오스만 가지가 코윤히사르 전투에서 승리한 데 이어 1303년 딤보스 전투에서도 승리하자, 무사인 가지들, 이슬람 수피주의자 데르비쉬들이 오스만 가지가 장악하고 있는 영토에 정착하게 되었다. 그의 명성 때문에 오스만의 군대는 한 번 원정에 5천 명 군사가 동원될 정도로 성장하였다.[4] 건국 초기에 무기를 손에 든 남자는 모두 전사였다. 성전이 있으면 한곳에 모여 원정에 나섰고 원정이 끝나면 각자의 거주지로 떠났다. 코윤히사르 전투에서 승리한 오스만 가지의 전략 목표는 비티니아 지역에서 가장 중심 도시인 부르사Bursa(비잔티움 지명 푸르사Pursa)를 정복하는 것이었다. 부르사가 콘스탄티노플로 가는 전략적 통로였기 때문이다. 그러나 오스만은 병이 들어 이 사업을 이루지 못하고 1324년경 세상을 떠났다.

오스만의 아들 오르한(재위 1324~62)이 그 뒤를 이었다. 그는 선친의 뜻을 이어 정복사업을 이어나가 1326년에는 비잔티움의 상업도시 부르사를 정복하였다. 비단의 생산지이자 상업 중심지인 부르사의 정복은 경제적인 이익을 안겨주었다. 오르한은 1335년 이곳을 수도로 선포하고, 부르사에 있는 비잔티움의 교회를 이슬람 사원으로 전환하였다. 그는 1339~40년에 모스크를 중심으로 신학교 메드레세, 공중 목욕탕, 빈민 급식소 등이 함께 들어간 사회 공공시설인 퀼리예Külliye를 건축하면서 부르사를 새로운 이슬람 도시로 만들었다.

 1327년, 오르한은 오스만 제국 역사상 처음으로 은화를 발행했다.
이는 이슬람 세계의 전통에서 볼 때, 이제 오스만 토후국이 몽골 일 칸
국의 영향력에서 벗어나 완전한 독립국가가 되었음을 상징하는 것이
었다. 부르사 정복 이후 오랜 기간의 포위작전 끝에 1331년에 비잔티
움의 기독교 중심 도시 니케아(현 이즈니크)도 정복했다. 니케아는 비잔
티움과 오스만에 전략적으로나 상징적으로 매우 중요한 도시였다.

에르투우룰 카얀 (편저, 2004), 《꿈의 문The Dream Door》, 부르사: 미르출판사. p.101.

1337년에는 니코메디아(현 이즈미트)도 손에 넣었다. 비잔티움의 주요 도시 부르사, 니케아와 아나톨리아에 남아있는 비잔티움의 마지막 성채 도시 니코메디아가 모두 오스만 제국의 영토에 편입되었다. 이들 세 도시는 마르마르해 연안에 가까운 도시로 콘스탄티노플을 향해 대각선 방향으로 일직선상에 나란히 있었다.

1345년에는 겔리볼루반도가 바라보이는 곳에 있는 카레시 토후국을 정복하고 영토에 편입했다. 카레시의 긴 해안선은 내륙국이라는 초기 오스만 토후국의 약점을 해결해주었다. 카레시를 통합함으로써 오스만 제국은 보스포루스 해협을 두고 비잔티움과 대치하는 양상이 되었다. 그런 가운데 1352년 비잔티움 황실에서 제위를 둘러싼 내분이 일어났다. 이에 요안니스 6세 칸타쿠제노스는 오르한에게 지원 요청을 한다. 이에 응한 오스만 군대는 최초로 유럽 땅 겔리볼루를 밟게 된다. 2년 후 오르한의 아들 쉴레이만 파샤는 겔리볼루 성곽을 장악하고 그곳을 유럽 쪽 트레이스반도를 정복하는 기지로 삼았다. 쉴레이만은 아나톨리아의 농부, 유목민과 생계 터전을 잃은 사람들을 유럽 쪽으로 이주시켰다. 이는 오스만 제국의 영토를 발칸 지역으로 이어지게 하는 발판이 되었다. 그는 오스만 역사상 최초로 유럽 땅에 튀르크인을 정착시킨 인물이 되었다.[5]

발칸 지역을 정복한 무라드 1세

오르한에 이어 술탄이 된 무라드 1세(재위 1362~89) 때 또다른 정복이 이루어졌다. 무라드 1세는 즉위한 직후인 1363년에 아드리아노플(현 에디르네)을 정복했다. 아드리아노플을 정복한 것은 오르한이 콘스탄티노플에 가까이 있는 세 개 주요 도시를 정복한 전략적 가치와 맞먹는 것이었다. 아드리아노플은 아나톨리아에서 유럽으로 들어가는 길목에 있어 오스만의 유럽 정복사업에 문을 열어주었다. 무라드는 도시 이름을 에디르네로 바꾸고 비잔티움의 궁전을 파괴한 후, 이곳에 오스만 제국 최초로 궁전을 지었다. 에디르네 궁전은 무라드 2세 때 확장 건설되었는데, 콘스탄티노플을 정복(1453)한 메흐메드 2세도 이곳에서 모든 작전을 계획했다. 오스만의 영토에 에디르네까지 편입되자 비잔티움의 영토는 수도 콘스탄티노플만 남게 되었고, 콘스탄티노플은 오스만 제국의 영토 한가운데 갇힌 모습이 되었다.

오스만과 오르한에 이어 무라드 1세가 콘스탄티노플을 향해 성공적인 원정을 하는 동안 아나톨리아 토후국들은 오스만 제국을 의심의 눈으로 지켜보았다. 아나톨리아 토후국들은 모두 튀르크계였기 때문에 오히려 그들 간의 기세 싸움이 팽팽했다. 오스만 제국 입장에서는 이들을 정복하는 명분을 대는 데 어려움을 겪었다. 오스만 제국이 다른 토후국을 정복하는 것은 같은 이슬람교도로서 '형제간 싸움'이나 마찬가지였다. 유럽 진출은 이교도에 대한 성전이라는 대의명분이 있지만, 튀르크계 토후국을 정복하는 데는 그런 성전 논리가 먹히지 않았다. 더구나 카라만 토후국은 자신들이 아나톨리아 셀주크 왕조의 진정한 승계자라며, 셀주크 왕조가 차지했던 영토에 대한 회복은 카라만이 수행해야 한다고 맞섰다. 카라만은 1487년 오스만 제국에 병합될 때까지 늘 세력 확장을 하려는 오스만의 발목을 잡았다.

무라드 1세가 아나톨리아 토후국 문제에 매진하고 있을 때, 발칸 지역의 세르비아, 불가리아, 보스니아가 오스만 제국에 대항할 힘을 모으고 있었다. 세르비아 제국(1346~71)은 1346~55년 스테판 두샨이 재위할 시기에 번영을 누렸으나 그 기간은 짧았다. 그의 아들 스테판 우로시 5세가 즉위하면서 제국은 영토 대부분을 잃고 급격히 쇠퇴하기 시작하였다. 무라드 1세는 이 틈을 타 발칸 지역으로 들어갔고, 1371년 마리차강 전투에서 세르비아에 심각한 타격을 안겨주었다. 무라드의 세르비아 원정은 1380년대에도 이어졌다. 그리고 오스만 제국과 세르비아 간의 운명적인 전투가 벌어졌다. 1389년 6월 28일 프리슈티나 북서쪽 산악지대인 '코소보Kosovo'에서였다. 그곳은 세르비아, 보스니아, 알바니아, 헤르체고비나의 경계가 만나는 지점이었다. 오스만 제국 측은 무라드 1세의 아들 바예지드가 오른쪽 진영을, 야쿠브 베이가 왼쪽 진영을 맡았다. 세르비아 측은 보스니아와 연합군을 결성하고, 라자르왕의 조카이자 사위인 브란코비치가 오른쪽 진영을, 보스니아의 왕 트브르트코가 왼쪽 진영을 지휘했다. 세르비아 연합군은 라자르왕이 지휘하였다. 세르비아 연합군과 오스만튀르크 군대의 숫자에 대해서는 설이 많으나, 변하지 않는 사실은 8시간의 혈투 끝에 양측 지휘관 군주가 전사했다는 것과 양측의 손실이 막대하다는 것이다.

뜻밖에도, 무라드 1세는 위장 투항으로 접근한 세르비아 병사 밀로슈 오빌리치에 의해 살해되었다. 세르비아 진영의 라자르왕도 생포되어 무라드의 야전 천막에서 참수되었다. 무라드 1세는 전장에서 목숨을 잃은 오스만 제국의 첫 번째 술탄이 되었다. 양측의 지휘관이 전사한 전투에서 일방의 압승은 없었지만, 터키 역사는 1389년 제1차 코소보 전투에서 승리했다고 기록하고 있다. 세르비아는 1371년 마리차강 전투, 1389년 코소보 전투에서 패배하면서, 남부는 오스만 제국에 병합되고, 북부는 제국의 속국으로 남게 되었다. 건국자 오스만으로부터 시작된 원정사업은 무라드 1세가 오스만 제국의 발칸 지역 지배를 확고하게 만든 것으로 완성되었다. 건국 후 90여 년이 지난 시기였다. 오스만 제국의 발칸 정복은 오스만뿐만 아니라, 이후 튀르크인들의 침략에 골머리를 앓게 될 유럽의 역사에도 전환점이 되었다.

돌발 상황 앙카라 대전

대규모 십자군과의 전투

무라드 1세가 전사하자 아들 일드름 바예지드Yıldırım Bayezid(1389~
1402) 1세가 술탄이 되었다. 선친이 발칸 지역 중부 불가리아와 세르비
아를 평정했으므로 바예지드의 목표는 도나우강 북쪽에 있는 왈라키
아(오늘날 루마니아)였다. 남쪽의 오스만 제국과 북쪽의 왈라키아는 도
나우강을 경계로 이웃이 되었다. 헝가리의 가신국인 왈라키아는 미르
체아 1세(1386~1418) 등장으로 그 세력이 점차 강성해지고 있었다. 바
예지드에게는 왈라키아를 칠 분명한 이유가 있었다. 미르체아 1세가
유럽으로 북상하는 오스만 제국을 발칸 지역에서 몰아내기 위해 기독
교 공국들과 연합을 모색하고 있었기 때문이다.

　왈라키아의 독립을 꿈꾸는 미르체아는 전 유럽을 구한다는 명분을
내세워 반오스만 전선을 조성하였다. 바예지드 1세의 군대는 왈라키아
의 미르체아가 지휘하는 군대와 도나우강 지류인 아르게스강 연안에

서 1394~95년 두 차례 치열한 전투를 치렀다. 로비네 전투에서 왈라키아 군대는 패배하였고 미르체아는 헝가리로 망명했다. 미르체아 군사를 물리친 바예지드 1세는 도나우강을 건너 불가리아로 들어가 쉬슈만왕을 체포하고 적국에 협조했다는 이유로 처형하였다.

바예지드 1세의 거침없는 질주로 오스만 제국과 유럽의 경계선이 헝가리의 도나우강으로 되자 유럽은 당황하였다. 마침내 1394년에 바예지드가 콘스탄티노플을 포위하였다. 고립된 비잔티움 제국의 마누엘 2세 팔레올로고스 황제는 교황에게 십자군을 조직하도록 요청했다. 한편, 바예지드 1세가 왈라키아를 넘어 헝가리로 들어가려 하자 헝가리의 왕 또한 유럽에 십자군 모집을 호소하였다. 유럽은 이렇게 두 갈래로 오스만의 위협을 받고 있었다. 그러나 유럽으로서는 비잔티움 제국을 돕는 것보다는 유럽 심장으로 들어오는 바예지드 1세를 막는 것이 더 급했다. 프랑스 부르고뉴 공국, 헝가리, 보헤미아, 신성 로마 제국, 폴란드, 트란실바니아, 왈라키아, 잉글랜드, 몰타 기사단 등 대규모 지상 병력으로 유럽 십자군이 구성되었다. 유럽이 얼마나 놀랐는지는 십자군에 참가한 나라들만 보아도 짐작하고도 남는다. 그러자 해상 강국인 베네치아도 해군을 지원하기로 하였다.

십자군이 동진하자 콘스탄티노플을 포위하고 있던 바예지드 1세는 전투를 준비하기 위해 작전상 포위망을 해제했다. 바예지드 군대는 1396년 9월 25일 불가리아의 '니코폴리스'에서 10만 명이 넘는 유럽 연합 세력 군대와 맞붙게 되었다. 중세의 마지막에 일어난 십자군 전쟁인 니코폴리스 전투에서 바예지드 1세는 대규모 유럽 연합 세력에 맞서 승리하였다. 이 전투 승리로 불가리아는 완전히 오스만 제국의 영토가 되었다. 이집트에 있는 이슬람 세계 종교 지도자인 칼리프는

바예지드 1세가 성축한 아나돌루 히사르(성)

19세기 독일 화가 요셉 슈란츠Joseph Schranz가 1855년에 남긴 판화로
루멜리 히사르(우)와 아나돌루 히사르(좌)가 묘사되어 있다. 아나돌루 히사르(성)는 바예지드 1세가
대규모 십자군과의 전쟁에서 승리한 후 비잔티움에 진입하는 모든 선박을 통제하기 위해
1395년 보스포루스 해협의 폭이 가장 좁은 곳(660미터)의 아시아 쪽에 구축하였다.

바예지드 1세에게 '룸 세계의 술탄'(유럽 세계의 술탄)이라는 칭호를 주었
다. 니코폴리스 전투 승리로 바예지드 1세의 명성은 높이 치솟았고, 오
스만 제국의 발칸 지역, 특히 도나우강 남부 지역에 대한 지배력은 더
욱 강화되었다. 부르사로 귀환한 바예지드 1세는 신민들로부터 열렬한
환영을 받았다. 그는 알라에게 감사하는 의미로 울루 자미(거대한 사원
이라는 뜻)를 건축하도록 칙령을 내렸다. 다른 한편, 바예지드 1세는 콘

네즐라 아르슬란 세빈 (2006), 《판화에 살아있는 오스만인들*Gravürlerde Yaşayan Osmanlı*》,
터키문화관광부, p.458~59. 요셉 슈란츠, 1855.

스탄티노플을 포위하기 직전인 1393년 콘스탄티노플과 흑해와의 해상 연결을 차단하기 위해 보스포루스 해협의 아시아 연안 쪽에 '아나돌루 성Anadolu Hisar'을 구축하도록 명했다. 1395년에 성축된 아나돌루 성은 보스포루스 해협에 세워진 오스만 최초의 성채가 되었다.

이슬람 제국 간 세기의 대전

바예지드 1세에게 콘스탄티노플 함락이 바로 눈앞에 다가왔다. 아나톨리아의 토후국들을 평정하고 튀르크인들과의 연대를 확고하게 만들었으며, 발칸 지역에 대한 강력한 지배력을 갖게 된 것이다. 그러나 그 일은 바예지드의 '야망' 대로 되지 않았다. 당시 주변에는 쇠퇴기로 접어든 비잔티움 제국, 오스만 제국의 동부에 티무르 제국, 이집트에 맘루크 술탄국, 아제르바이잔에 카라코윤루 왕조, 그리고 바그다드 술탄국이 있었다. 바예지드가 즉위 직후인 1389~92년 아나톨리아에서 토후국을 평정하고 있을 때, 동쪽 아시아에서는 칭기즈 칸의 후손이라 자처하는 '티무르'가 서쪽으로 세력을 확장하고 있었다. 마침내 1399년, 사마르칸트를 수도로 한 티무르 제국(1370~1507)의 티무르가 몽골 제국과 이슬람 제국의 동시 부흥을 외치며 서부 아나톨리아를 침략하였다. 1400년, 티무르는 아나톨리아 동부 에르주룸과 에르진잔을 거쳐 시바스까지 진격하였다. 그리고는 남쪽의 안테프와 알레포를 장악하더니 이집트 맘루크 군대를 이기고 다마스쿠스까지 장악했다.

이슬람 제국의 수장임을 외치는 티무르와 바예지드는 서로를 힐난하는 '말 폭탄' 같은 서신을 1389~1402년경 네 차례 교환했다. 서신

교환은 티무르의 편지로 시작되었다. 바예지드에게 피신한 카라코윤루 왕조의 '카라 유수프'와 바그다드 잘라이르 왕조의 '아흐메드 잘라이르'를 자신에게 인도하라고 하면서 아니면 죽이거나 추방할 것을 요구했다. 서신을 교환하면서 바예지드와 티무르, 두 군주 간 상호 갈등과 불신은 증폭되었다.[6] 감정이 최대로 고조된 바예지드와 티무르에게는 전쟁밖에 없었다. 바예지드와 티무르는 각각 주변국과 외교적인 교섭도 가졌다. 전쟁 지원을 얻어내기 위해서였다. 바예지드는 이집트 맘루크 왕조의 지원을 얻기 위해 사절을 파견했다. 하지만 성공하지 못했다. 맘루크 왕조의 베르쿠크 술탄이 사망(1399)한 직후 바예지드가 맘루크 영토인 말라티야Malatya를 정복한 것이 화근이었다. 바예지드는 이미 그 전에 맘루크 술탄과의 친선을 위해 외교사절을 통해 선물과 친서를 보내기도 했다. 그러나 맘루크 술탄은 말라티야 정복을 이유로 바예지드를 적으로 선포했다. 한편, 티무르도 프랑스 왕국, 제노바 공화국, 비잔티움 제국과 교섭을 가졌다. 이들 3개국은 바예지드의 유럽 진출을 저지하기 위해 티무르를 바예지드와 싸우도록 부추겼다. 특히 비잔티움 제국의 마누엘 2세 황제는 바예지드와 전쟁을 하도록 티무르를 한껏 부추겼다.[7]

티무르가 아나톨리아로 진격한다는 소문은 1399년부터 돌았지만, 양측은 1402년 7월 28일에 앙카라 근처 추부크 평원에서 접전하게 되었다. 기병이 주력부대로 조직된 7만의 오스만 제국 군대는 전진에 배치된 30여 마리의 코끼리 무장부대를 포함한 13만 티무르 군대를 보고 매우 당황하여 기선을 제압하지 못했다. 오스만 제국의 기마병과 예니체리 병사들은 코끼리 무장부대와 결전을 벌이면서 많은 인명 피해를 입었다. '세기의 전쟁'이었던 이 앙카라 대전에서 오스만 제국의 군대는 참혹한 패배를 당했다. 바예지드는 해가 질 무렵 3천 명의 군사와 차탈테페에서 세 시간 동안 저항했지만, 아들과 함께 인질이 되고 말았다. 티무르는 앙카라 대전 승리 후 바예지드가 평정한 땅을 게르미얀, 사루한, 아이든, 멘테셰 등 토후국 태수들에게 다시 돌려주었다. 토후국들은 다시 영토를 회복하고 티무르에 복속되었다. 이 패배로 화병이 난 바예지드는 1403년 3월 8일 44세로 아크셰히르에서 눈을 감았다. 오스만 제국의 운명은 티무르 손에 달리게 되었다. 다행히 티무르는 아나톨리아 지역이나 콘스탄티노플과 유럽 지역에 대한 정복에는 관심을 두지 않았다. 티무르는 그의 군대와 함께 9개월간 머물면서 오스만 제국의 도시들을 약탈하였지만, 제국의 서쪽 지역에는 전혀 발을 들여놓지 않았다.

형제들 간 피의 내전과 제국의 분열

앙카라 대전 중에 바예지드 1세의 세 아들(쉴레이만, 이사, 메흐메드)은 전장을 빠져나갔으나, 두 아들 무사와 무스타파는 티무르에 인질로 잡혔다. 무사는 나이가 어려 1403년에 풀려났지만, 무스타파는 1415년이 돼서야 티무르의 아들 샤루크Shahrukh에 의해 풀려났다. 티무르는 오스만 제국을 장악한 후 '군주의 배려와 용서'라는 이름의 칙령yarlığ을 통해 피신해 있는 바예지드의 아들들에게 제국의 영토를 나누어주었다. 예상치 않은 일이었지만, 이는 제국의 운명을 헤어날 수 없는 수렁에 빠지게 하였다. 쉴레이만에게는 루멜리, 이사에게는 부르사, 메흐메드에게는 에디르네를 주었는데, 이들은 놀랍게도 티무르에 복속할 것을 약속한 것이다. 비잔티움 제국의 마누엘 2세 팔레올로고스 황제도 바예지드에게 바치던 조공을 티무르에게 바치면서 복속하는 태도를 보였다.[8] 바예지드의 아들은 '첼레비Çelebi'(왕자라는 뜻)라는 칭호로 불리게 되었다. 영지를 분할받은 아들들은 마치 독립된 나라의 술탄처럼 권력을 행사하였다.

이들은 패권을 장악하기 위해 상대방을 죽이려는 싸움을 시작하였다. 긴 시간이 지나 형제의 난은 무사와 메흐메드 두 명의 대결 구도로 압축되었다. 무사와 메흐메드 간의 투쟁은 2년간 계속되었고, 비잔티움 제국의 마누엘 2세의 지원을 받은 메흐메드가 세르비아에서 무사를 물리쳤다. 결국, 최후의 승리자인 '메흐메드 첼레비'는 에디르네를 수도로 하여 아나톨리아와 루멜리 등 유럽 땅의 지배자임을 선포하고 1413년 7월 5일 '메흐메드 1세'로 제5대 술탄이 되었다. 이로써 바예지드가 인질로 잡힌 1402년부터 11년간의 '술탄 유고' 사태가 종식되었다. 오스만 제국의 주변에는 오스만에 적대감을 품고 있는 나라들이 많아, 이 시기에 그들이 뭉치기만 한다면 오스만 제국을 한 방에 망하게 할 수도 있었다. 그러나 그런 일은 일어나지 않았다. 가톨릭과 동방정교로 분열된 유럽 각국은 내전 중인 형제 중 한 사람을 자기편으로 끌어들여 각기 다른 이익을 취하고 오스만 제국을 분열시키는 데만 관심이 있었다. 비잔티움 제국은 오스만 제국의 분열 상황이 오래 지속되기를 바랐고, 베네치아와 제노바 공화국은 지중해에서의 교역으로 재미를 보고 있었다. 여기에다 1408년부터 5년 동안 콘스탄티노플과 유럽 전역을 휩쓴 흑사병이 창궐한 것도 영향을 미쳤다. 내전 기간 중 베네치아와 제노바는 그들에게 최대의 이익을 보장해준다는 '첼레비'와 조약을 체결하였다.

오스만 제국의 재통일

비잔티움과 선린관계

술탄 왕정을 복구한 메흐메드 1세(재위 1413~21)는 즉위하자마자 쉴레이만 첼레비가 1403년에 비잔티움 황실과 체결한 조약을 승인하였다. 상실한 영토를 다시 찾기 위한 사업을 추진하기 위해서는 서방 이웃국들과의 선린정책이 필요했기 때문이다. 그는 즉위하자마자 비잔티움 제국의 황제에게 '복종하는 아들'의 위치로 남을 것은 물론 비잔티움의 황실이 '첼레비'와 체결한 조약의 조건들도 모두 인정하겠다고 알렸다. 메흐메드의 형인 쉴레이만 첼레비는 1403년에 비잔티움과 동맹 조약을 체결하였다. 내전 상태에서 자신의 세를 불리기 위해 비잔티움 외에도 베네치아, 제노바, 낙소스, 로도스 기사단 등과 체결한 조약문에서 쉴레이만 첼레비는 '대술탄 바예지드의 아들인 술탄 쉴레이만'이라고 명시했다. 자신이 오스만 제국의 정통 술탄이라고 과시한 것이다. 특히 비잔티움의 요안니스 7세 황제에게는 '나의 아버지'라고 적었

다.[9]

메흐메드 1세는 비잔티움의 황제가 파견한 사절에게 형인 '쉴레이만'이 한 것처럼 앞으로도 황제를 아버지로 섬기고 명령에 따르겠다는 뜻을 전했다.[10] 비잔티움 황제에 대한 술탄의 굴복적인 태도는 분명 1402년 이전 오스만 제국 술탄의 모습이 아니었다. 메흐메드의 태도는 내전을 벗어난 상태에서 '직접적인 안보 위협'을 줄 수 있는 이웃을 선제적으로 대응하려는 의도였다. 그런데 놀라운 일은 하나 더 있었다. 메흐메드 1세는 무사 첼레비가 비잔티움으로부터 빼앗은 마르마라와 흑해 연안의 지역도 황제가 요구하자 바로 돌려주었다. 파격적인 대접이었다. 가끔 분쟁이 일어나 긴장이 고조되었고, 비잔티움 제국의 마누엘 2세 황제가 서방으로부터 지원을 받으려는 교섭은 끊임없이 하였지만, 외견상 양측의 평화는 그런대로 유지되었다.[11]

내전의 불씨 무스타파의 등장

내전이 종식되고 평화가 찾아왔지만, 그 평화는 오래가지 못했다. 메흐메드 1세는 즉위 후에 아나톨리아와 유럽 지역, 두 곳에서 예기치 않은 복병을 만났다. 아나톨리아에서는 '셰이흐 베드레틴'이, 유럽 지역에서는 '뒤즈메제 무스타파'가 반란을 일으켰다. 이슬람 수피주의자인 '셰이흐 베드레틴의 반란'은 메흐메드의 군대에 의해 진압되고, 베드레틴은 생포되었다. 메흐메드는 베드레틴의 처형 문제를 울레마와 협의하고 셰이훌 이슬람에게 '페트와fetva'(이슬람 법학자들이 내놓는 종교적 유권해석)를 요구했다. 베드레틴은 페트와 결정으로 1420년 세레스에서 처형되었다. 베드레틴 반란은 오스만 역사에서 최초로 일어난 이슬람 수피 종단의 반란 사건이 되었다. 메흐메드 1세에게 '셰이흐 베드레틴 반란' 사건은 조족지혈에 불과했다. 이보다 몇십 배 골치 아픈 일이 일어났다. 티무르에 볼모로 잡혀간 형 무스타파가 13년 만에 갑자기 나타난 것이다.

1415년 1월, 무스타파는 흑해 도시 트라브존에 모습을 드러냈다. 무스타파가 파견한 사람들은 비잔티움 제국의 황제와 베네치아 사람들과 협상에 들어갔다. 무스타파는 바닷길로 왈라키아에 들어갔다. 그가 등장하자 아나톨리아와 루멜리 지역의 속국들은 오스만 제국에 대항하며 반란을 조장하였다. 마치 내전이 다시 시작된 것 같은 상황이 전개되었다. 무스타파는 서방으로는 비잔티움과 베네치아로부터, 아나톨리아 내륙에서는 카라만 토후국의 이브라힘 베이로부터 지원을 약속받았다. 그는 왈라키아 공국의 미르체아 1세와 동맹을 맺더니 8월에는 발칸 지역에 들어가 세력을 넓혔다. 이렇게 단계적으로 자신의 세력을 굳힌 후, 10월에 드디어 루멜리 지역에서 술탄직 쟁취를 위한 무력투쟁에 돌입하였다. '뒤즈메제 무스타파'의 반란이다.

메흐메드 1세는 즉시 반란 진압을 위해 진군했다. 무스타파 첼레비는 비잔티움 제국의 테살로니키로 피신하였다. 메흐메드는 비잔티움에 무스타파의 신변 양도를 요구하였다. 비잔티움이 이에 응하지 않자 메흐메드는 비잔티움에 전쟁을 선포했다. 비잔티움의 마누엘 2세는 메흐메드에게 사절을 보내 무스타파의 양도는 불가하다며 무스타파 일행 30명의 비잔티움 현지 체류 경비를 부담해달라고 통보하였다. 군사력이 열세였던 비잔티움은 버거운 상대를 통제할 아주 유용한 수단이 생겼다. 무스타파를 석방하느냐 마느냐에 따라 메흐메드 1세의 정치적 입지가 송두리째 흔들리게 될지도 모르기 때문이었다. 메흐메드는 1416년 12월 비잔티움과 협정을 맺고 자신이 술탄으로 있는 한, 무스타파를 절대 석방하지 않는다는 조건으로 매년 30만 악체(1만 두카트 금화 상당)를 황제에게 지급하겠다고 약속하였다.[12] 오스만 제국으로서는 제2의 형제의 난이 재현되는 것을 방지하기 위해서는 어쩔 수 없는 결정이었다. 두 반란은 어렵게 진압되었지만, 무스타파 첼레비 문제는 메흐메드 1세가 사망한 다음에 즉위한 무라드 2세 때에 다시 불거졌다.

겔리볼루 전투, 최초의 해전

메흐메드 1세 때 오스만 제국은 역사상 처음으로 베네치아와 해상전을 가졌다. 결론부터 말하자면 최초의 해상전에서 오스만 제국은 패했다. 오스만 제국은 해상에서보다는 육상에서 더 강한 군사력을 발휘했다. 이탈리아의 베네치아 공화국과 제노바 공화국은 에게해 최대 해군 강국이자 최대 무역 국가였다. 오스만 제국이 에게해와 지중해에서 서서히 예봉을 드러내기 시작한 것은 당연히 베네치아와 제노바에 위협이 되었다. 특히 베네치아의 '피에트로 로레단Pietro Loredan' 제독이 오스만 제국에 적개심을 숨기지 않고 그리스 안드로스섬에서 오스만 상선에 공격을 가한 사건이 일어났다. 메흐메드 1세는 바로 징벌할 것을 명했다. 오스만 함선은 흑해에서 에게해로 돌아오는 베네치아 함선을 공격했다. 공격을 받은 베네치아 함선은 그리스 해안의 에비아섬으로 피신했다. 오스만 함선은 베네치아 함선이 정박한 도시를 공격하고 주민들을 포로로 잡았다.

다음 해인 1416년 5월에 베네치아는 피에트로 로레단 제독이 이끄는 함대를 파견하였다. 베네치아 함대는 5월 27일 콘스탄티노플과 흑해를 연결하는 다르다넬스 해협의 입구에 있는 '겔리볼루'에 도착하였다. 5월 29일 오스만 제국과 베네치아 함대는 겔리볼루 해상에서 전투를 치렀다. 베네치아와 가진 최초의 해상 전투에서 오스만 제국 함대는 대패했다. 전승국인 베네치아의 사료에 의하면, 베네치아 함대는 27척의 오스만 함선을 포획하고 두 척의 범선 카드르가Kadırga와 다섯 척의 갤리 범선을 제외한 나머지 배를 모두 화염에 휩싸이게 했다.[13] 오스만의 패배로 끝난 겔리볼루 해전은 에게해에서 베네치아의 우위를 인정하는 한편, 마르마라해와 에게해에서 오스만 함선의 항행을 금지한 에디르네 조약을 맺고 일단 끝나게 되었다.

해군 전력이 열세한 오스만 제국은 오르한 가지(2대), 무라드 1세(3대) 시대에는 해군력을 보유한 베네치아, 제노바 공화국과 해전을 피해 왔다. 사실 육상 전투에 특화된 오스만 제국이 1308년에 마르마라해 연안의 작은 섬 임랄르İmralı를 정복한 것은 이제 막 첫걸음을 시작한 오스만 토후국의 조선 능력에 자신감을 점화했다. 1323년 마르마라해 연안 카레시 토후국의 도시 카라뮈르셀Karamürsel을 정복한 후 1327년 그곳에 최초의 조선소를 세웠다. 카라 뮈르셀 베이를 해군 제독으로 임명함으로써 삼면이 바다로 둘러싸인 오스만 제국의 해군 양성이 시작되었다. 1337년에는 마르마라해와 인접한 이즈미트를 정복하고는 그곳에 크지 않은 조선소를 세웠다. 그러나 베네치아와 제노바 해군력을 위협할 함선을 건조할 정도는 아니었다. 이전과는 다르게 조선 능력을 과시한 것은 1390년 바예지드 1세가 겔리볼루에 비잔티움 조선소를 보수하여 세운 겔리볼루 조선소가 원조였다. 겔리볼루 조선소는

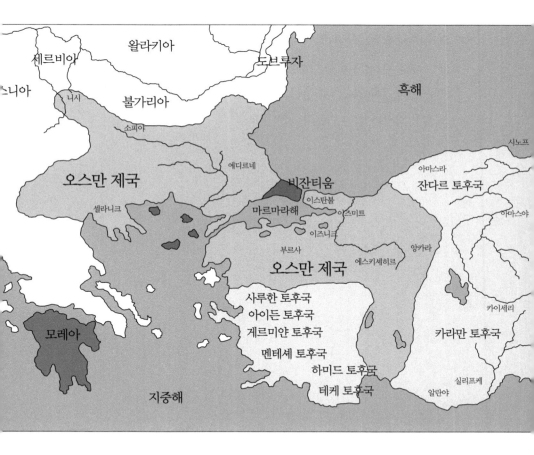

1401년에 완공되었다. 조선소 건설로 육상과 해상에서 발칸을 향한 성전이 쉬워졌다.

한편, 1416년 겔리볼루에서 있었던 최초의 해전에서는 패배했지만, 오스만 제국이 장악한 겔리볼루반도는 제국의 영토 확장사업에 결정적인 전략적 자산으로 발칸과 서유럽 진출을 위한 출발점이 되었다. 오스만 토후국이 이곳을 차지하면서 불과 30년 만에 유럽 세력을 압도할 만한 국가로 급성장하는 것이 가능했다. 비잔티움을 비롯하여 세르비아, 왈라키아, 헝가리 등 발칸 지역 국가들을 정복하는 것도 겔리볼루를 통하지 않고는 불가능한 일이었기 때문이다. 터키인들은 겔리볼루를 루멜리아Rumelia로 불렀고 루멜리아는 시간이 지나면서 발칸 지역을 지칭하는 말이 되었다.

전략적 요충지 발칸

수피주의자 무라드 2세

오스만 제국을 재통일한 메흐메드 1세는 말에서 떨어져 큰 부상을 입고 바로 궁전에 돌아와 치료를 받았으나 32세를 일기로 에디르네에서 세상을 떠났다. 메흐메드 1세는 임종이 가까워질 무렵 측근에게 아들 무라드에게 술탄 직위를 승계하며, 무라드를 즉시 수도로 귀환시키도록 할 것과 무라드가 수도로 돌아오기 전 자신이 신의 부름을 받아 죽게 된다면 그가 돌아올 때까지 죽음을 알리지 말라는 유언을 남겼다. 그러나 메흐메드 1세는 유언을 남긴 다음 날 눈을 감고 말았다. 그가 지명한 아들이 수도에 도착하기 전이었다. 그의 아들 무라드 2세(1421~44, 1446~51)가 17세로 6대 술탄에 올랐다. 무라드 2세 시대에 오스만 제국은 이전 바예지드가 이루었던 군사력과 통치력을 모두 회복하였다. 무라드 2세는 술탄에 충성하는 상비군을 기독교 가정의 장정으로 조직하는 새로운 병역제도인 '데브쉬르메Devşirme'를 시행하였다.

이로써 무라드는 성전에 매달리는 유목민 출신 가지들의 시대를 끝내고 상비 직업군 시대를 열었다. 데브쉬르메의 시행으로 국가 조직은 유목문화 전통에서 중앙집중적인 조직으로 이전하는 중요한 계기가 되었다. 국가 통치방식이 술탄을 중심으로 한 중앙집권체제로 전환되려 하자 전사 가지와 지방 호족들이 반대하고 나섰다. 데브쉬르메는 앞으로 오스만 사회 전역에서 일어나는 정치적·사회적 변화의 추동력이 되었다.

무라드는 전쟁보다는 평화를 사랑한 군주였다. 무라드의 이런 성격은 그를 영적 삶을 추구하려는 수피즘에 빠지게 하였다. 무라드는 청년 시절에 포도주를 즐기고 음악가, 시인, 학자들과 어울리는 것을 좋아했다. 그러나 수피즘에 심취하면서 수피즘 명상과 대화를 좋아하였다. 그 영향으로 제이니예, 메블레비, 바이라미 등 이슬람 신비주의 성향의 수피즘이 번성하였다. 부하라, 사마르칸트, 메르브 등지에서 많은 종교학자 울레마가 오스만 제국으로 왔다. 예술을 사랑한 무라드 2세는 문학, 역사, 음악 분야를 발전시키는 후원자가 되었다.[14] 그는 부르사와 에디르네에 메드레세와 모스크를 대거 설립하였다. 메드레세는 일반적으로 '종교 학교'로 번역되지만, 그 기능과 역할을 보면 중세 서양의 '대학'과 같은 수준이다. 메드레세는 주로 종교 교육을 하긴 하나, 다양한 학문의 교육과정으로 사회가 필요로 하는 필경사, 이슬람 학자, 법관 등을 배출하였기 때문이다. 메드레세 교육이 활발해지자 이슬람 신비주의 수피즘 활동도 활발해졌다. 그의 재위기에 아랍어와 페르시아어로 된 저작물들이 오스만튀르크어로 번역되어 문학과 학문이 발전하였다. 무라드는 '무라디Murâdî'라는 필명으로 시도 남겼다. 무라드는 정치·경제는 물론 특히 문화·예술·종교사상을 크게 발전시

오스만 제국 제6대 술탄 무라드 2세의 즉위식

무라드 2세는 할아버지(바예지드 1세)와 아버지(메흐메드 1세)와는 달리 예술과 문학을 사랑한
감성적으로 예민한 군주였다. 시를 쓰며 시를 좋아한 무라드 2세는 시인과 이슬람학자,
가난한 자들의 편이었고, 궁전은 언제나 그들에게 개방했다.

할릴 이날즉 & 귄셀 렌다 (편저, 2004), 《오스만의 문명 1 *Ottoman Civilization 1*》,
터키문화부, p.79. 기예의 책Hünernâme, Vol.1, TSM H1523, fol.132v.

컸다. 그는 다음 술탄 메흐메드 2세가 콘스탄티노플을 정복할 수 있도록 기반을 만들었다. 무라드 2세는 중세 후기 이슬람 세계의 이상적인 지도자 이미지로 부상하였고, 오스만 제국의 정치와 문화 발전에 디딤돌이 되었다.

무스타파 첼레비와 비잔티움의 도전

메흐메드 1세가 사망하기 몇 달 전인 1421년 1월, 비잔티움 제국에서는 마누엘 2세와 그의 아들 요안니스 8세가 공동 황제가 되었다. 그런데 이들 간에 메흐메드 1세를 누가 승계할 것이냐를 놓고 논쟁이 일어났다. 그들의 수중에는 '무스타파'가 있었기 때문이다. 마누엘 2세는 오스만 승계 문제에 개입하지 말고 무라드 2세를 술탄으로 인정하자고 하였다. 반면 요안니스 8세는 림노스섬에 보호 감금하고 있는 '무스타파 첼레비'를 술탄으로 만들자고 주장했다. 확실히 결정된 것은 없었지만, 마누엘 2세는 오스만 조정에 두 명의 사절을 보내 "황제는 술탄의 서거에 조의를 표하고, 아울러 무라드의 술탄 즉위를 축하한다"는 메시지를 전달했다. 그러나 동시에 "선친처럼 황제와 좋은 관계를 유지해주기 바라며, 그렇게 하기를 원한다면 아들 두 명을 황제에게 맡겨달라"고 했다. 물론 오스만 제국 조정은 비잔티움 제국의 황제에게 술탄의 아들을 볼모로 보내는 것을 거절했다. 오스만 조정과 외교적 교섭에 진전이 없자 비잔티움 황제는 림노스섬에서 가택연금 중인 '무스타파 첼레비'를 석방하였다. 그의 처지에서 본다면, 무스타파를 승계자로 만들지 못할 바에는 루멜리 지역의 술탄으로 만드는 것이 낫다는 계산이었다. 그렇게 되면 아나톨리아와 루멜리, 두 지역에 술탄이 있게 되고, 오스만 제국을 조정하기가 쉬워질지도 모를 일이었다.

에디르네에 도착한 무스타파는 1421년 10월 자신이 바예지드 1세의 아들이며, 술탄임을 선포하였다. 무스타파의 군대는 겔리볼루도 접수하였다. 무스타파는 한 발 더 나아가 겔리볼루는 비잔티움 제국의 영토이며, 자신은 루멜리 지역의 술탄이라고도 선언하였다. 이즈음 무스타파는 사실상 발칸 지역에서 오스만 제국의 술탄 노릇을 하고 있었다. 1422년 1월 무스타파 군대는 부르사를 향해 진군하였지만 무라드 2세는 '무스타파 첼레비' 군대를 무력화시키고 무스타파를 처형하였다.

비잔티움의 배신을 목격한 무라드 2세는 바로 3만의 군대를 이끌고 콘스탄티노플을 포위하였다. 3개월(1422. 6. 10~9. 6)가량 공략이 이어졌다. 하지만 난공불락의 3중 성벽에 막혀 불발로 그쳤다. 콘스탄티노플의 거의 모든 인원이 동원되어 저항하였다. 비잔티움의 제1도시를 점령하지 못하자 무라드는 제2도시인 셀라니크(그리스어 테살로니키)로 눈길을 돌렸다. 경제적으로나 군사적으로 비잔티움에 중요한 셀라니크는 무라드의 공격 목표가 되었다. 그러자 1423년 비잔티움의 베네치아 총독인 안드로니코스 팔레올로고스(비잔티움 황제 마누엘 2세의 아들)는 셀라니크 영유권을 베네치아에 넘겼다. 1430년 초 무라드 2세는 베네치아 정복사업에 집중하였고, 3월 29일 셀라니크 완전 정복에 성공하였다. 도시에 입성한 무라드 2세는 아케이로포이에토스 교회를 이슬람 사원으로 전환하였고, 3일간 약탈을 허용하였다. 오스만 제국의 셀라니크 정복은 곧 비잔티움 제국 멸망의 신호탄이 되었다.

헝가리와의 전쟁

무라드 2세에게는 처리해야 할 적이 있었다. 아나톨리아 토후국, 헝가리와 베네치아였다. 1435년에 티무르 제국의 샤루흐 칸은 오스만 제국 술탄과 아나톨리아 토후국 태수들에게 예복을 보내어 충성을 맹세하는 상징으로 입을 것을 요구했다. 그러자 무라드 2세는 중앙아시아 오구즈 부족의 카이으파를 상징하는 표시가 그려진 동전을 발행하며 티무르 칸에 도전하였다.[15] 무라드 2세는 토후국 평정에 나섰지만, 카라만을 무너뜨리지는 못했다. 카라만과의 전쟁은 매번 끝장이 나지 않았다. 무라드 2세는 아나톨리아 서쪽의 토후국들은 자신의 통치 아래 있음을 확인했다. 다음 목표는 헝가리와 베네치아였다. 헝가리는 범슬라브주의 제국을 꿈꾸고 있었고, 베네치아는 해상대국을 꿈꾸고 있었다.[16] 1430년에 무라드 2세는 베네치아의 셀라니크를 정복하고 그 주변을 오스만 제국의 영토로 편입시켰다. 베네치아에는 큰 손실이었다. 1440년 무라드 2세는 베오그라드를 포위하였다. 그러나 그 도시를 지키고 있던 트란실바니아의 총독 '야노스 후냐디'의 저항에 부딪혀 정복에 실패했다. 1440년부터 1442년까지 야노스 후냐디는 헝가리로 들어오는 오스만 군대의 침략을 성공적으로 막아내 서유럽에서 명장으로 이름을 떨치게 되었다. 야노스 후냐디의 승리에 고무된 헝가리 국왕 울라슬로 1세는 오스만 제국의 군대를 막기 위해 로마 교황 에우제니오 4세의 지원을 받아 십자군을 조직하였다. 헝가리, 세르비아, 왈라키아, 보스니아 군대로 조직된 십자군은 후냐디의 지휘 아래 오스만 제국의 영토로 진입하였다.

1443년 11월 3일 오스만 제국의 요새인 세르비아의 '니시'에서 양측 군대는 접전하게 되었다. 오스만 제국 군대는 대대적인 원정을 감행한 후냐디의 서방 십자군 군대에 패하였다. 승리한 후냐디는 1444년 2월 부다로 돌아와 영웅 대접을 받았다. 니시 전투에서의 승리는 1396년 니코폴리스 전투 패배에 대한 복수였다. 전 유럽은 후냐디에게 전승을 축하하는 메시지를 보냈다. 극심한 군사적 피해를 본 무라드 2세는 헝가리 측에 평화를 제의하였다. 1444년 5월 22일부터 강화협상이 시작된 후 6월 12일 헝가리와 10년 유효한 '세게딘 평화조약'을 에디르네에서 체결하였다. 헝가리의 울라슬로 1세는 성경에 손을 얹고 조약의 준수를 맹세하였고 무라드 2세 술탄도 쿠란에 맹세하였다.[17] 세게딘 평화조약은 보헤미아의 국왕이자 헝가리와 폴란드의 국왕을 겸한 울라슬로 1세의 비준을 받아 7월 12일 발효되었다.[18] 평화조약 발효 10일 후 교황은 체사리니Cesarini 추기경을 통해 헝가리 왕에게 조약 파기를 종용하였다. 자신의 동의 없이 체결하였을 뿐 아니라 이교도와 맺은 조약이라는 것이 이유였다. 이런 일이 있고 난 뒤, 무라드 2세는 1444년 8월에 돌연 술탄 직위를 아들인 메흐메드 2세에게 양위하고 마니사로 거처를 옮겨 은거에 들어갔다.

무라드 2세가 술탄 직을 아들에게 양위했다는 소식을 들은 유럽은 다시 십자군 조직에 들어갔다. 10대 초반의 어린 술탄의 등극을 기회로 삼은 교황은 즉시 십자군을 조직했고 헝가리-폴란드의 울라슬로 1세 군대와 트란실바니아의 후냐디 군대는 도나우강을 건너 불가리아 동부 '바르나'로 진격해왔다. 조정의 간언에 따라 마니사에서 에디르네로 바로 복귀한 무라드 2세는 4만의 군대를 이끌고 바르나로 향했다. 1444년 11월 10일 서방 십자군과 오스만 군대는 다시 격돌하게 되었다. 울라슬로 1세가 기병과 함께 무라드 2세 군대를 향해 돌진하였다. 그러나 되레 예니체리 부대에 포위되어 전사하고 말았다. 이로 인해 십자군의 연합전선이 급격히 무너지면서 전투는 오스만 군대의 승리로 끝이 났다. 십자군 연합군에 대한 무라드 2세의 승리는 이슬람 세계의 승리로 받아들여졌고, 오스만 제국이 발칸 지역에서의 지배를 다시 확인하는 계기가 되었다.

　바르나 전투에서 패배한 후냐디는 오스만 제국에 대한 설욕전을 준비하였다. 야노스 후냐디가 이끄는 헝가리 군과 왈라키아를 비롯한 기독교 연합군대는 1448년 10월 17~20일간 세르비아의 '코소보'에서 오스만 군대와 맞섰다. 이 전투에서 무라드 2세는 압승을 거두었고, 발칸 지역을 오스만의 세력으로부터 자유롭게 만들려는 서방의 노력은 좌절되었다. 제1차 코소보 전투 승리로 발칸반도에 거점을 만들었던 오스만 제국은 제2차 코소보 전투 승리로 발칸반도를 완전히 장악하게 되었다.

천년 고도 콘스탄티노플 정복

최고의 정복 군주 메흐메드 2세

메흐메드 2세는 1451년 술탄위位에 올랐다. 그의 나이 겨우 19세였다. 그의 유일한 목표는 콘스탄티노플 정복이었다. 해상 장악으로 얻을 상업적·문화적 이득이 매우 크다는 판단 때문이었다. 그의 이런 안목과 전략적 사고는 세자 시절에 받은 수준 높은 교육의 영향이다. 아버지인 무라드 2세는 아들의 전인교육에 특별한 관심을 가졌고, 마니사에서 세자 수업을 하던 아들에게 당대 유명한 이슬람 학자들을 보냈다. 마니사의 세자궁에는 도서관이 설립되어 동서양 고전들이 수집되었다. 메흐메드는 아랍어, 페르시아어 외에도 라틴어, 세르비아어, 그리스어 등 다중 언어 습득과 독서를 통해 세계를 내다보는 안목을 키웠다. 무라드 2세와 메흐메드 2세의 삶을 서사시로 남긴 당대 시인 카쉬피Kaşifi는 바르나 전투 승전을 기록한 서사시집 《바르나 전승기 *Gazânâma-i Rum*》에서 메흐메드가 독서광이 된 모습을 기록하고 있다.

카쉬피에 따르면, 아버지로부터 술탄위를 이양받아 2년간의 짧은 술탄직을 마치고 일상으로 돌아왔을 때, 술탄의 승인도 없이 마음대로 베네치아를 침략한 것 때문에 호되게 꾸지람을 듣고 벌을 받았는데, 메흐메드는 그 후부터 역사, 지리, 철학, 신학 등 관련 독서에 몰입했다고 전한다. 당대 비잔티움 제국의 역사가 크리스토불로스Kristovoulos는 메흐메드가 말과 행동이 일치하고 지혜롭고 위풍당당함이 있는 철학자 같은 사람이었고, 그의 손에는 프톨레마이오스의 세계 지도가 항상 들려 있었다고 기록했다.

메흐메드 2세가 즉위할 무렵, 비잔티움 제국은 인구가 12세기 40만 명에서 4만 명 정도로 급감했고, 무역 주도권도 베네치아와 제노바로 완전히 넘어간 상태였다. 비잔티움의 영토라고 해봐야 오스만 제국의 영토 심장부에 있는 콘스탄티노플밖에 없었고, 그곳마저 유럽에 넘어가는 것은 시간 문제였다. 비잔티움 제국이 1423년에 셀라니크를 베네치아에 양도한 사실이 있기 때문이었다. 이런 상황에서 콘스탄티노플 정복은 오스만 제국이 살아남느냐 죽느냐 하는 생사가 걸린 문제였다. 메흐메드 2세는 콘스탄티노플 정복사업을 실행하기로 결단했다. '가자'(성전)는 선친들이 한 것처럼 자신의 의무이며, 무함마드의 언행록(하디스)에 기록된 '콘스탄티노플은 반드시 정복될 것이다'라는 성구에 기반해 이슬람교도들의 염원을 자신이 완수하겠다는 결의를 다졌다. 술탄이 콘스탄티노플 정복을 추진하려 하자, 찬다를르 할릴 대재상은 콘스탄티노플을 공격하기 시작하면 유럽 십자군이 쳐들어올 것이라는 사실을 강조하면서 이의를 제기했다. 그러나 자아노스 사령관 등 대신들은 유럽은 통합할 수도 없는 상황에 있고 설령 그들이 쳐들어온다 하더라도 충분히 대처할 수 있다고 하면서 주전론主戰論을 폈다. 메흐메드 2세는 1422년 콘스탄티노플을 포위했던 선친의 뜻을 받들어 '세계 제국' 건설을 위한 최종 결단을 내렸다. 그는 1452년 헝가리, 베네치아와 평화조약을 맺고, 카라만 원정에서 돌아온 후 찬다를르 할릴 대재상에게 보스포루스 해협에 루멜리 성城을 건축하라는 명령을 내리면서 '콘스탄티노플 정복사업'의 첫발을 내디뎠다.

비잔티움과의 외교 교섭

메흐메드 2세는 카라만 원정에서 서둘러 돌아와 루멜리 히사르 성축과 관련하여 비잔티움 황제에게 통보하였다. 아나톨리아에서 루멜리를 통과하는 데 어려움이 많아 해안에 성곽 구축을 결정하였고, 양국 간 우호관계에 비춰 반대는 안 할 것으로 믿으며, 성 구축의 목적은 단지 해협의 통행을 위한 것이므로 반대하더라도 건설할 터이니, 만약 반대한다면 우호관계가 악화할 수도 있다고 경고했다. 그러자 비잔티움의 황제 콘스탄티누스 11세는 성곽을 구축하려는 술탄의 의지를 꺾기 위해 오스만 조정에 사절을 파견하였다. 크리스토불로스와 두카스 등 연대기 작가들은 비잔티움 황제의 사절 파견에 대한 상세한 기록을 남겼다. 비잔티움의 사절은 성곽을 구축하려는 지점은 비잔티움 제국의 영토가 아니라 갈라타인(갈라타에 사는 베네치아인과 제노바인들을 말함)들의 것이고, 비잔티움은 그들과 종파가 달라 무력 충돌을 하고 있어, 성 구축을 승인한다면 갈라타인들의 적대심이 고조될 것이므로 동의할 수 없다고 했다.[19]

그러자 메흐메드 2세는 "선친이 해협을 통과하지 못해 어려움을 겪었고, 이를 극복하기 위해 해협의 서쪽에 성을 구축하려 했으나 그 뜻을 이루지 못했다. 하지만 나는 이전 술탄과는 다른 사람이다. 내 영역에서 하고 싶은 대로 할 테니 황제에게 알리라"고 반박하며 비잔티움 사절을 돌려보냈다. 콘스탄티노플로 돌아간 비잔티움 사절은 메흐메드 2세와의 면담 내용을 황제에게 보고하면서, 술탄의 계획을 포기하도록 하기 위해서는 무력을 사용하는 것 외에는 다른 방도가 없다고 말했다. 1452년 3월의 상황이었다.

1452년 8월 31일, 첫 돌을 놓은 지 불과 4개월 반 만에 루멜리 성이 완공되었다. 비잔티움 항구로 가려는 모든 선박은 루멜리 성에서 일단 멈추고, 오스만의 허가 없이는 들어갈 수 없도록 하였다. 허가할 경우 통과세를 받았다. 보스포루스 양안 거리가 가장 좁은 곳에 세워진 아나돌루 성과 루멜리 성은 해협을 통해 비잔티움으로 들어가는 선박을 완전히 통제할 수 있었다. 비잔티움 황제는 서방의 도움을 바라고 있었지만, 그들은 가톨릭교회와 동방정교회 간 교회 통합에만 관심을 둘 뿐 콘스탄티노플의 긴박한 상황에는 별다른 관심을 두지 않았다. 베네치아나 제노바도 상업 이익에만 관심을 둘 뿐 마찬가지였다.

골든혼 진수 작전

1453년 1월 말경 전쟁 준비가 한창인 시점이었다. 메흐메드 2세는 조정의 관리들과 전 예하 단위 부대장을 소집하여 콘스탄티노플 정복 작전을 위한 지휘관 회의를 주재했다. 그는 콘스탄티노플을 정복하는 것은 결코 쉬운 일이 아니며, 이제 용맹성을 보여줄 시간이 왔다면서 전

콘스탄티노플을 정복하고 오스만 제국의 근대를 연 메흐메드 2세는 유럽의 변화를 이해하는
현실적인 감각을 갖추고 사고가 열린 군주였다. 술탄이 되자 그는 그리스 로마와 이슬람 고전을
수집했다. 그의 도서관에는 지리, 종교, 천문, 산술, 철학 등 다양한 분야의 서적이 갖춰졌다.

쟁의 승리는 각자의 인내, 양심, 복종심에 달려있다고 강조하였다.[20]
지금까지의 콘스탄티노플 공격은 육상 중심이었지만, 이번 공격은 전
술을 바꾸어 육·해상 동시 총공격전으로 하겠다고 했다. 1453년 3월
내내 선박들이 겔리볼루로 집결하였다.

모든 준비를 마친 메흐메드 2세는 1453년 3월 23일 에디르네를 출
발했다. 그리고 14일 만인 4월 6일 콘스탄티노플에 도착해 바로 성곽
을 포위하였다. 술탄은 마흐무드 파
샤를 사절로 보내 비잔티움의 황제
에게 항복할 것을 요구했다. 비잔티
움은 이를 거절하고 대신 조약에 따
라 세금은 내겠다고 전해왔다. 4월 6
일 양측 간 교섭이 있었으나 술탄의
항복 요구가 거절되자 성곽 포위 작
전이 선언되었다. 오스만 군대는 헝
가리 출신 오르반Orban이 제작한 대
포(비잔티움인들은 '황제의 대포'라는
뜻으로 '바실리카'라고 불렀다) 발사로
첫 공격을 시작하였다. 이로써 성벽
으로 들어갈 수 있는 통로가 열리고

할릴 이날즉 & 권셀 렌다 (편저, 2002), 《오스만의 문명 2
Ottoman Civilization 2》, 터키문화부, p.895. TSM H2153, fol.
145v.

성곽의 해자도 메워졌다. 하지만 성벽은 좀처럼 뚫리지 않았다. 비잔티움 군사들도 파괴된 성을 계속 보수하면서 맞서는 바람에 양측 공방전은 큰 성과 없이 이어졌다.

4월 18일 일몰 두 시간 후에 첫 총공격 명령이 내려졌다. 그러나 이 공격에서도 별다른 성과는 얻지 못했다. 전선이 교착 상태에 이르자 메흐메드 2세는 비잔티움을 해상에서 압박하는 강력한 공격을 구상하였다. 그는 4월 22일 밤 마르마라해에 정박해 있던 67척(사료에 따라 70척이라고도 함)의 배를 육로를 통해 골든혼(금각만)으로 수송하는 작전을 감행했다. 경사가 있는 수송 이동로에 기름을 바른 목판을 깔아 함대들을 구릉으로 끌어올려 골든혼에 배치했다. 이를 본 비잔티움 사람들은 경악을 금치 못했다. 오스만 함대의 골든혼 진수 작전은 메흐메드 2세 술탄의 콘스탄티노플 공격을 승리로 이끄는 기폭제가 되었다.

오스만 군대의 공격과 포위 작전이 계속되던 중 술탄은 5월 23일 마지막으로 비잔티움 황제에게 사절을 파견하였다. 술탄의 사절인 이스펜디야르오울루는 비잔티움 성곽을 그대로 내줄 것을 요구하면서, 그렇게 하면 신민들에게는 원하는 곳으로 떠날 수 있는 자유를 주겠다고 했다. 그러나 비잔티움 황실은 메흐메드 2세의 마지막 항복 요구도 거절했다. 메흐메드 2세는 5월 26일과 27일 전쟁 내각을 다시 소집하고 전열을 가다듬었다. 콘스탄티노플 공격 54일째인 5월 29일 화요일 오스만 군대의 마지막 공격으로 콘스탄티노플은 마침내 정복되었다. 비잔티움의 마지막 황제 콘스탄티누스 11세는 전사하였다. 이슬람 샤리아 율법에 따라 튀르크 병사들에게는 3일의 약탈이 허용되었다. 정복 다음 날, 콘스탄티노플 시내로 입성한 메흐메드 2세는 성소피아교회를 사원으로 개명하고 군중과 함께 금요일 이슬람 예배를 집전했다. 천

년 왕국 비잔티움 제국은 마지막 남은 황도皇都가 무너지면서 이슬처럼 사라지게 되었다. 중세가 마감되고 근대가 열렸다.

이슬람 제국의 수도 이스탄불

콘스탄티노플 정복 이후에 도시 이름은 이스탄불로 개명되었다. 메흐메드 2세는 콘스탄티노플의 전략적 중요성을 잘 알고 있었기 때문에, 이곳을 정복하기만 하면 세계를 지배할 수 있다는 믿음이 있었다. 그는 자신을 '두 개 대륙의 지배자이며, 두 개 해양의 지배자'라고 칭했다. 두 개 대륙은 유럽과 아시아를 말하고, 두 개 해양은 흑해와 지중해를 말하는 것이었다. 메흐메드는 '세계 제국'을 건설하기 위한 준비된 이슬람교도 전사이자 군주였다. 그는 이스탄불 인구의 다수를 차지하고 있는 동방정교회 사람들(주로 그리스인)을 페네르(그리스어 파나르)에 거주하도록 허가하고, 다음 해인 1454년에 겐나디우스Gennadius를 동방정교회의 총대주교로 임명하였다. 메흐메드 2세는 동방정교회 총대주교에게 기독교의 원리가 무엇인지를 요약해달라고 했다. 그는 이슬람 법학자 울레마의 설명도 경청했다. 그리스 인문학자들도 자신의 궁전으로 초대하여 대화를 가졌고, 베네치아 출신 화가 젠틸레 벨리니 Gentile Bellini를 초청하여 궁전의 벽화와 자신의 초상화를 그리도록 하였다.[21] 그는 무슬림 군주로서 관용이 있는 문화적인 지도자의 모습을 보여주었다. 메흐메드 2세는 전통 무사 가지들의 중심지인 에디르네를 벗어나 새로운 도시 이스탄불을 술탄의 위엄과 권력이 집중되는 중앙집권적 통치 중심지로 만들려고 하였다. 로마 제국의 전통을 이어받아

오스만 제국의 행정부를 상징하는 톱카프 궁전

톱카프 궁전은 1478년부터 1856년까지 30여 명의 술탄이 지낸 오스만 제국 행정부의 상징이었다.
경의의 문(바뷔스셀람Babüs Selam)이라 불리는 문 양측에 있는 탑은 쉴레이만 1세 때 추가되었고,
무스타파 3세 때에는 문과 연결되는 주랑 현관portico이 추가되었다.

정착민 문화로 전제적인 통치를 해온 '비잔티움'이 메흐메드 2세가 선
택한 모델 중의 하나였다. 그는 행정 및 통치체제 속에 남아있는 유목
문화의 잔재인 무사(가지)들의 시대를 종식하고 행정과 군사 부문에 점
차 데브쉬르메로 선발된 '노예'(쿨kul) 출신 전문 군사나 관리로 교체해
나갔다. 국가의 모든 행정과 군사가 이스탄불에 집중되어, 과거 로마
제국이나 비잔티움 제국의 도시처럼, 이스탄불을 이슬람 '술탄의 도
시'로 탈바꿈시켰다.

이스탄불 광역시 (2007), 《영원한 이스탄불Ageless Istanbul.》, 이스탄불 광역시 출판부. p.12. J. A. 피에론Pierron 1782~1822.

콘스탄티노플 정복은 이슬람 성전인 '가자' 정신에 따른 것이어서, 정복의 정당성을 상징하는 신화적 장치인 조형물도 필요했다. 메흐메드 2세는 아랍의 제1차 콘스탄티노플 포위 공성전(674~78) 때 성벽 앞에서 전사한 아이유브 알 안사리Ayyub al-Ansari의 묘지에 그를 성인으로 추앙하기 위한 모스크를 건설하였다. 알 안사리는 예언자 무함마드의 교우로 그의 묘는 콘스탄티노플 정복 후에 셰이훌 이슬람이었던 아크셈세딘이 이스탄불의 에윕Eyüb에서 발견했다. 1458년에 세워진 알 안사리의 모스크는 이슬람 성지가 되었고, 술탄이 즉위하면 알 안사리의 모스크에서 '착검식'(유럽 황제의 대관식과 같은 의미)을 하는 것이 관행이 되었다. 또한 메흐메드 2세는 상업과 교역의 중심이 될 그랜드 바자르(옥외 시장)를 1456년에 건축하도록 하고 콘스탄티노플 정복 6년째 되는 1459년에는 술탄의 중앙집권 통치를 상징하는 톱카프 궁전을 건축하도록 명했다. 이스탄불에는 모스크와 다른 사회 시설이 복합적으로 구성되는 퀼리예가 여러 곳에 들어서 이스탄불이 명실공히 이슬람 세계의 중심지임을 과시하였다. 주민 이주와 복구 재건사업을 마치고 1459년에 중앙조정의 모든 업무가 이스탄불에 이전되었다.

콘스탄티노플 정복 이후 유럽의 변화

1453년에 오스만 제국에 의해 함락된 비잔티움은 1204년에도 같은 경험을 했다. 비록 반세기 만에 다시 살아나긴 했지만 비잔티움의 몰락은 그때부터 본격화되었다. 비잔티움 제국에 있던 그리스인 학자들은 이미 1200년대부터 이탈리아반도로 넘어가기 시작했다. 비잔티움에서 학자들의 두뇌 유출은 1200년대부터 1450년대까지 250년 동안 계속되었다. 비잔티움의 황제 마누엘 2세 팔레올로고스(재위 1391~1425)는 튀르크인들이 그리스반도에 쳐들어오자 서유럽에 도움을 간청하기 위해 성직자 크리솔로라스(1355~1415)를 이탈리아 피렌체로 파견했다. 크리솔로라스는 피렌체대학에서 그리스어를 가르쳤고, 호메로스와 플라톤의 그리스 철학 고전을 라틴어로 번역함으로써 중세 말기에 그리스 고전을 서구에 알린 선구자가 되었다. 크리솔로라스와 그리스 학자들의 활동 덕분에 1430년경, 천년 동안의 적막 끝에 그리스 고전이 서방에 널리 알려지게 되었다. 1453년 콘스탄티노플 함락 전후에 콘스탄티노플에 남아있던 그리스 철학가와 예술가들이 그리스·로마 고전 문헌을 들고 이탈리아로 빠져나갔다. 중세 유럽의 인문주의 학자들은 이전 아랍인들이 라틴어로 번역한 것에 의존하지 않고 직접 그리스 원전을 번역하여 소개할 수 있게 되었다.

고전 문헌을 들고 간 학자들로 인해 이탈리아에서는 문학과 예술을 바탕으로 한 인간 중심의 인문주의 운동이 일어났다. 유럽에서는 금속활자 인쇄술(1455)과 종이를 만드는 제지술의 도입으로 책의 출판이 늘고 지식이 확산하여 유럽 사회에서 획기적인 변화가 일어났다. 십자군 원정으로 지중해의 상업과 교역이 활발해지자 서유럽의 다른 나라보다 문호가 개방되고 부유한 이탈리아에서는 예술이 발달하였다. 오스만 제국이 지중해, 홍해 항로를 독점하게 되자 포르투갈과 에스파냐를 중심으로 새로운 항로 개척이 일어났다. 유럽의 르네상스와 항로 개척으로 근대 유럽이 열리게 되었다. 15세기와 16세기에 이르러 유럽은 르네상스, 새로운 항로 개척과 종교개혁 등으로 정치·경제·종교적으로 큰 변화를 맞이하게 되었다.

발칸반도 이주와 정착

무슬림의 이주와 정착

오스만 제국은 1362년에 에디르네 정복을 시작으로 코소보 전투(1389)로 세르비아를 얻고 1396년에는 불가리아, 1453년에는 콘스탄티노플에 이어 보스니아-헤르체고비나, 몬테네그로 등 발칸 지역에 대한 정복을 계속해 나갔다. 14~15세기 발칸은 오스만 제국의 또 다른 '발칸 제국'이었다. 오스만 제국은 발칸 지역 정복이 늘어나자 이슬람교도 튀르크인들을 이 지역으로 이주시켰다. 튀르크인들의 발칸 지역 정착은 술탄 무라드 1세 때부터 본격화되었는데, 중앙조정의 중요 정책 중 하나로 체계적으로 시행되었다. 끝없이 넓게 펼쳐진 발칸의 평원에서 튀르크인들은 마을을 조성했다. 아나톨리아에 튀르크인들이 정착하게 된 것은 셀주크 시대에 시작되었는데, 오스만 제국 건국 초기에 튀르크인들은 아나톨리아를 넘어 발칸으로 이주하게 되었다.

튀르크인들의 이주는 발칸 지역뿐만 아니라, 중동·북부 아프리카·캅카스 등 정복이 있는 곳에서는 거의 다 이루어졌다. 정복 지역에 대한 이주로 오스만 조정은 정복지를 튀르크인 거주 지역으로 만들 수 있었고, 경제적으로는 세금 징수를 효과적으로 할 수 있었다.[22] 발칸에 튀르크 인구가 늘어나자, 조정은 1363년에 '루멜리도(도는 에얄레트Eyalet)'라는 지방 행정구역을 만들었다. '루멜리도'는 1393년에 신설된 '아나돌루(아나톨리아의 터키어)도'와 함께 제국의 양대 지방 행정 조직이 되었다. 군사적인 면에서 오스만 군대는, 발칸 지역 원정 시 정착민들의 지원으로 군사상 필요한 음식, 천막 등 물자를 공급받아 발칸 지역으로의 전진이 훨씬 수월해졌다. 경제적으로도 발칸의 농업·목축 생산물은 에디르네·이스탄불·부르사 같은 큰 도시와 군부대의 주요 공급원이 되었다.

발칸 정복지에는 지역 관리자이자 지역 사령관인 '베이Bey'와 울레마 학자 출신으로 법적인 문제를 다룰 판관인 '카드Kadı'가 배치되었다. 정복 지역에서 분쟁이 생기면 '베이'와 '카드'의 결정 없이는 누구에게도 처벌을 내릴 수 없었다. 카드의 결정은 베이의 승인이 있어야만 실효가 있었다. 새로운 지역에는 모스크, 메드레세, 보건치료소, 길, 다리 등을 건설하여 정복 지역을 이슬람 마을로 변화시켰다. 발칸에 튀르크인 마을을 만들기 위한 중요한 자원 중의 하나는 아나톨리아에 있는 토후국이었다. 1345년 카레시 토후국을 시작으로 사루한, 멘테셰 토후국 등의 인구를 주로 발칸으로 이주시켰다. 오스만의 이주정책에 도움이 된 사람들은 이슬람 신비주의자들인 데르비쉬였다. 그들은 사람들이 거주하기 어려운 산악 지방이나 격리된 농촌 지역에 거주하며 이슬람을 포교하고 추종자들이 늘어나면 마을을 만들었다. 이들은 중앙에서 조성한 튀르크화 된 마을에 들어가 이교도들이 이슬람으로 개종하도록 선교활동을 하였다.

이처럼 한 곳의 인구를 다른 곳으로 강제로 이주시키는 것을 '쉬르귄Sürgün'이라 하였는데, 오스만 조정은 전략적인 차원에서 마을 조성이 필요하다고 판단되는 지역에, 특히 수도의 인구를 늘리기 위해 '쉬르귄'을 시행했다. 비잔티움 제국의 도시로 상업이 발달한 부르사는 유대인이 많이 살고 있었다. 부르사를 정복한 오르한은 이곳을 수도로 삼고 경제 중심지로 부활시키기 위해 아드리아노플과 다마스쿠스에 있는 유대인 예술가와 환전상들을 부르사로 이주시켰다. 이스탄불이 수도가 된 직후에도 도시 인구를 늘리기 위해 무슬림, 기독교인, 유대인 등 신민들의 강제 이주가 있었다. 콘스탄티노플 정복 후 30여 년 동안 이스탄불 인구는 1478년에 11만 5천여 명으로 늘었고, 종교별로는 무슬림 58퍼센트, 기독교인 32퍼센트, 유대인 10퍼센트로 구성되었다. 이스탄불의 종교별 인구 구성은 이후 세기에도 크게 변하지 않고 이와 비슷한 비율로 유지되었다.[23]

이교도 주민에 대한 관용정신

오스만 제국의 발칸 지역에 대한 정복이 늘어나자 제국의 통합을 위해 정복지 주민들에 대한 관대한 통치가 필요했다. 오스만 중앙조정은 이슬람교도가 아닌 원주민들의 '정복자'에 대한 거부감을 줄이기 위해 '이스티말레트Istimalet(tolerance and kindness)' 정책을 폈다. 이는 피정복민들의 환심을 사기 위한 유연한 접근 방식으로 생명과 재산의 보호, 종교의 자유 보장, 전통관습의 인정, 정의로운 납세 등 대민 친화적인 행정 서비스를 제공하는 것이었다. 이스티말레트 정책은 피정복민들이 오스만 제국의 정복을 인정하게 하고, 그들에 대한 지배를 지속 가능한 상태로 만들었다.

당시 발칸 지역은 토착 귀족들의 사치, 관리들의 탄압으로 민심이 크게 이반된 상태였다. 전통적으로 튀르크 사회에는 귀족계급이 없어 튀르크인들이 정복지에 들어간다 해도 이교도들을 상대로 군림할 지배계층이 없었다. 귀족계층 없이 오직 법과 제도로 다스려지는 통치 시스템은 이교도 사람들이 이슬람 튀르크인들의 지배를 쉽게 받아들이도록 하였다. 피정복민인 현지 거주민의 최대 관심사는 토지와 세금이었다. 정복된 토지는 이슬람 전통에 따라 국가 소유로 국유화되었지만, '티마르' 제도 아래 선주민의 토지 운영권은 인정해주었다. 이슬람교도, 기독교인 등 모든 거주민은 귀족계급 없는 사회에서 합리적인 세금 납부로 사회적 안전을 누릴 수 있었다.

정복지 주민의 동화정책은 이후 오스만 제국이 다민족·다종교·다언어 사회를 이루는 기초가 되었다. 그리스정교·아르메니아 기독교·유대교 등 종교 공동체(밀레트)에 대한 포괄적인 자치 허용은 다른 언어·종교·문화를 가진 소수민족에 대한 파격적인 관용정책이었다. 이 같은 오스만 제국의 호의정책으로 유럽 군주국의 과대한 세금에 짓눌린 정복지 주민들은 오스만 제국의 통치와 지배를 대부분 저항 없이 수용하였다. 이스티말레트 정책으로 발칸의 보스니아 헤르체고비나, 코소보, 알바니아 등이 무리 없이 이슬람화되었다. 소수 민족집단에 대한 오스만 제국의 호의와 보호정책은 5세기 동안 오스만 제국을 유지하는 비결이 되었다.

오스만 전성기를 가져온 양대 군대조직

기병을 양성하는 티마르 제도

오스만 초기에는 공식적인 군대조직이 없었다. 전쟁이 나면 마을에서 사람들이 자원하여 자신들의 무기를 들고 모여들었다. 오르한 시대에 야야Yaya와 뮈셀렘Müsellem이라는 군대가 조직되었다. 공식적인 조직이었지만, '야야'는 농지에서 일하다가 전쟁이 나면 일당 2악체(악체는 오스만 제국 은화의 기본 화폐 단위)의 소액을 받고 자신의 무기와 장비를 들고 동원되는 보병이었다. 전쟁에 참전한 대가로 일부 세금을 면제받았다. '뮈셀렘'은 말을 타는 기병으로 전시 일당은 보병보다 많이 받았고 면세 혜택도 받았다. 이들은 중앙조정의 군대였지만, 상비군은 아니었다. 그런데, 오스만 군대가 니케아, 푸르사, 니코메디아 성곽을 정복하면서 유목민 전사들의 능력에 한계가 도래했다는 것을 알게 되었다. 이들 성곽을 정복하는 데 짧게는 3년, 길게는 9년이 넘게 걸렸다. 재래식 전사와 전술로는 높은 비잔티움 성곽을 넘을 수가 없었다. 건국기에 유목국가가 아닌 정주국과의 전쟁이 늘어나면서 보병보다는 대규모 기병이 더 필요하게 되었다. 그래서 만든 것이 토지를 근간으로 만든 군사조직인 '티마르timar' 제도였다. 기병은 이를 바탕으로 조직되고 공급되었다. 이 토지제도는 이슬람 세계와 셀주크 제국에서 시행한 '이크타'에서 기원하였다.

티마르 제도는 오스만 제국의 군사와 경제제도의 중추였다. 중앙조정으로부터 일정한 토지를 받은 지방의 토지 소유주가 농민으로부터 세금을 거두고 전시에 일정 수의 기병(시파히cavalry)을 제공했다. 그만큼 중요한 제도였다. 기본적인 개념은 현지에서 거둬들인 세금은 현지에서 사용한다는 것이다. 오스만 조정은 수도에서 멀리 떨어진 지방에 있는 토지를 공적이 있는 군인이나 관리들에게 나누어주었다. 정부가 이들에게 신분과 계급에 따라 나누어준 토지는 농지의 수입 규모에 따라 티마르timar, 제아메트zeamet, 하스has 등 세 가지로 구분되었다. '티마르'는 일반 하급직 공무원이나 군인들에게 배분되었고, '제아메트'는 지방의 중간관리 계층, '하스'는 주로 중앙의 고위관료들에게 내려진 토지였다. 토지를 받는 사람들은 거의 군인, 관료 등 공무를 담당하는 사람들이었고 일반 신민(레아야) 계층은 봉토를 받을 수 없었다.

오스만 조정은 발칸 지역을 정복할 때 '땅과 신민은 술탄의 것이다 Sultânın mülkü'라는 원칙을 공포하였다. 이 원칙은 15세기 후반 법령으로 법제화되었는데, 이는 제국 내의 영토와 신민은 술탄의 지배 아래 있으므로 어떤 누구도 술탄의 허락 없이 땅과 신민을 지배할 수 없다는 뜻이었다. 술탄은 영토와 신민에 대해 절대적 권리를 가지고 있으므로 제국의 영토에 대한 운영은 술탄의 절대적 권한이었다. 그러므로 절대적 소유주인 술탄은 땅을 나누어줄 수 있는 권한을 가진 유일한 사람이었다. 토지를 받은 사람은 해당 농지에서 세금을 걷는 권리와 기병을 양성해야 하는 두 가지 의무가 있었다. 토지 소유자인 시파히는 조정을 대신하여 농민들로부터 세금을 걷었고, 거둬들인 세금은 자신과 기병의 월급을 지급하고, 말·활·방패·창 등 전투 장비를 준비하는 비용으로 사용되었다. 늘 전쟁에 대비해야 하는 조정은 티마르 제도로 재정 지출 없이 전시에 정부의 통제 아래 민첩하게 대규모 기병을 동원할 수 있는 유연성을 확보할 수 있었다.

티마르 제도는 군사적 유용성 외에도 경제와 치안 면에서 부수적인 효과도 있었다. 티마르 제도를 통해 오스만 조정은 농지를 계속 사용할 수 있었고, 농업 생산성을 높이는 효과도 보았다. 치안군이 없는 상황에서 지방의 치안도 안정적으로 유지할 수 있었다. 오스만 제국의 영토 확장기에 티마르 제도는 군사적·경제적·행정적으로 매우 효율적인 제도였다. 기마병이 필요한 오스만 중앙정부의 군사적 수요에 대해 티마르 제도는 실질적 해결책이 되었기 때문이었다. 티마르 제도는 오스만 제국의 정예군대인 예니체리를 양성하는 데브쉬르메 제도와 함께 오스만 제국의 영토 확장과 전성기를 가져오게 한 양대 핵심 제도가 되었다. 티마르 제도는 1839년에 폐지되었다.

데브쉬르메 제도와 중앙 상비군

오스만 제국은 티마르 제도라는 토지정책을 통해 기병을 확보하게 되었다. 기병은 지방 군대였다. 지방 기병대는 기마 유목민 전통의 영향으로 자신들의 영역에서 독립적인 세력을 갖고 자신들의 직계 상사에 충성하고 복종하는 경향이 있었다. 중앙조정에서는 술탄에 대한 무한 충성을 보이는 상비군이 필요했다. 일사불란하게 움직여야 하는 대규모 전투와 장기화하는 공성전에 성공하기 위해서는 전문성을 갖춘 정예화된 군대가 요구되었다. 정예화된 직업군인을 양성하기 위해 '데브쉬르메Devşirme'가 시행되었다. '데브쉬르메'는 정복지의 청소년들을 오스만 제국의 충직한 병사나 행정가로 양성하는 제도로 무라드 1세 때인 1362년 '펜치크 법령Pençik Kanunu'[24]이 그 기원이었다. 이슬람 율법과 펜치크 법령에 따라 전쟁 포로는 전리품으로 인정되었는데, 전리품의 5분의 1은 국가 소유였다. '펜치크 법령'에서 발전된 데브쉬르메는 오랜 내전 상태로 병력 자원이 고갈된 메흐메드 1세 때 발칸 지역에서 본격적으로 시행되었고, 무라드 2세 때 법제화되었다.[25]

데브쉬르메로 선발된 8~18세의 장정은 신병 예비부대(아제미 올란 Acemi oğlan)에서 교육을 받았고, 교육을 마치면 '예니체리Yeniçeri'에 하 부대에 배치되었다. 보병인 예니체리 병사들은 '울루페ulûfe'라는 봉급을 3개월마다 받았고, 40세까지 결혼이 금지되었으며, 군 복무 외 다른 일에는 종사할 수 없었다. 데브쉬르메에 의해 만들어진 중앙 상비군은 술탄의 친위대인 보병 '예니체리' 부대와 궁전을 수비하는 '보스탄즈Bostancı' 부대가 근간이었다. 데브쉬르메로 선발된 인력 중 두뇌가 명석하고 판단력이 빠른 자원은 오스만 제국 궁전에 있는 '엔데룬 학교Enderun Mektebi'에서 교육을 받았다. '엔데룬 학교'에서 교육받고 능력을 인정받은 자들은 오스만 조정의 고위관리로 임명되었고, 나머지 인력은 예니체리 부대로 배치되거나 지방 총독 등으로 임명되었다.

데브쉬르메에는 알바니아, 보스니아, 그리스, 세르비아, 불가리아,

크로아티아계 소년들이 그 대상으로 선발되었고, 튀르크, 쿠르드, 이란, 러시아, 유대인, 그루지야계 소년들은 대상이 아니었다. 데브쉬르메 제도는 15세기 중반부터 시작하여 18세기 초까지 시행되었다. 시행 초기에는 발칸 지역에 사는 기독교 가정의 장정들을 대상으로 하였으나 15세기 말부터는 아나톨리아에 있는 기독교 가정도 포함되었고, 16세기에는 제국의 전 영토에서 시행되었다. 데브쉬르메 제도 시행 이후, 조정의 고위관리와 상주 부대 지휘관들의 4분의 3은 데브쉬르메로 선발된 사람들이 차지했다. 그들은 자신의 가문과 혈통 등 출신 성분이 아니라 건전한 육체를 기본으로 군사적 재능과 능력에 따라 최상층에 올라갈 수 있었다. 데브쉬르메 제도는 일단 선발되면 신분 이동의 사다리를 타고 출세할 수 있다는 기대 때문에 갈수록 경쟁이 치열해졌다. 데브쉬르메 제도가 본격 시행되자, 튀르크 출신 관료와 데브쉬르메 출신 관료 간 반목과 경쟁도 늘어갔고,[26] 반목의 정도는 술탄의 개인적인 성향과 성격에 따라 크게 좌우되었다.

데브쉬르메 제도는 발칸 지역의 기독교 가정의 자녀를 강제로 징집한 소년 공물제도라는 점에서 노예제도Kul sistemi라고 하나, 이들이 오스만 제국의 행정과 군사 부문에서 요직을 담당했다는 점에서 아메리카나 유럽에서 노동력 수요를 충당하기 위해 성행한 노예제도와는 구별된다. 데브쉬르메로 조직된 예니체리 부대는 오스만 제국의 영토 확장 시기에 오스만 군대의 중핵으로 결정적인 공헌을 했다.

술탄의 궁정, 대재상의 내각

쿨 출신 관료

오스만 건국기에 중앙정부 조직은 비잔티움, 셀주크와 몽골 일 칸국의 관료제도 등을 모델로 만들어졌다. 오스만 제국의 최고 통치자는 '술 탄'인데, 페르시아 어원을 가진 '대왕'이라는 의미로 '파디샤Padişah' 라고도 불렀다. 술탄은 오스만 가문에서만 세습되었다. 술탄은 행정·입법·사법 면에서 절대적 권력을 가진 군주로 그의 말이나 생각은 그 자체가 법 같은 성격을 띠었다. 술탄이 절대권력을 가지고 있지만, 그렇다고 그의 권한에 제한이 없는 것은 아니었다. 술탄의 통치행위는 이슬람 율법의 범위 안에서 허용되었다. 건국기와 고전기에 술탄은 군의 수장으로 원정을 직접 지휘했다. 술탄의 신성한 임무 중 하나는 종교에 차별 없이 모든 신민의 생명과 재산을 보호하는 것이었다. 양 떼로 인식되는 신민(레아야reaya)에 관한 한, 술탄은 그들의 생명과 재산을 보호해야만 했다.

오스만 제국의 중앙 행정부는 술탄을 정점으로 술탄이 국사를 집정하는 톱카프 궁전과 고위관리들로 이루어진 내각으로 구성되었다. 술탄을 보좌하는 지배계급은 직능에 따라 세 가지로 구분되었다. 첫 번째는 '펜을 가진 사람들'인 '칼레미예'(문관), 두 번째는 '칼을 가진 사람'인 '세이피예'(무관), 세 번째는 '지식과 학문의 사람'인 '일리미예'(종교학자)가 있었다. 오스만 사회에서 지배계층인 이들은 각각 별도의 관복(소매가 길고 통이 넓은 카프탄 형식)과 관모(터번)를 착용하였다. 칼레미예 계급에는 대재상과 고위관료들이 있고, 세이피예에는 군사령관과 기병(시파히), 예니체리 부대장 등이 있다. 일리미예에는 셰이홀 이슬람, 이맘, 뮈프티, 카드 등 이슬람 학자들이 있다. 오스만 제국의 수니 이슬람은 일리미예 계급의 종교학자들에 의해 그 정통성을 유지하였다.

오스만 제국 관료조직의 특징은 첫째, 발칸·캅카스 등지에서 획득한 기독교 출신 쿨kul(노예slave)을 훈련과 교육을 통해 관료로 임용했다는 것이다. 유일한 권력자 술탄은 오스만 가문에서 술탄위를 노리는 위험을 경계하였는데, '쿨 제도'는 관료조직 내에서 술탄을 제외하고 오스만 가문에서 정치 세력으로 부상할 가능성을 차단하였다. 두 번째 특징은 오스만제국의 관료조직은 상비군 조직과 더불어 발전했다는 것이다. 중앙이나 지방에서 지휘관과 행정의 장은 같은 사람에 의해 수행되었다. 세 번째 특징은 관료조직에 포함된 지배계층은 이슬람 신앙을 실천하고, 술탄에 충성하며 궁정 예절(화법과 행동양식)을 따라야 하는 의무가 있었다. 이는 중앙관료가 대부분 '쿨' 출신이었기 때문에 이교도 관리들을 튀르크인화, 이슬람화하는 것이 중요했기 때문이다.

오스만 제국의 중앙조정에서는 '대재상'(베지리아잠vezir-i azam), '최고판관'(카즈아스케르kazasker), '재무대신'(데프테르다르defterdar), '총무대신'(니샨즈nişancı)이 핵심 관료였다. 오늘날 총리격인 대재상은 전시, 평시에 국정 전반에 걸쳐 술탄을 보좌하는 국가 서열 제2인자이다. 콘스탄티노플 정복 때까지 대재상은 모두 튀르크인으로 이슬람 학자(울레마) 출신이었다. 예외는 있었으나 대재상은 거의 데브쉬르메로 선발된 사람들이었다. 최고판관chief judge인 카즈아스케르는 압바스·호라즘·셀주크 시대에도 있던 관직으로 오스만 제국에서는 1362년 무라드 1세 때 최초로 임명되었다. 최고판관은 내각회의에서 대재상의 왼쪽에 앉아 사법에 관한 일을 책임 맡았다. 재무대신은 술탄의 재산과 국가의 재산을 관리하였다. 루멜리와 아나돌루 등 지방 도에도 징세를 담당하는 같은 관직명(데프테르다르)의 재무관을 두었다. 총무대신 니샨즈는 오늘날 비서실장이다. 총무대신의 가장 중요한 임무는 술탄의 칙령, 친서 등에 술탄의 인장인 투우라tuğra를 날인하는 것이다. 니샨즈는 대외관계에서 외교문서를 작성하고 번역하는 일을 맡았다. 1836년 외무부haciriye nezareti가 조직될 때까지 대외업무를 맡았다.

위의 관직보다 늦게 생긴 것이 '셰이홀 이슬람Şeyhülislam(아랍어로 셰흐 알 이슬람Sheik al–Islam)'이다. 셰이홀 이슬람은 수피 종단의 우두머리라는 뜻으로, 수피 철학의 영적 스승에 대한 존칭이었으나 이슬람 법학자 중에서 가장 고위층이었다. 오스만 제국은 신정국가theocracy는 아니었지만, 정치와 종교가 분리되지 않은 국가로 국가권력에 대한 종교의 영향력은 막강하였다. 술탄은 관료조직 안에서 종교조직의 수장을 둠으로써 이슬람 국가임을 명징하게 드러냈다. 셰이홀 이슬람은 술탄이나 고위관료들의 질의사항에 대해 이슬람 학자 울레마와의 협의를 통해 종교적인 유권해석인 '페트와'를 제시하였다. 페트와는 법적으로 구속력은 없었지만, 셰이홀 이슬람이 내놓는 견해는 일반적으로 존중됐다.

오스만 제국이 중앙행정 조직의 인력 양성을 하는 통로는 신학교인 메드레세와 궁정 엔데룬 학교Enderûn Mektebi 등 두 개가 있었다. 신학교인 메드레세 출신 관료에는 카드(판관), 뮈프티(샤리아 해설자), 뮈데리스(신학교 교수), 카즈아스케르(최고판관), 데프테르다르(재무관리), 셰이홀 이슬람(이슬람 법학의 최고 권위자) 등이 포함되는데 이들을 통틀어 '울레마ulema(이슬람 율법학자)'라고 한다. 다음은 보통 노예제도에 의해 궁정 엔데룬 학교에서 교육을 받은 주로 군사계층의 관리로 예니체리 부대장, 지방 사령관, 주요 도시 총독, 대신 등이 이에 속한다. 이슬람 종교 지식을 가진 사람들은 법 집행을 맡게 되고, 교육기관에서 고등교육을 받은 군 관리는 행정을 맡게 되는 것이 오스만 제국의 행정 인력 관리 시스템이었다.

내각회의 디완

오스만 제국의 조정회의 체제를 일컫는 말은 '디완divan'(페르시아어 회의라는 뜻)이었다. '디완'은 일반적으로 술탄 또는 대재상을 의장으로 수도 또는 술탄이 있는 곳에서 열리는 내각회의Divan-ı Hümayun, Imperial Council를 말한다. 디완회의는 오스만 조정의 최고 의사결정 기관이다. 술탄의 주재로 대재상, 최고판관, 재무대신, 총무대신 등이 참석하여 주로 정치·행정·재정·군사·법률 등 문제들을 협의하고 결정하였다. 대재상, 최고판관, 재무대신은 국가의 행정·사법·재무를 대표하는 국가의 3대 기둥이었다. 오늘날 삼권분립과 같은 것이었다. 내각회의는 현안에 따라 루멜리 총독, 예니체리 부대장 등도 참가하였다. 원래 술탄이 내각회의를 주재하였지만, 메흐메드 2세가 디완회의에 직접 참석하지 않고 회의 결과만 보고받게 되면서 그 후부터 대재상이 회의를 주재하였다. 메흐메드 2세의 내각회의 보고서 결재 방식은 이후 관행이 되었다.

술탄이 원정 중에는 야전 천막에서 내각회의가 열렸다. 내각회의는 원칙적으로 금요일을 제외하고 매일 열렸다. 그러나 16세기에 대재상이 주 4회 주재하는 것으로 줄어들었다.[27] 메흐메드 3세(1595~1603) 시대에는 일주일에 두 번으로 다시 줄어들었다가 국정업무가 확대되면서 아흐메드 2세(1691~95) 때 4회로 복귀되기도 하였다.[28] 1768년부터는 6주에 한 번 정도 열리다가 19세기 들어 병사들 봉급 지급일과 외국 대사 접견 시에 간혹 소집될 정도로 궁전에서 열리는 회의의 취지는 무색해졌다. 이렇게 내각회의의 성격이 변화한 것은 18세기에 이르러 대재상의 역할과 권한이 강화되자 대재상이 공관에서 직접 내각회의를 주재하였기 때문이다. 대재상이 자신의 공관에서 주재한 내각회의 결과는 술탄에게 보고되었다. 오스만 제국 후반기에 대재상이 주재하는 내각회의에 참가하는 대신에는 국제업무를 맡는 '레이스윌퀴타프reisülkütap'라 불리는 외무대신이 있었다. 유럽과의 외교협상이라는 새로운 시대가 열리면서 외무대신이 중요한 관직으로 부상했다. 18세기에 국제정세 변화의 필요에 따라 두드러진 오스만 제국의 외교업무는 대재상을 중심으로 이루어졌다. 대재상의 공관은 '높은 문'이라는 뜻의 '바브 알리Bâb-ı Âli, Sublime Porte'라 불렸는데, 유럽 각국은 '바브 알리'를 오스만의 '중앙정부'와 같은 의미로 사용하였다.

건국기의 국가 철학

절대 통치권과 부국강병

오스만 제국은 셀주크 왕조에 이어 건국되었다. 오스만 제국과 셀주크 왕조는 나라 이름만 다를 뿐, 그 구성원은 같은 튀르크인(터키인)이었다. 비잔티움 제국의 영토를 향한 셀주크 왕조의 서진은 매우 인상적인 것이었다. 셀주크의 부흥은 비잔티움 제국의 수도 콘스탄티노플이 그리 멀지 않게 보이는 곳까지 약진하면서 정점에 달했다. 역사의 신은 셀주크의 부흥을 여기까지만 허락해주었다. 아나톨리아에 몽골의 어두운 그림자가 드리워졌기 때문이다. 오스만 제국이 건국되기 전인 13세기 초부터 아나톨리아의 정치적 환경은 몽골의 영향력이 크게 미쳤고, 1243년 몽골 일 칸국의 쾨세다으 전투 압승으로 셀주크가 몽골의 속국이 되면서 격변하는 아나톨리아 정세는 다시 회오리바람 속으로 빨려 들어갔다. 몽골의 압제를 피해 전사 무리 튀르크인들이 비잔티움과 셀주크조의 국경 지역인 아나톨리아반도 산악지대 서부로 몰려들었다. 1260년부터 튀르크 전사들은 비잔티움으로부터 빼앗은 영토에 각자의 '전사 토후국Gazi principalities'을 세웠다. '오스만 토후국'은 아나톨리아 서북쪽에서 세워진 여러 토후국 중 하나였다.

오스만 제국이 아나톨리아에 있던 다른 토후국들을 제치고 짧은 기간에 중심 세력으로 성장하게 된 것은 무엇보다도 오스만 토후국이 지정학적 이점을 최대한 활용한 덕분이었다. 오스만 토후국은 비잔티움 제국의 변경과 근거리에 있었고, 유럽으로 진입할 수 있는 전략 거점지 겔리볼루반도를 가까이 두고 있었다. 이는 초기 정복사업에 호재가 되었다. 건국기에 콘스탄티노플과 유럽을 향한 정복사업을 성공적으로 수행할 수 있었던 핵심적인 동인은 이슬람의 성전의식이었다. 이교도를 향한 성전은 전쟁을 합리화하는 수단이 되었고, 전리품을 노리는 튀르크 전사들의 성전의식은 종교적 열정이 강한 정복사업으로 이어졌다. 튀르크인들의 성전은 비무슬림(이교도)의 세계(다르 알 하르브dar al-harb)를 파괴하는 것에 목적을 두지 않고 평정하는 것에 두었다. 이슬람 율법과 튀르크인들의 관습법에 따라 진행된 성전은 오스만 토후국이 제국으로 형성되는 과정에서 중요한 원칙이 되었다. 이슬람의 성전의식은 통치자와 전사들의 육체적·정신적 에너지의 원천이었다. 이는 무장장비의 전투적 능력보다도 실제 야전에서 고도의 전투력을 발휘하도록 하였다. 튀르크인들의 성전은 종교적 이념이 강조되긴 하였으나, 정복지 소수민족의 종교와 문화를 인정해줌으로써 실용적인 국가 경영전략 차원에서 이루어졌다.

오스만 토후국의 양적 성장의 역동성을 상징하는 것은 발칸 지역에서 벌인 영토 확장사업이었다. 발칸 지역에 대한 정복사업은 오스만 토후국의 지정학적 위치의 결과로 실로 대대적인 역사役事라 할 만한 것이었다. 오스만 토후국은 1302년부터 1337년까지 아나톨리아에 있는 코윤히사르, 부르사, 이즈니크, 이즈미트 등 비잔티움 제국의 주요 거점 도시들을 하나하나 정복한 후 발칸 진출을 가시화하였다. 발칸 진출에 가속이 붙은 것은 에디르네 정복(1362)이다. 소아시아(아나톨리아)에서 발칸으로 들어가는 전략적인 위치 때문이었다. 에디르네는 오스만 토후국의 군사기지가 되었고 이곳을 통해 오스만의 발칸 정복이 본격적으로 시작되었다. 오스만 군대는 에디르네를 정복한 이래 1차 코소보 전투 승리(1389), 니코폴리스 승리(1396)와 콘스탄티노플을 포위(1391)하기에 이르렀다. 에디르네가 없었다면 어려운 일이었다. 오스만 토후국은 마케도니아, 알바니아, 불가리아, 세르비아, 헝가리 등이 있는 발칸 지역에서 왕과 절대군주, 영주들을 굴복시켰다. 오스만 토후국의 유럽으로 향한 약진은 발칸 지역의 분열된 정치적 상황으로 어렵지 않게 진행되었다. 13세기 말~14세기 초 발칸 지역에는 통일된 정치 세력이 나타나지 않아 많은 공국이 서로 경쟁하며 외세를 끌어들이며 투쟁하고 있었다. 13세기 후반, 왕국의 체제를 갖춘 나라로 불가리아, 세르비아, 헝가리가 있었으나 이들은 몽골의 침략으로 황폐해진 국토를 복구하는 데 몰두하고 있었다. 비잔티움 역시 십자군에 빼앗긴 '나라'를 1261년에 되찾긴 했지만, 국세는 그 해를 기점으로 급격하게 기울고 있었다. 발칸과 비잔티움의 상황은 오스만 제국에는 축복 같은 것이었다. 오스만 토후국은 건국 이후 150여 년 만에 콘스탄티노플을 정복함으로써 제국으로 거듭나며 정복 역사의 한 단락을 마무리했다.

비록 오스만 토후국이 변방의 유목민 집단으로 출발하였지만, 중앙 상비군을 갖추고 발칸 지역을 정복하면서 통치자는 통치자의 덕목과 지혜를 예시한 튀르크인들의 전통적인 '국가이론'을 실천하는 데 충실하였다. 이미 유수프 하스 하지브Yûsuf Has Hâcib 같은 튀르크계 역사가는 통치자와 국가의 이상적인 성격을 탐구하는 국가이론을 제시하였다. 그가 쓴 《쿠타드구 빌리그Kutadgu Bilig》는 국가는 어떤 국가가 되어야 하며 통치자는 어떻게 신민을 통치해야 하는지에 대해 설파했다. 《쿠타드구 빌리그》에 따르면 국가는 강한 군대가 필요하고, 강한 군대를 만들기 위해서는 나라가 부유해야 하며, 나라가 부유하려면 신민들의 삶이 풍요로워야 하고, 신민들의 삶을 풍요롭게 하기 위해서는 법이 공정하게 집행되어야 한다. 《쿠타드구 빌리그》에 있는 '절대적 통치권sovereignty'과 '부국강병책'은 이슬람 세계의 통치자들에게 통치원칙이 되었고, 이는 오스만 제국에도 유용하게 적용되었다.

법치와 공정한 과세

이슬람 율법에 따라 통치자는 모든 신민의 삶을 책임져야만 했다. 오스만 제국이 발칸 지역에서 비무슬림 인구를 신민으로 통합하면서 통치자 술탄은 무슬림이든 비무슬림이든 차별 없이 모든 신민에 대한 공평한 통치를 추구했다. 통치자 술탄의 절대적 권위는 "신민과 토지는 술탄의 것이다"라는 원칙으로 천명되었고, 이 원칙에 따라 술탄은 신민과 토지를 통치하는 유일한 사람이 되었다. 술탄이 토지를 근간으로 한 티마르 제도를 시행한 것도 이 원칙에 근거한 것이었다. 넓은 영토에 다양한 민족과 문화가 어우러진 제국을 통치하기 위해서는 '법치'가 필요했고, 공정한 법치를 위해서는 공정한 세금정책이 필요했다. 오스만 제국은 건국 초부터 '법치'와 '공정한 과세 원칙'을 강조했다.

오스만 제국은 '법치'로 국가·관료 중심의 중앙집권체제를 강화하였다. 오스만 제국에서 법률의 근원은 이슬람 율법(샤리아)이었지만, 영역과 인구가 확대되어 구성원 간 이해가 충돌되는 현실을 맞아 신의 계시법인 샤리아 외에도 재산·결혼·이혼·상속 등 개인의 민사 문제에 관한 세속적 법률도 구체적으로 시행하는 법치를 중요시한 국가였다. 술탄이 초월적인 권력을 가지고 있었지만, 판관kadı의 법률적인 판결 없이는 누구도 신민의 자유나 권리를 탄압할 수 없었다. 이슬람 국가이지만, 제국 내 다양한 소수민족의 이해와 갈등관계를 공정한 법치를 통해 사회통합과 질서를 유지하려 하였다. 이것은 건국 초기부터 내려오는 오스만 제국 통치자의 국가 철학의 핵심인 정의adalet, justice의 모체였다. '정의'는 기본적으로 국가질서를 유지하는 것이었지만, 국가질서의 핵심은 통치자가 모든 신민을 배부르게 먹이고 안전하게 보호하는 것이었다. 넓은 영토에 다양한 종교의 인구가 늘어가면서 비이슬람교도 신민들과의 공존이라는 '정의 이념'을 실현하기 위한 법적 제도들이 메흐메드 2세와 쉴레이만 1세 시대에 본격적으로 갖춰지게 되었다. 15세기 중반부터 16세기 중반까지 오스만 제국은 술탄 중심의 관료적이고 중앙집권적인 통치체제의 제국으로 발전하였다.

3
세계 제국
1453~1600

'정복자' 메흐메드 2세의 제국

그리스정교회와 밀레트 제도

메흐메드 2세가 콘스탄티노플을 정복할 때 많은 수의 그리스인들이 도시를 빠져나가고 4~5만 명 정도의 인구만 남아있었다. 도시 인구의 다수는 동방정교회 기독교인이었다. 메흐메드 2세는 콘스탄티노플을 정복한 직후 새로운 도시에 인구를 집중시키기 위해 제국 전역에 칙령을 내렸다. 은거 중인 비무슬림의 생명과 재산을 보호하고 종교와 전통을 보호한다는 내용이었다. 그가 가장 관심을 가진 비무슬림 집단은 비잔티움의 유산인 동방정교회(메흐메드 2세 이후 그리스정교회라고 불림)였다. 메흐메드 2세는 콘스탄티노플을 정복하고는 자신을 "로마의 카이사르(시저)"라고 선포했다. 비잔티움을 승계한 통치자임을 대내외에 천명한 것이다. 그러기 위해서는 먼저 콘스탄티노플의 총대주교를 회복시키는 것이 필요했다. 비잔티움의 마지막 총대주교는 1451년에 이미 서방으로 도주한 상태여서 총대주교 자리는 공석이었다. 이스탄불 갈라타와 페라에 가톨릭을 믿는 이탈리아인들도 있었지만, 메흐메드 2세는 로마 가톨릭보다 그리스정교회의 우월성을 인정했다.

　메흐메드 2세는 골든혼 연안의 페네르Fener에 피신한 그리스정교회 교인(대부분 그리스인)들에게 그곳에 거주하도록 허락하고, 새로운 주교Patriarch를 선출하도록 하였다. 1454년 1월 메흐메드 2세는 새로 선출된 겐나디오스 2세를 총대주교로 임명했다. 그리고 총대주교에게 그리스정교를 믿는 공동체를 자치적으로 통치할 막대한 권한을 부여했다. 총대주교는 술탄에게만 책임을 지며, 그리스정교회 공동체는 인두세를 내고 교회 종을 울리지 않는다는 조건으로 종교의식과 고유한 관습은 물론 출생, 사망, 결혼, 교육 등에서 사회적·문화적 자치를 누릴 수 있도록 했다. 그러자 페네르 지역에 그리스인들이 많이 몰려들었다. 술탄은 그리스정교의 총대주교에게 '세계 정교회 총대주교 Ecumenical Patriarch'라는 직함을 허용하였고, 그는 비잔티움 황제를 연상시키는 의복과 왕관 형태의 모자(주교관)를 착용하여 그리스정교회 공동체의 영적 지도자로 부활하였다. 비잔티움 시대의 총대주교는 주교회의의 의장에 그쳤지만, 오스만 제국에서 총대주교는 권력 면에서 최고위급 관료였다. 메흐메드 2세는 총대주교의 종교권력을 최대화하여 그가 오스만 정치에 개입하지 않게 하면서 동·서 교회가 통합되는 것을 막으려고 하였다.[1] 그리스정교 공동체에 이어 수개월 후 유대교 공동체에 자치가 허용되었고, 1461년 비잔티움 제국의 후계국인 트라페주스(트레비존드) 제국을 정복한 직후 아르메니아 기독교 공동체에도 주교의 책임 아래 자치가 허용되었다. 비무슬림 종교 공동체에 대한 관용정책은 '밀레트Millet(종교 공동체)' 제도라는 이름으로 자리 잡아 19세기 비무슬림 소수민족의 독립운동이 일어날 때까지 유지되었다.

비잔티움의 잔재 청산

7~8세기 아랍 이슬람 군대와 13세기 셀주크 군대는 콘스탄티노플 정복에 실패했으나 메흐메드 2세는 선지자 무함마드의 말을 기록한 하디스의 '콘스탄티노플을 정복하라'라는 예언을 실현하였다. 메흐메드 2세는 콘스탄티노플을 정복하고 비잔티움 황제가 통치한 곳에서 술탄의 옥좌에 앉게 되었다. 콘스탄티노플 정복으로 메흐메드 2세는 중동, 지중해 지역과 유럽에 오스만 제국의 탁월한 군사적 성과와 이슬람의 우위를 보여주었다. 그에게는 '정복자(파티흐Fatih)'라는 칭호가 붙었다. 비잔티움 제국은 메흐메드 2세에 의해 역사에서 사라졌지만, 세계를 정복하려는 그의 야망은 그때부터 다시 시작되었다. 선지자의 예언을 현실로 만든 메흐메드 2세에게 도전할 세력은 없는 것처럼 보였다. 튀르크–몽골, 페르시아–이슬람, 로마, 비잔티움의 정치적 유산을 물려받은 메흐메드 2세의 목표는 비잔티움이 차지했던 과거의 영토들을 정복하여 오스만 제국을 '제2의 로마 제국'처럼 만드는 것이었다.

21세의 젊은 술탄은 자신의 통치력을 공고하게 하는 절차를 밟아갔다. 메흐메드 2세는 선친인 무라드 2세와는 달리 내각회의를 대재상에게 맡기고 조정의 대신들과 직접 대면하지 않음으로써 자신을 반半 신비스러운 존재로 만들었다. 대면이 필요할 때는 알현실에서 대신들을 접견했다. 메흐메드 2세는 주로 혼자 식사를 했다. 그는 자신이 만든 카눈나메Kanunname(법령)에서 수라상에 대신들이 같이 앉는 것을 금지했다. 그는 궁전에서 접견할 인원수도 제한하였는데, 이러한 술탄의 성향에 대해 역사학자 할릴 이날즉은 메흐메드 2세가 자신을 신성한 황제로 인식했기 때문이라고 분석했다. 메흐메드 2세는 콘스탄티노플 정복 작전을 끝까지 반대했던 대재상 찬다를르 할릴을 콘스탄티노플 정복 직후인 6월 1일 예디쿨레 감옥에 넣고 7월 10일 사형에 처했다. 튀르크계 출신 관료사회에서 실세였던 대재상을 과감하게 처형함으로써 술탄의 통치력을 과시하고 조정의 모든 대신과 관리들에게 묵시적인 절대복종을 요구하였다.

메흐메드 2세는 충성이 의심스러운 지방 군대보다는 술탄에게 확실하게 충성을 맹세할 중앙군대와 관료가 필요하다고 믿었다. 그는 조정의 관료들을 술탄에 충성할 데브쉬르메 출신으로 교체했다. 비잔티움의 부활을 꿈꾸며 변방에서 일어날지 모를 반란에 대비하여 비잔티움의 잔재가 있는 트레비존드(흑해)와 코린트(그리스)에 술탄으로부터 직접 지휘를 받는 예니체리 부대를 파견했다. 1451년에 봉급 인상을 요구하며 반란을 일으킨 예니체리 병사들도 모두 병영에서 축출했다. 메흐메드 2세는 계급에 의한 관료제를 도입하여 주도적 통제를 가능하게 만들었다. 군부를 충성심이 탁월한 예니체리 병사들로 채운 술탄의 절대적인 중앙집권 통치력은 이전 어느 술탄보다도 강력하게 되었다. 이제 그가 해야 할 일은 정복사업이었다.

메흐메드 2세는 콘스탄티노플 정복 다음 해인 1454년부터 1480년까지 25년여 동안 원정을 계속했다. 그의 원정 방향은 흑해, 아나톨리아 동부, 그리스 서쪽 해안 이오니아제도, 발칸반도 등 네 군데로 나뉘어 진행되었다. 먼저 수행해야 할 원정사업은 흑해와 에게해에 남아 있는 비잔티움의 잔재를 청산하는 것이었다. 흑해에서는 제노바의 영토인 아마스라를 정복하고(1459), 이스펜디야르 토후국이 있던 시노프 정복(1461)에 이어, 같은 해 비잔티움의 후계 국가인 트레비존드 제국을 오스만 영토에 편입시켰다. 이로써 흑해에서 로마와 비잔티움 제국의 흔적은 완전히 사라지게 되었다.

에게해에서 비잔티움의 잔재가 남아있는 곳은 모레아 전제공국이었다. 모레아 전제공국은 비잔티움의 팔레올로고스 가문 출신인 두 명의 군주가 통치하고 있었다. 메흐메드 2세가 이탈리아반도를 정복하기 위한 사전기지로 모레아는 중요했다. 1460년, 메흐메드 2세는 모레아를 정복했다.

그 후 메흐메드 2세의 관심 영역은 에게해에서 지중해로 이어지는 해역의 그리스 섬들이었다. 그리스의 섬이 많은 에게해는 해적과 노예 무역이 번성한 곳으로 경제적 이익이 많은 곳이었다. 오스만의 입장에서 이탈리아 도시국가 베네치아와 제노바가 에게해를 장악하고 있는 것을 그대로 볼 수가 없었다. 오스만 제국이 발칸 지역에서 둥지를 틀자 오스만 제국은 이탈리아 베네치아 공화국과 국경을 나누는 상황이 되었고, 그 때문에 에게해에서 오스만과 베네치아는 해상 상업이익을 놓고 충돌하게 되었다.

1463년, 메흐메드 2세는 베네치아와 전쟁을 시작하였다. 동부 지중해에서 시작된 베네치아와의 전쟁은 육상과 해상에서 치러졌고, 키프로스, 칸디아, 모레아 전투로 이어지면서 1479년까지 16년간 계속되었다. 그 결과, 오스만 제국은 전략적 기지인 에비아섬(네그로폰테)을 비롯하여 에게해의 섬들을 차지하였고, 이스탄불 평화조약에 따라 베네치아는 매년 오스만 제국에 조공을 바치는 대신, 오스만 제국과 상업할 수 있는 권리를 얻고 이스탄불에 상주대사를 파견할 수 있게 되었다. 베네치아의 화가 젠틸레 벨리니(1429~1507)가 이스탄불에 들어와 메흐메드 2세의 초상화를 그린 것은 평화조약의 분위기 아래였기 때문에 가능했다.

에게해 정복을 마친 메흐메드 2세의 다음 정복사업의 방향은 발칸이었다. 재정 수요가 증대하자 메흐메드 2세는 금·은 광산이 풍부한 세르비아와 보스니아를 정복했다. 발칸의 알바니아는 메흐메드가 즉위하면서 희생된 최초의 국가였다. 메흐메드 2세는 발칸에서 반反오스만 전쟁을 벌이는 알바니아를 즉위 직후부터 공격하여 1466년 크루제를 제외하고 알바니아 영토 대부분을 장악했다. 스칸데르베그가 이끄는 알바니아는 끈질긴 저항에도 불구하고 크루제와 쉬코드라가 함락당했고, 1479년에 오스만 제국에 병합되었다.[2]

메흐메드 2세가 콘스탄티노플을 정복했지만, 그의 재위기에 아나톨리아에는 여전히 강력한 지방 세력이 남아있었다. 그는 아나톨리아 토후국 중 오스만의 최강 적수인 카라만을 궤멸하기 위해 나선 원정에서 콘야를 포함한 일부 지역은 정복했지만, 산악지대에서 전투를 계속하기 어려워 성공하지 못하고 퇴각하였다(1466).

한편 산악지대의 유목국가 아크코윤루Akkoyunlu('흰색'과 '양'의 합성어로 한자어로 백양조라 함)는 베네치아, 로마, 나폴리에 사절을 보내 오스만 제국에 대항할 동맹을 모색했다. 1472년에 아크코윤루와 카라만 연합군이 오스만 제국의 영토를 침략했으나 격퇴당하자, 다시 베네치아, 로도스, 교황청, 키프로스 등의 기독교 연합해군이 지중해 연안을 침략했다. 메흐메드 2세는 1473년 8월에 베네치아와 동맹관계에 있는 아크코윤루의 우준 하산과 에르진잔의 오틀룩벨리Otlukbeli 평원에서 대전투를 가졌다. 메흐메드 2세는 아크코윤루를 격멸하기 위해 예니체리 포병과 기병, 공격부대akıncılar 등 가능한 모든 수단을 동원하였다. 콘스탄티노플 정복 때 대포의 위력을 확인한 메흐메드 2세는 야전에서 사용할 경대포를 만들도록 했다. 에르진잔 전투에서도 대포가 위력

정복자 메흐메드 2세의 왕검王劍

오스만 제국 술탄은 즉위하면 대신들로부터 충성맹세biat를 받고 2~7일 내 아침 기도 후 말을 타고
에윕에 있는 알 안사리 모스크에서 착검식을 한다. 그리고 선조들의 영묘를 참배한 후
궁전으로 귀환한다. 사진은 메흐메드 2세의 왕검이다. 검의 몸체에는 아랍어로 "이 검은
콘스탄티노플을 정복한 술탄 메흐메드를 위해 855년(이슬람력)에 제작되었다"라고 새겨져 있다.

을 발휘했다. 메흐메드 2세의 에르진잔 전투 압승은 아크코윤루 배후
의 기독교 세력과 카라만에게 오스만 군대의 화력과 기동력을 유감없
이 보여주었다. 이는 콘스탄티노플 정복만큼이나 값진 것이었다.

흑해의 노예무역 중심지 크림 칸국을 오스만의 속국으로 만든 것도
쾌거였다. 크림반도와 아조프해는 오스만 제국과 모스크바 대공국(러
시아) 간 자연경계 역할을 하였다. 이곳은 흑해 무역의 중심지로 이탈
리아 도시국가, 비잔티움, 폴란드, 러시아 상인들의 상업활동 지역이
었다. 크림반도의 중심도시 카파는 1266년 몽골 킵차크 칸국과의 협
약으로 제노바의 상업 식민지가 된 이래 2세기 동안 아조프와 함께 제
노바의 흑해 지역 내 무역거점이었다. 크림반도를 장악한 킵차크 칸국
이 멸망하자 타타르인들은 1441년에 크림 칸국을 세웠다. 크림 칸국의

이스탄불 고고학박물관 (2011), 《이스탄불의 황제들 Emperors in Istanbul》, 2011년 5월 전시회 카탈로그, p.206. TSM
1/377.

하즈 기라이 칸의 사망(1466) 이후 세 아들 간 권력 다툼이 한창일 즈음 메흐메드 2세는 게디크 아흐메드 파샤를 출정시켜 수다크와 카파를 오스만 영토에 편입시키고 1475년 크림 칸국을 오스만 제국의 속국으로 만들었다. 크림반도 장악으로 흑해가 오스만의 '호수'가 되었다. 군사·전략적으로 요충지에 있는 크림 칸국은 15세기 후반부터 러시아에 병합된 1783년까지 오스만 제국으로부터 각별한 대우를 받았다. 크림 칸국은 작은 나라였지만, 오스만 제국의 노예 수요에 중요한 공급원이었고, 전략적으로는 러시아, 폴란드−리투아니아, 이란 사파비조와의 군사적 관계에서 오스만 제국의 변방을 사수하는 역할을 하였다.

메흐메드 2세의 마지막 정복사업은 이탈리아반도의 아드리아해와 이오니아해를 잇는 오트란토 원정이었다.[3] 베네치아와 평화조약 체결 이후 이탈리아반도 점령을 목표로 한 메흐메드 2세에게 공격하기 좋은 상황이 왔다. 마침 밀라노, 피렌체, 피사, 제노바, 베네치아 등 이탈리아 도시국가들은 전쟁으로 분열되어 있었기 때문이다. 메흐메드 2세는 게디크 아흐메드 파샤를 파견했다. 1480년 7월 100척의 오스만 전함이 오트란토에 정박했다. 유럽 국가들은 1453년 '콘스탄티노플 정복'과 같은 사태가 재현될 것을 우려했다. 로마마저 정복당할까 위기를 느낀 교황 식스토 4세는 십자군 결성을 호소하였다. 1481년 5월 1일 오트란토 성채 포위가 시작되었다. 그런데 이틀 후인 5월 3일, 메흐메드 2세의 갑작스러운 서거 소식이 전해졌다. 그때 게디크 아흐메드 파샤는 식량 부족으로 일부 보병을 남기고 알바니아로 철수한 상태였다. 나폴리 왕이 오트란토에 잔류한 오스만 군대를 수개월 포위하자 식수와 식량 기근에 처한 군대는 어려움에 부닥쳤고 9월에 이르러 오트란토는 이탈리아의 수중으로 돌아갔다. 술탄 메흐메드 2세는 동부 전선 원정 중 야영을 하다 통풍에 걸려 49세로 일기로 생을 마감했다. 메흐메드 2세의 죽음은 11일간이나 비밀에 붙여졌다. 술탄위 승계를 놓고 형제 간 내분이 벌어졌기 때문이다. 그의 죽음에 관해서는 독살되었다는 설도 여전히 내려온다.

관료제도 기틀을 마련한 법령

콘스탄티노플 정복으로 중세를 마감하고 근대를 연 메흐메드 2세는 법령 작업으로 국가체제를 새롭게 정비했다. 그는 이슬람법이 허용하는 한 군주에게 인정된 입법 권한을 최대한으로 사용하였다. 술탄은 '카눈나메'라 불리는 두 개의 법령을 제정했다. 하나는 정부조직에 관한 것이고 다른 하나는 재정과 처벌에 관한 것으로, 둘 다 공법이다. 칙령 등을 합치면, 그가 발령한 법령은 75개나 된다.[4] '카눈나메이 알리 오스만Kanunnâme-i Âl-i Osman', 즉 '위대한 오스만의 법'이라는 뜻의 이름이 붙여진 첫 번째 법령은 서문과 본문(4개의 편)으로 구성되어 있다. 서문에서 "이 법령은 나의 아버지와 할아버지의 법이며, 나의 법이다. 후손들은 이를 따라야 한다"고 밝혔다. 이는 메흐메드 2세가 선조들이 지켜온 관습법, 이슬람 율법 등을 참고한 것으로 해석된다. 카눈나메는 메흐메드 2세가 구술하고 총무대신(니샨즈) '레이스자데'가 기록하면서 만들어졌다.[5] 메흐메드 2세의 법령 작업은 이후 술탄에게도 이어졌고 쉴레이만 1세 시대에 정점에 이르렀다.
　'카눈나메이 알리 오스만'은 중앙정부 조직과 의전사항을 규정해놓은 오스만 제국의 헌법과 같은 것이었다. 메흐메드 2세의 법전은 3개장으로 편성되었는데, 첫 번째 장에서는 중앙과 지방정부 조직의 관직 서열, 술탄을 알현할 수 있는 사람의 범위, 판관인 카드의 서열이 설명되어 있다. 카눈나메의 관직 서열에 따르면, 정상에 술탄이 있고, 다음에 베지리아잠(대재상), 세이홀 이슬람, 랄라hala(술탄의 스승), 카드아스케르(최고판관), 데프테르다르(재무대신) 순으로 되어있다. 두 번째 장에서는 조정에서 열리는 내각회의의 참석자 범위와 술탄의 내전 집무실인 '하쓰 오다Has oda'의 설치, 이슬람교의 바이람bayram(이슬람 종교 축제) 행사에 관한 의전사항이 서술되어 있다. 여기서 중요한 내용은 궁전에 '알현실'을 별도로 만들라는 것과 대재상, 최고판관, 재무대신은 일주일에 네 번 알현실에서 술탄에게 보고하라는 것이다. 세 번째 장은 봉토(디를릭dirlik)와 관련한 벌금 내용이 간단히 나와 있고, 관리들의 연간 급료, 재정관리와 판관의 의무 등이 기록되어 있다. 네 번째 편은 공문서 작성 시 조정의 관리와 술탄의 자녀(아들과 딸)에 대한 호칭법을 규정해놓았다.

이 법령에는 샤리아에서 지정하지 않고 쿠란이나 하디스도 그 처벌을 규정하지 않은 죄목에 관한 것과 세금에 관한 사항을 적고 있다. 메흐메드의 '카눈나메이 알리 오스만' 법령 중 가장 관심을 끄는 조항은 '형제 살해'에 관한 조항이다.

"형제 중에서 어느 누가 술탄이 될 경우, 세계질서를 위해 죽일 수 있다. 울레마도 승인하였으므로 즉시 시행하라."

이 법령은 '세계질서nizam-i âlem'를 위해 형제를 살해할 수 있다고 했다. 울레마가 승인했으므로 형제 살해가 합법적이 되었다. 쿠란에서 반란행위는 살인보다 사악하다고 규정한다. 그러나 이 법은 반란이나 사회질서 파괴 등 명백한 범법행위가 없음에도 불구하고 사전에 형제를 죽일 수 있게 하였다. 형제를 살해할 수 있는 대의명분으로는 '니자미 알렘'(세계질서)을 내세웠다. 메흐메드 2세는 할아버지인 바예지드 1세 사후 아들들에 의해 나라가 엉망진창이 된 꼴을 목격하였고, 비잔티움이 오스만가家의 세자를 인질로 잡아 술탄 직을 위협하고 협상의 수단으로 삼는 '위험'도 알게 되었다. 그는 자신이 즉위하면서 동생 아흐메드를 교살하였다. 메흐메드 2세는 카눈나메에서 자신 이후 누가 술탄위를 승계하는지에 대한 명확한 규정은 두지 않았다. 오스만가의 모든 남자는 술탄이 될 수 있는 자격이 있다고 해석되었기 때문에 왕권을 차지하기 위한 형제 간 싸움의 가능성은 열려있었다. 그러나 누구든 술탄이 되면 형제들을 살해해야만 했다.

비잔티움 건축물의 이슬람화

비잔티움 제국의 수도 콘스탄티노플을 정복한 뒤 메흐메드 2세는 기독교풍의 천년 고도를 이슬람의 도시로 만들었다. 그가 정복 후 가장 먼저 한 일은 비잔티움 제국의 상징 건축물인 성소피아교회를 금요 예배를 보는 이슬람 모스크로 전환한 것이었다. 콘스탄티노플에 있는 성소피아교회는 거대한 크기와 돔으로 비잔티움 제국의 영광을 그대로 보여주는 건물이었다. 메흐메드 2세는 성소피아교회를 파괴하지 않았다. 교회 안팎의 장식물은 제거되고 대부분 인물상 모자이크화는 회칠이 되어 가려졌지만, 성모자상 같은 중요한 모자이크화와 교회의 골격과 외관은 그대로 살려두었다. 메흐메드 2세는 콘스탄티노플의 건축물이 보여주는 구조나 형식을 이해하려고 했다. 기독교의 비잔티움 도시를

이슬람 제국의 도시로 변화시키기 위해 두 개의 기념비적 건축물을 지
었다. 톱카프 궁전과 파티흐 모스크가 그것이다.

1459년 메흐메드 2세의 칙령으로 비잔티움 성채가 있던 자리에 톱
카프 궁전의 건축이 시작되었다. 그는 새로운 이슬람의 도시 이스탄불
에 영구적으로 남을 건축물을 건설하려 하였다. 공사 개시 후 8년여 만
에 완공된 톱카프 궁전은 콘스탄티노플의 테오도시우스 3중 성벽 같은

이스탄불 광역시 (2007), 《영원한 이스탄불*Ageless Istanbul*》, 이스탄불 광역시 출판부. p.14. Ch. de Billy-Le Petit, 1890.

것은 없었지만, 보스포루스 해협의 해안을 따라 철옹성 같은 거대 요새처럼 건축되었다. 오스만 제국의 통치 심장부인 톱카프 궁전은 왕권 강화에 집중하던 메흐메드 2세의 존엄성과 위엄을 상징했다. 우아하고 화려한 건축미는 부족했으나 거대한 군사기지 같은 장대함과 중후한 안정감을 자아냈다.

이스탄불 시내에서 도시 건설 계획의 전범이 된 건축물은 파티흐 모스크였다. 콘스탄티노플 정복 10년이 되던 해, 메흐메드 2세는 이스탄불에 제국의 위상에 걸맞는 모스크를 짓도록 명령했다. 메흐메드 2세의 '정복자Fatih'라는 별칭을 딴 파티흐 모스크는 4차 십자군 원정 때 파괴된 비잔티움의 '성사도교회'의 자리에 세워졌다. 1470년에 완공된 톱카프 궁전을 제외하고 이스탄불에 세워진 최초의 기념비적인 건축물이다. 모스크를 중심으로 메드레세, 병원, 목욕탕, 시장 등 여러 사회 공공시설을 한곳에 모은 다목적 복합단지로, 다른 어느 시설보다도 메드레세 군집cluster의 교육문화 시설을 포함했다는 점에서 공공성의 가치가 뛰어났다. 메흐메드 2세에 의해 건축된 파티흐 모스크는 몇 차례 지진으로 파괴되었는데, 현재의 파티흐 모스크는 1771년에 재건축된 것이다.

메흐메드 2세는 이스탄불의 에윕에 아이유브 알 안사리의 묘지와 모스크를 건축하도록 하였다. 알 안사리의 영묘와 모스크는 제국 내 이슬람 성지가 되었다. 톱카프 궁전, 파티흐 모스크, 알 안사리의 모스크는 각각 오스만 제국의 정치적·사회적·종교적 상징물로 남았다.

르네상스 문화 수용

메흐메드 2세가 콘스탄티노플을 오스만 제국의 수도로 삼자 유럽은 오스만 제국의 힘과 실존에 대해 인식하게 되었다. 유럽은 '정복자'의 이미지에 대해서도 호기심을 보이기 시작했다. 메흐메드 2세 역시 유럽, 특히 이탈리아의 르네상스로 일어난 문화와 예술의 발전상에 깊은 관심을 가졌다. 이스탄불에는 이미 그리스와 아르메니아의 기독교 주교와 유대교 랍비들이 자유로운 종교활동을 하고 있었고, 이스탄불 페라(현 갈라타)에는 이탈리아 상인들이 거주하면서 자신들의 가톨릭교회에서 예배를 보았다. 동·서양 문화 교류를 위한 분위기가 그 어느 때보다 고조되었다.

메흐메드 2세는 1460년 모레아를 정복한 후 아테네를 돌아보면서 아크로폴리스와 공공건축물, 그리고 그리스 영웅들에 관심을 보였다. 서양예술에도 호기심을 가진 그는 각 분야 학자들을 술탄의 스승으로 임명해 수업을 받았다. 당시 이탈리아 도시국가들은 오스만 제국 술탄에 선물을 보내면서 '좋은 관계'를 유지하려고 하였다. 메흐메드 2세의 예술과 건축에 관한 관심은 개인적인 취향이었지만, 시간이 지나면서 술탄은 유럽과 아시아를 잇는 '두 세계'의 철인 통치자와 수호자로서 불멸의 자화상을 만들고자 했다. 메흐메드 2세와 동시대의 연대기 작가 투르순 베이Tursun Bey는 그를 알렉산더 대왕에 비교하고, 20개의 왕국을 굴복시킨 메흐메드 2세는 티무르보다도 '세계의 황제'라는 칭호를 받을 자격이 충분히 있다고 호평했다.[6]

메흐메드 2세는 자신의 이미지를 만들기 위해 이탈리아 도시국가 군주에게 이스탄불에 예술가를 파견해달라고 요청했다. 먼저 나폴리의

젠틸레 벨리니가 그린 메흐메드 2세 초상화

16년간의 전쟁 끝에 1479년 1월 25일 오스만제국과 평화조약을 체결한 베네치아는 젠틸레 벨리니를 오스만 궁전에 파견했다. 젠틸레 벨리니는 메흐메드 2세의 초상화와 메달을 제작했다. 젠틸레 벨리니는 메흐메드 2세를 밝은 피부색에 콧등이 볼록한 매부리코와 각이 진 턱을 가진 인물로 묘사했다.

데이비드 J. 록스버러 (2005), 《천년의 여행A Journey of a Thousand years, 600~1600》, 런던: 왕립미술아카데미, p. 273. 런던국립미술관.

유럽 황실과 귀족의 애호품 터키산 카펫

사진은 15세기 동물 문양이 박힌 터키산 카펫이다. 유목민인 튀르크인들은 천막에서의 보온이나
벽 장식을 위해 카펫을 짰다. 오스만 시대에 카펫은 중요한 교역 상품이 되었고 14세기 이래
유럽의 황실과 귀족은 터키산 카펫을 수집했다. 카펫은 무역 상품이라는 기능 외에도
선물로도 사용되었다. 메흐메드 2세는 페르디난도 1세 나폴리 군주에게 100장의 카펫을 선물했다.

할릴 이날즉 & 귄셀 렌다 (편저, 2002), 《오스만의 문명 2*Ottoman Civilization 2*》, 터키문화부, p.795.
이스탄불 와크프라르 카펫박물관.

페르디난도 2세가 코스탄조 다 페라라Costanzo da Ferrara를 보내주었다. 페라라는 둥근 메달에 술탄의 초상을 새겼다.

1463부터 16년간 오스만과 긴 전쟁을 치르고 평화조약을 체결한 1479년, 베네치아 도제가 메흐메드의 요청에 응답했다. 베네치아는 젠틸레 벨리니를 파견했다. 베네치아의 '문화대사'처럼 이스탄불에 입성한 벨리니는 비잔티움 시대의 이콘 화법에 르네상스 화법을 조합해 술탄의 초상화를 만들었다. 벨리니의 작품 중 걸작으로 꼽히는 메흐메드 2세의 반신 초상화는 런던국립미술관에 전시되어 있다. 초상화 안에 그려진 일곱 개의 왕관은 메흐메드 2세가 7대 술탄임을 상징한다. 벨리니의 작품을 모델로 오스만 궁정화가 시난 베이도 장미꽃 향기를 맡는 술탄의 초상화를 그렸다. 한 손에 꽃을 쥔 모습은 모든 힘과 권력을 한 손에 장악한 술탄을 상징했다. 벨리니의 작품을 통해 오스만 궁정화가들은 3차원의 입체화법을 처음으로 대하게 되었다. 오스만 제국 궁전의 미니어처(세밀화)는 2차원의 평면에 표현하기 때문이었다. 벨리니가 그린 초상화는 유럽 전역에서 복사되어 메흐메드 2세의 이름과 이미지는 널리 알려지게 되었다.

이 시기에 오스만 제국의 직물과 카펫이 이탈리아 상인들에 의해 유럽에 수출되었다. 15세기 서양화가들의 그림에 터키 카펫이 소재로 등장한 것은 유럽에서 유행했다는 것을 보여주고 있다.[7] 이슬람 율법은 인간과 동물의 형상 표현을 금지하지만, 메흐메드 2세 초상화는 크기가 작고 전신이 아닌 반신을 표현한 것으로 그것만으로는 숭배의 대상이 될 수 없어 율법을 위반하지 않은 것으로 해석되었다.

셀림 1세, 맘루크 술탄국 정복

맘루크 술탄국과의 경쟁

'노예제국' 맘루크 술탄국(1250~1517)은 오스만 제국이 건국되기 반세기 전에 이집트 카이로에서 탄생되었다. 맘루크 노예국가가 중동 강대국으로 떠오르게 될지는 아무도 예상하지 못했다. 오스만 제국이 유럽 영토 지배를 위해 군사력을 다 쓰고 있을 때 맘루크는 군사 강대국이 되어가고 있었다. 맘루크는 건국부터 다른 왕조와 달랐다. 초기 이슬람 시대에는 무슬림 자원을 군사로 양성하는 일이 늘어났으나 전쟁에 필요한 인적자원을 중동 아랍 지역에서만 충당하는 데는 한계가 있었다. 그래서 유목민인 젊은 청년들을 노예시장에서 데려와 이슬람으로 개종시키고 '군사 엘리트'로 양성하여 만든 나라가 맘루크였다. 맘루크는 노예들을 출생지는 물론 맘루크 사회와도 철저히 고립시키고 교육하여 오직 술탄에 충성하는 병사로 양성하였다. 병사를 외부에서 조달한다는 면에서는 오스만 제국의 예니체리 양성법과 유사했다.

1260년 9월 맘루크가 아인잘루트 전투에서 종횡무진 무적의 몽골군을 격파하자 중동 지역과 이슬람 세계에서 맘루크의 명성이 자자했다.

맘루크 술탄이 이슬람 세계의 최고 종교지도자인 칼리프를 겸하고 있어 오스만 제국은 맘루크 술탄국에 대해 경의를 갖고 있으면서도 이슬람 세계와 중동 지역 패권, 향신료 무역 주도권을 놓고 경쟁을 하게 되었다. 두 나라는 이미 바예지드 1세가 빼앗아온 '말라티야 사태'로 금이 가 있었는데, 메흐메드 2세가 콘스탄티노플을 점령한 후 맘루크는 오스만을 긴장의 시선으로 보기 시작했다. 양국은 라마잔과 둘카디르 토후국을 놓고도 서로 자기편으로 끌어들이려는 세력 경쟁을 하면서 긴장관계를 키우게 되었다. 이처럼 관계가 악화일로로 치달을 즈음 술탄 바예지드 2세(1481~1512)의 동생 '젬Cem' 때문에 적대적이 되어 위험한 수준까지 이르게 되었다. 맘루크 술탄은 젬을 술탄으로 여기고 지지하면서 오스만을 분열시킬 계획을 하였다. 젬은 형인 바예지드가 술탄으로 즉위하자 반란을 일으키고 카이로로 피신한 상태였다. 바예지드 2세는 맘루크를 바로 칠 수도 있었으나, 두 나라 사이에는 카라만과 아크코윤루 같은 강대 세력이 끼어있어 맘루크 원정을 바로 결정하기는 쉽지 않았다. 마침 맘루크가 인도에서 귀환하던 오스만 제국과 인도 사절을 인질로 잡는 일이 벌어지자, 오스만 제국에 개전의 사유가 생겼다. 양측은 1485년에 전쟁을 시작하여 1491년까지 6년간 여섯 차례나 전쟁을 치렀다. 그러나 어느 측도 결정적인 압승을 하지 못한 채, 전쟁 개시 전 국경으로 돌아간다는 평화조약을 맺고 전쟁은 일단 끝나게 되었다.

맘루크 술탄국 정복

'냉혹한yavuz' 이라는 별명이 붙은 오스만 제국의 셀림 1세(1512~20)는 사파비 왕조의 페르시아 원정을 마치고 돌아오는 길에 맘루크와 국경을 같이 하는 둘카디르 토후국을 오스만에 병합(1515)시켰다. 이 때문에 오스만 제국과 맘루크 술탄국과의 관계는 급속도로 냉각되었다. 오스만 제국이 아나톨리아 남부로 영토를 확장해가자 위협을 느낀 '칸수 가브리Kansu Gavri' 맘루크 술탄은 페르시아와 연합 세력을 구축하였다.[8] 셀림 1세 군대가 맘루크를 공격할 때 사파비 군대가 후방에서 오스만 군대를 공격하도록 할 계획이었다. 맘루크가 사파비 왕조와 연합하였다는 사실을 알게 된 셀림 1세는 1516년 6월 맘루크 원정에 나섰다. 8월 24일 알레포 북쪽의 '마르즈다비크'(터키어 메르지다브크)에서 전투가 벌어졌다. 각각 5만여 명의 군사를 동원한 오스만과 맘루크 군대가 접전했다. 이 전투에서 포병과 소총부대의 지원을 받은 오스만 군대가 승리하였다. 맘루크 군대는 이교도들이 만든 산물이라며 소총 사용을 거부했고, 칸수 가브리 맘루크 술탄도 전사하였다. 군사력을 절대적으로 무장 기병대에 의존한 맘루크는 발전하는 병기 기술에 관심을 두지 않아 포르투갈과의 해상전에서도 늘 고전하였다.

맘루크 지배를 거부해오던 알레포 신민들은 오스만 군대의 진군에 환호했고, 저항없이 다마스쿠스에 진입한 셀림 1세는 도시를 접수했다. 이슬람 성월聖月인 라마단(9번째 달)의 첫 금요일에 우마이야 모스크 예배에서 셀림의 이름으로 기도문이 낭송되었다. 셀림 1세가 시리아의 통치자임이 전 세계에 알려졌다. 그러나 이집트의 카이로가 맘루크의 손에 남아있는 한 이는 절반의 성공에 불과했다.

셀림 1세의 초상화

셀림 1세는 오스만 제국의 영토를 세 배로 키워놓은 성공적인 원정사업으로 할아버지인 메흐메드
2세에 비유된다. 그의 어록 중에 "세계는 두 명의 지배자를 둘 만큼 크지 않다"라는 말이 유명하다.

한편, 메르지다브크 전투에서 패배한 맘루크 군대는 카이로로 후퇴
한 후, 새로운 술탄 '토만바이Tomanbay'의 지휘 아래 최후 저항을 준
비했다. 다마스쿠스에서 전열을 재정비한 셀림 1세는 맘루크 문제를
종식시키기 위해 이집트 카이로로 향했다. 1516년 12월 15일의 일이
었다. 카이로로 가기 위해서는 척박한 사막인 시나이반도를 넘어가
야 했다. 메마른 사막 지역을 가로질러 가는 것은 매우 어려운 행군
이었다. 이때 수행대신인 휘세인 파샤
Hüseyin Paşa가 고난의 행군을 이기지
못하고 이집트 원정을 포기하자고 했
다. 셀림 1세는 일말의 주저 없이 그를
처형하였다. 셀림 1세의 군대는 하루
평균 30킬로미터를 행군하여 13일 만
에 시나이반도를 통과했다. 1517년 1월
22일 카이로 근처 '리다니예'에서 전
투가 벌어졌다. 이 전투에서 맘루크 술
탄 토만바이의 군대를 완전히 제압하였
다. 토만바이는 여성 복장으로 가장하
여 카이로를 빠져나갔다. 2월 15일, 셀
림 1세는 카이로 시내에 입성하였다.
그리고 금요일 이슬람 사원 기도문에서

퀼 이레프올루 (1999), 《레브니: 자수, 시, 색깔*Levni: Nakış,
Şiir, Renk*》, 터키문화부, p.77, TSM H1563, y.54b.

자신의 이름이 거명되도록 하면서 맘루크 정복 절차를 완전히 마쳤다. 한편 맘루크 술탄 토만바이는 체포된 후 교수형에 처해졌다.

맘루크 술탄조를 멸망시킨 셀림 1세는 시리아, 팔레스타인, 이집트 외에 이슬람 성지인 사우디아라비아 헤자즈 지방의 메카와 메디나도 정복하였다. 중동 지역의 거의 모든 수니 이슬람 지역이 오스만 제국의 지배하에 들어가게 되었다. 칼리프 직위를 가지고 있던 카이로의 압바스 왕조 '알 무타와킬Al Mutawakkil 3세'는 포로가 되어 이스탄불로 압송된 후, 셀림 1세에게 칼리프 지위를 내주었다.[9] 셀림 1세는 오스만 제국의 술탄이면서 이슬람 세계의 수장인 '칼리프'가 되었다. 이후 오스만 제국 술탄은 400년간 정치적인 세속권력의 수장이자 종교적인 권력의 수장을 겸하였다. 이집트 원정에서 셀림 1세는 상당한 전리품을 챙겼다. 이집트에서 획득한 전리품들은 배에 실려 7월 15일 이스탄불로 보내졌다. 그는 카이로에 8개월가량 머문 후, 메카에 있던 예언자 무함마드의 성의와 칼리프 오마르의 검 등 성물을 이스탄불로 가져왔다. 셀림 1세가 이집트를 정복하고 가져온 성물은 현재 톱카프 궁전 성물관에 전시되어 있다. 셀림 1세의 통치는 8년으로 짧았으나 오스만 제국이 황금기로 가는 길목을 열어주었다. 그는 국고 재정을 가득 채워놓았고, 영토도 크게 확장해놓는 등 매우 성공적인 업적을 세웠다.

셀림 1세의 죽음은 뜻밖이었다. 유럽에 원정을 준비하던 셀림은 등에서 오는 통증을 어의인 하산 잔에게 호소하였으나, 어의는 별일이 아니라고 진단했다. 통증이 계속되자 목욕탕에 들어가 등에 생긴 농 부위를 짜냈지만, 목욕 이후 통증 부위는 더 커지고 악화되었다. 이런 상황에서 이스탄불을 떠나 초를루Çorlu에 이르자 통증과 고열로 더는 움직일 수 없는 상황이 되었다. 셀림은 40일간 어의와 함께 그곳에 머물면서 치료를 받았다. 그러나 병세는 호전되지 않았다. 죽음이 임박해지자 그는 마니사 지방의 총독으로 있던 아들 쉴레이만에게 위독하다는 소식을 전하고 이스탄불에 급히 상경하도록 하였다. 그러나 아들이 도착하기 전에 셀림 1세는 1520년 9월 22일 50세를 일기로 숨을 거두었다. 야부즈 술탄 셀림 1세의 죽음은 유럽에 숨통이 트이는 소식이었다. 교황 레오 10세(1513~21)는 로마에서 기도회를 가졌다.

페르시아 사파비 왕조

시아파 사파비 왕조의 등장

16세기가 막 시작되던 1501년에 이슬람 '사파비 왕조'(1501~1736)가 오스만 제국 동부 변경에서 탄생되었다. 카이로와 이슬람 성지 메카, 메디나를 차지하며 이슬람 시아파의 맹주로 군림하던 파티마 왕조가 멸망한 후, 튀르크계인 '이스마일 1세'가 아제르바이잔과 이라크를 강역으로 한 수니파 아크코윤루 왕조를 정복하고 이란 타브리즈를 수도로 건국하였다. 자신을 페르시아어로 왕이라는 뜻의 '샤'라고 지칭한 이스마일은 사파비 왕조의 초대 왕으로 등극하였다. 샤 이스마일은 10년 사이에 이란 전 지역과 아제르바이잔·이라크 지역을 정복하며 추종자들 사이에서 신적인 존재로 떠올랐다. 이스마일은 자신이 선지자 무함마드의 사위인 알리의 직계 혈통이라고 주장하면서 시아파 이슬람을 옹호했다. 그는 시아파 분파 중에서 신의 재림을 믿는 12이맘파 교의를 숭배했다. 12이맘파는 사파비 왕조의 국교가 되었다. 페르시아에서 사파비 왕조가 탄생한 지 25년 만인 1526년에는 인도, 파키스탄, 아프가니스탄을 영역으로 한 수니파 무굴 제국(1526~1857)이 생겼다. 오스만 제국, 사파비 왕조의 페르시아, 무굴 제국은 16세기 이슬람 세계의 3대 제국이 되었다. 사파비 왕조는 오스만 제국과 무굴 제국의 중간에 있었다. 세 제국 모두 광활한 영토와 강한 군사력과 경제력, 고도의 문화자산을 가진 제국이었다. 시아파인 사파비 왕조 등장으로 오스만 제국은 수니파 제국, 시아파 제국과 처음 지리적으로 국경을 같이 하는 상황이 되었다.

수피 종단에 뿌리를 둔 사파비 왕조는 구세주 신앙으로 세계 지배를 목표로 하면서 종교적 선전을 통해 농민, 유목민 등을 끌어들이기 시작했다. 아나톨리아 남부 안탈야Antalya에서 샤 이스마일의 추종자가 생기기 시작했다. 알레비파 '샤쿨루Şahkulu'가 안탈야의 한 동굴에서 은둔생활을 하면서 샤 이스마일이야말로 압박받는 자들의 구세주라고 설파하였다. 샤쿨루는 1511년 4월 9일 안탈야에서 머리에 붉은 띠를 두른 이른바 '크즐바쉬Kızılbaşı'들이 오스만 제국의 조정에 저항하는 반란을 주도하였다. '크즐바쉬'는 시아파 급진 전사들로 구성된 튀르크계 여러 부족의 연맹체인데, 이들은 사파비 왕조 건국을 도운 무사 집단이었다. 샤쿨루가 안탈야에서 일으킨 반란은 아나톨리아 내륙 여러 지역으로 번졌다. 오스만 제국에서 구세주를 믿는 추종자들이 이스마일에 연대감을 표시했다. 짧은 기간임에도 샤쿨루의 설교는 복음처럼 전파되었다. 이때 오스만 제국은 집권 후기인 술탄 바예지드 2세가 병들고 나이 들어 국사에 무관심하게 되고, 그런 사이 바예지드의 두 아들 아흐메드와 셀림 간 왕권 다툼으로 국정이 어지러웠는데, 이것이 사태를 더 키웠다.

트라브존 지방 총독으로 있던 셀림은 제국의 이슬람 공동체를 파괴하려는 샤 이스마일의 선동적 행위를 매우 심각하게 지켜보았다. 셀림은 사태의 심각성을 바예지드 2세에게 보고하였으나, 바예지드 2세는 이를 위중하게 받아들이지 않았다. 그는 샤 이스마일의 부친인 셰이흐 하이다르가 창설한 수피 종단에 빠져있었던 것이다. 오스만 조정은 요동치기 시작하였다. 아나톨리아에서 샤쿨루 반란이 심각하게 번지자 셀림은 부왕에게 알리지 않고 독자적으로 원정을 감행하여 사파비조의 국경 지역 일부를 빼앗았다. 그러나 바예지드 2세는 경의가 담긴 이스마일 1세의 친서를 받고는 이를 다시 돌려주었다. 오스만 제국을 한동안 혼란에 빠뜨린 샤쿨루는 1511년 7월 2일 앙카라 근처 추북오바에서 화살에 맞아 사망하였고, 살아남은 추종자들은 이란으로 도망갔다. 오스만 군대가 힘겹게 샤쿨루 반란을 진압하기는 했으나, 진압과정에서 샤쿨루를 따른 4만 명의 알레비파 '크즐바쉬'가 살해되었다.

사파비 왕조와 40년 전쟁

쉴레이만 1세(재위 1520~66) 시대 유럽에서는 종교개혁으로 가톨릭이 비난을 받고 있었다. 오스만 제국과 사파비 왕조의 대결은 유럽에서 일어나고 있는 종교개혁 전쟁 상황과 유사했다. 셀림 1세가 1514년에 페르시아 사파비 왕조 원정에서 대승을 거두었지만 그의 아들 쉴레이만 1세 시대에도 아나톨리아 동부 지역에서 사파비 왕조와 같은 문제를 안고 있었다. 사파비 왕조는 건국 이래 힘이 강해지고 영향력도 커지고 있었지만, 오스만 제국은 사파비 왕조의 존재와 지배력을 인정하지 않았다. 술탄 셀림 1세에 의해 시리아와 이집트 지역이 1516~17년에 오스만 제국의 영토가 되자 오스만 제국과 사파비 왕조는 바로 긴 국경을 같이하는 이웃이 되었고, 사파비 왕조는 유럽 못지않게 주변국 중 가장 위협적인 존재가 되었다. 더구나 사파비 왕조의 2대 샤인 '타흐마스프 1세'는 오스만 제국에 적대적인 자세를 보이며 신비주의 시아파 비밀 선교자들을 오스만 제국 내부에 침투시켜 반反오스만 선동을 부추기고 있었다. 전쟁이 일어날 가능성은 언제든 있었다.

쉴레이만 1세는 불안한 동부 전선을 안정시킬 필요성이 절실했다. 무엇보다도 자신이 이슬람 세계의 최고 지배자라는 위용과 세력을 과시하기 위해서는 사파비 왕조에 대한 원정이 시급했다. 1533년에 오스트리아 합스부르크 왕가와 평화조약을 체결한 쉴레이만 1세는 바로 원정 준비를 하였다. 쉴레이만 1세는 1534년 6월 14일에 이스탄불을 떠나 3개월 반 만인 9월 28일 타브리즈에 도착하였다. 선발대로 출발한 이브라힘 파샤 군대는 11월 28일 바그다드에 입성하였다. 그 소식을 전해들은 쉴레이만 1세는 1534년 12월 1일 바그다드로 들어갔다. 그는 그곳에 4개월간 머물면서 바그다드 토지대장을 작성하고 군인과 신민들에게 봉토를 지급하였다.[10] 오스만 군대는 곧이어 타브리즈도 정복했다. 하지만 오스만 군대가 철수하자 사파비 왕조가 다시 타브리즈를 탈환했다. 쉴레이만 1세의 사파비 왕조에 대한 원정(1533~35)은 오스만 역사상 가장 힘든 전투 중 하나로 기록된다. 동부 전선에서의 원정은 언제나 어려웠다. 수도 이스탄불에서 전장까지의 거리가 2천 킬로미터가 넘기 때문이었다. 오늘날 이란의 서북 지역(페르시아 지역의 이라크)과 이라크의 바그다드가 있는 이라크 지역에 대한 원정이라는 뜻으로 '으라케인(두 개의 이라크) 원정'으로 명명되었다.

쉴레이만 1세가 헝가리 원정에 나간 틈을 이용하여, 사파비 왕조의 타흐마스프 1세는 타브리즈, 나히체반과 반Van 지역을 정복하였다. 이슬람 세계의 지배자로서의 '자존심' 싸움에서 지지 않으려는 쉴레이만 1세는 1548년 3월 29일 이스탄불에서 두 번째 사파비 원정에 나섰고, 7월 27일 타브리즈를 되찾은 데 이어 8월 25일에는 반도 탈환했다. 1년 8개월간 전장을 지휘한 끝에 쉴레이만 1세는 반을 오스만 제국의 도로 편입하고 지방 총독도 임명하였다.[11] 아나톨리아 동부에서 사파비의 약탈과 침략이 계속되자 이를 응징하기 위해 1553년 쉴레이만 1세는 나히체반 원정을 시작하였다. 이 시기에 오스만 제국은 중부 유럽, 지중해, 이집트, 아나톨리아 동부에서 지배권을 확보한 대국이 되었고, 사파비 왕조는 이란 지역을 장악하고 있었기 때문에 오스만 제국과 사파비 왕조 간에는 영토 규모가 실질적으로 크게 차이났다. 사파비 왕조가 오스만 제국의 군사력과 힘의 우위를 인정해야만 하는 시점이 되었다. 쉴레이만 1세의 군대가 다시 카르스, 나히체반, 예레반을 장악하자 열세에 몰린 사파비 왕조의 타흐마스프 1세는 강화를 제의하였고, 1555년 5월 29일 '아마스야Amasya 평화조약'이 체결되었다.

아마스야에서 체결된 양국 평화조약에 의해 술탄은 동부 아나톨리아(비틀리스, 반, 카르스)와 타브리즈 및 바그다드를 포함한 이란 일부를 차지하는 대신, 아제르바이잔과 캅카스에 대한 오스만의 권리를 포기하였다. 아마스야 평화조약은 시아파 무슬림의 메카와 메디나로의 순례를 허용하고 시아파 성지가 있는 이라크 지역에 대한 그들의 방문도 보장해주었다. 이 조약은 1514년 찰드란 전투 이후 1554년까지 계속되어온 오스만 제국과 사파비 왕조와의 대결 상태를 당분간 종식하는 평화조약이었다. 하지만 오스만 제국과 사파비 왕조의 대결은 사파비 왕조가 망할 때까지 약 200여 년간 계속되었고, 변경 지역에서 두 나라 간 영토 쟁탈전은 계속 일어났다.

쉴레이만 1세의 세계 제국

최고의 군사 전략가 쉴레이만 1세

쉴레이만 1세(1520~66)는 셀림 1세의 외동아들로 태어나 그의 즉위는 형제 간 싸움 없이 평온하게 진행되었다. 그는 셀림 1세가 획득한 칼리프 지위를 갖고 1520년 26세에 술탄이 되었고, 전장에서 사망한 1566년까지 46년간 오스만 제국을 통치하였다. 쉴레이만은 위대한 통치자가 가져야 할 지혜, 용기, 결단력, 공정함 같은 덕목을 두루 갖춘 통치자였다. 그의 영토 확장을 위한 원정사업도 놀라운 일이지만, 경제와 문화 면에서 풍요로운 시대를 구축한 군주였다. 쉴레이만은 제국의 영토를 최대로 확장시키고, 문학·과학·예술·건축 등 분야에서 유럽의 르네상스에 버금가는 황금기를 만들었다. 쉴레이만이 남긴 불멸의 업적을 찬양하기 위해 역사가들은 16세기를 '터키인의 시대', 또는 '쉴레이만의 시대'라고 부른다. 서양 세계는 그에게 '장엄한 술탄 쉴레이만The Magnificent Süleyman'이라는 칭호를 주었고, 이슬람 세계는 '카누니 술탄 쉴레이만Kanuni Sultan Süleyman'이라는 칭호를 부여했다. '법의 제정자'라는 뜻이다. '장엄한 술탄'은 그가 전장에서 보여준 영웅적인 행동, 궁전에서의 화려한 의전행사와 행정·군사·외교·학문·예술과 문화 분야에서 이룩한 탁월한 업적에 대한 찬사였다. '법의 제정자lawgiver'는 신민들의 편안한 삶을 위한 법 제정과 공정하고 합리적인 행정 수행에 대한 칭송의 의미였다.

쉴레이만 1세는 알렉산더 같은 세계적인 군주가 되기를 바랐다. 이를 위해 항상 지적인 소양을 갈고 닦았다. 어렸을 적부터 톱카프 궁전 학교(엔데룬 학교)에서 역사, 문학, 신학, 군사학 등을 공부했다. 세르비아어, 차가타이 튀르크어, 페르시아어와 우르두어 등을 익히고 고전 문헌들을 읽으면서 국제적인 감각과 안목을 키웠다. 아랍어, 페르시아어, 세르비아어로는 대화가 가능했다. 유럽의 역사적인 현장에서는 언제나 그가 주인공이었다. 쉴레이만 1세의 등장은 오스만 제국과 유럽 역사의 흐름에 큰 영향을 끼쳤다. 그는 유럽의 르네상스 시대에 오스만 제국의 탁월한 문인이자, 군사 전략가였고, 능숙한 외교관이자 정치가였다. 쉴레이만 1세 시대에 톱카프 궁전은 세계 문화의 중심이었다. 오스만 궁전의 품위와 격식 있는 예법은 오스만 제국의 우월함을 보여주었고, 웅장하고 화려하게 진행되는 궁전의 의전행사는 외교사절의 눈을 사로잡았다. 페르시아어와 아랍어를 섞어 터키어를 격식 있게 구사하는 궁전 언어의 품위는 오스만 제국이 고도의 문화 흡수력과 문화 권력을 갖춘 부유한 국가임을 상징적으로 보여주었다.

빈으로 가는 길목 헝가리

쉴레이만 1세는 즉위하자마자 원정을 시작했다. 르네상스 시대의 정치철학자인 마키아벨리는 군주가 명성을 얻는 방법의 하나는 전쟁을 통해서라고 설파했지만, 전쟁 지휘는 당대 군주들의 당연한 의무였다. 아버지 셀림 1세는 재위 기간 대부분을 아나톨리아 동부 전선에서 전장을 지휘했으나, 쉴레이만 1세는 즉위와 동시에 최초의 원정 목표로 베오그라드와 로도스를 지정했다. 앞으로의 원정 대상은 유럽임을 보여준 것이다.

쉴레이만 1세는 헝가리와는 일곱 차례(1521, 1526, 1529, 1532, 1541, 1542, 1566), 페르시아 사파비 왕조와는 세 차례(1534~36, 1548~49, 1553~55) 전쟁을 치렀다. 쉴레이만 1세는 원정을 직접 지휘했다. 그의 핵심 전선은 중부 유럽과 아나톨리아 동부 전선 등 두 개였다. 세 번째 전선이 흑해였다. 유럽 원정에 나서면 아나톨리아 동부 전선에서 도발이 일어났고, 아나톨리아 원정에 나서면 서방에서 오스만 제국에 불리한 상황이 전개되었다. 이 때문에 중부 유럽과 아나톨리아 원정은 번갈아 진행되었다.

16세기 초에 분열된 유럽은 오스만 제국의 군사력을 효과적으로 막을 능력이 없었다. 종교개혁, 그리고 프랑스와 오스트리아 합스부르크 왕가의 적대관계는 유럽 정세를 산만하게 만들었다. 쉴레이만 1세 즉위 시기에 유럽에서 오스만 제국에 대항할 힘이 있는 나라는 신성 로마 제국뿐이었고, 정복하지 못한 나라는 중부 유럽에서 헝가리 하나만 남았다. 이를 정복할 수 있는 나라는 오스만 제국과 신성 로마 제국이었다. 신성 로마 제국은 여러 공국과 왕국의 연합체여서, 실제로 헝가리를 정복할 수 있는 나라는 '오스트리아 합스부르크 왕가'였다. 이 때문에 쉴레이만 1세와 오스트리아 합스부르크 왕가의 상속자인 카를 5세 황제(1519~56)는 40년 가까이 서로 대립했다. 유럽 기독교 세계의 내부 깊숙한 곳에서 일어난 오스만 제국과 합스부르크 왕가 간의 전쟁은 동과 서의 전쟁, 기독교와 이슬람 간 전쟁이었다.

오스만 제국이 유럽으로 영토를 확장하는 데 걸림돌은 헝가리인이 점령하고 있는 베오그라드와 오랫동안 성요한기사단의 지배 아래 있는 로도스섬이었다. 베오그라드와 로도스섬은 메흐메드 2세가 정복하려 했으나 실패한 곳이다. 베오그라드 정복은 쉴레이만 1세가 유럽을 정복하기 위해서는 반드시 넘어야 할 과제였다. 베오그라드는 정치적·상업적으로 유럽과 아나톨리아반도를 잇는 전략적 요충지이기 때문이다. 메흐메드 2세는 베오그라드를 세 차례나 원정했으나 성공하지 못했다. 동지중해 거점 마련을 위해 오스만 함대는 1480년에 로도스를 공략했으나 실패했다. 쉴레이만 1세 시대에 해군력도 그때보다 두 배로 증강한 상태로 해전도 해볼 만한 상황이 되었다.

쉴레이만이 즉위하고 1년 후, 그는 군사를 이끌고 베오그라드 공격을 감행했다. 3주간의 교전 끝에 베오그라드는 오스만 군대에 함락되었다. 쉴레이만 1세는 시내로 들어가 금요예배를 집전하며 베오그라드 함락을 자축했다. 그리고 베오그라드 주민을 이스탄불의 베오그라드 숲Belgrade Forest, 베오그라드 문Belgrade gate이라 명명된 지역에 강제 이주시켰다. 오스만 제국이 1521년 베오그라드를 점령한 이후 오스만 제국과 헝가리과의 적대관계는 1526년까지 계속되었다.

이듬해인 1522년 6월 16일, 쉴레이만은 이스탄불에서 1만 명의 병사를 이끌고 로도스 원정을 떠났다. 5개월에 걸친 공방전 끝에 1522년

12월 20일 성요한기사단은 쉴레이만 1세에 백기를 들고 강화조약에 서명하였다. 기사단장은 카를 5세에게 도움을 요청했으나 소용이 없었다. 로도스 전투에서는 기병을 줄이고 참호를 위장하여 화약을 폭발시킨 것이 성공의 요인이었다. 쉴레이만 1세는 기사단장과 병사들에게 섬을 떠나도록 허락했다.

이제 남은 것은 헝가리였다. 쉴레이만 1세는 루멜리 총독 이브라힘 파샤와 함께 10만의 병사와 300문의 대포를 이끌고 이스탄불을 출발했다. 1526년 4월 23일, 점성가가 길일로 택일해준 날이었다. 그리고 8월 29일 오후 3시경, 러요시 2세가 이끄는 헝가리 군대와 베오그라드 북서쪽의 '모하치' 평원에서 격돌했다. 늪지대가 있는 평원이었다. 오스만 군은 보병총과 대포로 공격했다. 쉴레이만 군대의 일방적인 압승이었다. 두 시간가량 이어진 전투에서 헝가리 군대는 전멸했다. 러요시 2세가 전사하고, 장교 지휘관들은 무참하게 처형되었다. 많은 병사들이 죽고 포로가 되었다. 7명의 주교와 2천 명 군사들의 머리가 술탄의 야영부대 앞에 피라미드처럼 쌓일 만큼 헝가리의 패배는 처절하였다. 모하치는 모두 불살라졌다. 모하치 전투는 쉴레이만 1세가 부다(9. 11)와 페스트(9. 21)에 진입함으로써 끝이 났다. 별 저항도 없었다. 오스만제국은 모하치 전투 대승으로 10만 명의 헝가리인들을 이스탄불로 강제 이주시켰다.

쉴레이만 1세가 모하치 전투에서 대승했지만, 오스트리아 합스부르크 왕가의 견제로 그것이 헝가리 영토의 전 영역에 대한 지배를 의미하지는 않았다. 러요시 2세가 후사 없이 전투에서 사망하자 왕위 계승을 놓고 헝가리 귀족들 간 내전이 일어났다.

신성 로마 제국의 수도 빈 원정

오스만 제국의 모하치 승전 이후 오스만 제국과 신성 로마 제국을 대표하는 오스트리아는 헝가리의 지배권을 놓고 각축하게 되었고, 헝가리는 이들 두 나라 경쟁의 핵심 무대가 되었다. 이미 오래전부터 쉴레이만 1세의 유럽 전진에 가장 만만찮은 상대는 오스트리아의 합스부르크 왕가였다. 오스만 제국의 술탄과 오스트리아 합스부르크 왕가의 무력 충돌은 헝가리에서 일어날 수밖에 없었다. 러요시 2세가 전사한 후 헝가리 왕위 계승을 놓고 러요시 2세의 자형인 오스트리아의 대공 페르디난트와 트란실바니아의 귀족 자포여 야노시가 서로 왕권을 주장하였다. 오스트리아 왕 페르디난트Ferdinand 1세(재위 1556~64)는 러요시와 자신이 친족임을 내세워 왕위 계승권을 주장하였다. 그리고 오스만의 쉴레이만 1세 군대가 부다에서 철수하자 1527년 부다를 정복했다. 이에 야노시가 쉴레이만에게 원정 요청을 하였다. 1529년 5월 10일 쉴레이만은 수천 명의 예니체리, 기병 시파히, 공격부대를 이끌고 원정을 나가 부다를 다시 빼앗았다. 그리고 야노시에게 헝가리 왕관인 성 이슈트반 왕관Crown of Saint Stephen을 되돌려주었다. 헝가리 왕 대관식은 엄숙하게 거행되었다. 쉴레이만 1세 측에서는 500명의 예니체리와 거의 동수의 기병이 식장에 자리하였고 야노시 측에서는 6천여 명의 기사가 자리하였다. 술탄은 조정과 군부 관리가 배석한 가운데 자포여 야노시를 헝가리 왕으로 인정했다.[12] 자포여 야노시는 쉴레이만에게 충성을 맹세하고 그로부터 헝가리 왕위를 인정받았다. 페르디난트는 빈으로 피신하였다. 바로 이어 쉴레이만 1세는 빈 정복을 위해 원정에 나섰다. 합스부르크가가 더 이상 간섭하지 못하게 하기 위해서였다. 12만의 대군을 이끌고 신성 로마 제국의 수도인 오스트리아 빈 원정에 나선 그는 9월 27일 빈 성을 포위했다. 쉴레이만에게는 오스트리아를 공략할 수 있는 절호의 기회였다. 당시 서유럽은 신성 로마 제국과 프랑스 간의 분쟁, 종교개혁으로 인한 유럽 내 대규모 민란 등으로 혼란스러운 상황이었다. 그러나 쉴레이만은 10월 14일 빈 포위 작전을 종료하고, 10월 15일부터 철수 작전에 들어갔다. 장기 포위전에 대한 준비 부족, 동계 기간의 악천후, 그리고 예니체리의 불만 등이 이유였다. 쉴레이만 1세는 1529년 12월 16일 이스탄불로 돌아왔다.

쉴레이만 1세의 빈 원정 실패는 40여 년에 걸친 그의 아시아-유럽 원정에서 유일하고 중대한 좌절로 기록되었다. 하지만 쉴레이만은 헝가리 문제를 놓고 카를 5세와 페르디난트 1세를 계속 압박했다. 이에 위협을 느낀 카를 5세는 합스부르크가에 오스만 제국과 평화조약을 맺도록 종용하였다. 오스만 제국은 1533년 7월 14일 합스부르크가와 '콘스탄티노플 조약'을 체결하였다. 이 조약으로 페르디난트왕은 의전상 오스만 제국의 대재상과 동격으로 술탄을 아버지로 섬기고, 연간 3만 두카트의 금을 조공으로 바쳐야만 했다. 콘스탄티노플 조약으로 헝가리는 오스만 제국의 보호령에 있는 야노시 지배의 헝가리와 페르디난트 1세가 지배하는 헝가리로 양분되었다. 쉴레이만 1세는 헝가리 문제를 종결하고자 1541년 6월 20일 다시 원정에 나서 8월 22일 부다에서 페르디난트 1세의 군대를 격퇴했다. 그 결과 헝가리 영토는 합스부르크가 통치하는 합스부르크 헝가리(서부), 오스만 제국이 직접 통치하는 오스만 헝가리(중앙), 오스만의 지배 아래 자치를 누리는 동헝가리(후에 트란실바니아 공국이 됨) 등 셋으로 분할되었다. 쉴레이만은 모하치 전승 15주년이 되는 1541년 8월 29일 오스만령 헝가리를 오스만 제국의 도都로 편성하는 행정조직을 마쳤다. 헝가리의 '3분할' 상태는 이후 150년간 계속되었다. 1566년 5월 1일 쉴레이만 1세는 72세의 고령에 대규모 병력을 이끌고 마지막 헝가리 원정에 나섰다. 8월 7일 지게트바르 공성전이 시작되었다. 9월 5일 외성은 함락되었으나 내성은 끝까지 저항했다. 쉴레이만 1세는 지게트바르 성 함락 소식을 듣지 못하고 건강 악화로 9월 7일 이른 시간에 타계했다. 그는 1500년대 전성기에 헝가리, 발칸, 아나톨리아, 시리아, 메소포타미아, 이집트, 북부 아프리카, 메디나, 메카 성지를 포함, 유럽, 아시아, 아프리카 세 대륙에 걸쳐 광활한 영토를 남겼다.

'입법자' 칭호를 받은 쉴레이만 1세

정복자 메흐메드 2세 이후 바예지드 2세(1481~1512) 시대에는 오스만 제국의 징세 원칙과 티마르 운영에 관한 규정들이 법령화되었다. 술탄이 제정하는 법령은 기본적으로 술탄의 개인적인 의지로 만들어진다. 샤리아 율법이 개인과 개인 간의 금전 거래, 재산 거래 등 일반 형사사건에 해당하는 분쟁이나 공권력과 개인 간의 분쟁을 모두 해결할 수는 없었다. 이에 술탄의 법 제정이 필요했다. 그러나 거기에는 이슬람 율법 샤리아를 뛰어넘을 수 없다는 묵시적인 원칙이 있었다. 술탄은 주로 신민 모두를 위한 공공의 영역이나 중앙정부의 역할과 책임이 요구되는 행정 분야에서 샤리아의 원칙을 위배하지 않는다는 제한적인 권한을 사용하여 법령을 발령했다. 술탄이 제정하는 법령은 이슬람 율법 샤리아와 구분하여 일반적으로 '카눈kanun'(법)이라 하였다. 술탄의 카눈은 보통 세 종류가 있다. 첫 번째는 특정 사안에 대해 발령하는 술탄의 칙령이다. 오스만 제국 전 기간에 발령된 술탄의 개별 칙령은 헤아릴 수 없이 많다. 두 번째는 특정 지역이나 사회 구성원에 대한 칙령이고, 세 번째는 제국 내 전 지역에 적용되는 법전(카눈나메)이다.[13]

쉴레이만 1세는 두 개의 칭호를 가지고 있다. 첫째는 장엄한 술탄이고, 둘째는 법 제정자 카누니 술탄이다. 오스만 제국의 최초의 법령(카눈나메)은 메흐메드 2세가 제정하였으나 법의 제정자라는 칭호는 쉴레이만 1세가 받았다. 쉴레이만 1세 시대에 각종 칙령을 포함하여 200개에 가까운 '카눈나메'가 제정되어 쉴레이만 1세의 법령이 수적으로 최다를 기록하였기 때문이다. 그리고 쉴레이만 1세의 법령에는 '강한 군주로 신민을 보살핀다'라는 군주의 정치철학이 담겨있기 때문이기도 했다. 쉴레이만 1세의 카눈나메는 메흐메드 2세와 셀림 1세의 카눈나메 구조를 따랐지만, 이들 법령보다는 내용이 상당히 포괄적이다. 쉴레이만 1세의 카눈나메는 총 3편으로 되어있다. 제1편은 범죄의 처벌에 관한 사항이고 제2, 3편은 재정경제와 관련한 사항이다. 쉴레이만 1세의 카눈나메는 농민이자 신민인 '레아야reaya' 계층의 권리를 보호하고 공정한 사회를 구현하려는 의지가 반영되었다. 오스만 제국의 사회구조는 군사·관료·울레마 집단인 군사계층과 농민·상인·수공업자들인 신민(레아야)계층으로 분류된다. 신민계층은 실질적으로 경제활동을 하는 집단으로 납세의무가 있는 사람들이다. 쉴레이만 1세의 카눈나메에는 신민을 보호하기 위한 상세 규정이 마련되었다.

쉴레이만 1세의 법령은 "신민과 토지는 술탄의 것이다"라는 기본 원칙에서 출발한다. "어느 신민이라도 관리, 군인, 세금 징수권자에 대해 불만을 제기할 때 민원 접수자는 공정하게 처리해야 한다", "누구라도 술탄으로부터 권한의 이임 없이 재산과 사람에 대해 권리행사를 할 수 없다"라고 규정하여 관리들이 직권을 남용하여 신민의 권리를 침해하지 못하게 함으로써[14] 신민의 기본권을 보호했다. 이 조항은 오스만 제국 영토 내에 있는 비무슬림 인구가 생명과 재산을 보호받고 종교의 자유도 누릴 수 있음을 확인해주었다. 그리고 형사 범죄에 대한 처벌은 공정성을 유지하려는 술탄의 의지도 담겨있다. 그 한 예를 보면, 다른 사람의 이를 부러뜨렸을 경우, 가해자가 부자인 경우는 300악체, 가난한 경우는 30악체를 벌금으로 내야 한다. 말이나 소를 훔치면 손이 잘리거나 200악체 벌금을 내야 한다. 위증하거나 화폐를 위조한 경우에는 손을 절단하고, 여자에게 강제로 입맞춤을 하면 입맞춤 한 번당 1악체의 벌금을 내야 한다.[15] 쉴레이만 1세의 형사법은 범행의 경중에 따라 형벌에 차등을 두고, 공정한 형벌이 부과되도록 원칙과 범위를 정해놓았다.

노예에서 황후로, 휘렘 술탄

쉴레이만 1세에게는 후궁 출신 휘렘 술탄Hürrem Sultan(1506~58) 황후가 있었다. 그녀는 오스만 제국 역사상 가장 전설적인 여성이다. 휘렘은 1506년 우크라이나에서 출생하여 14세 때인 1520년 납치되어 크림 칸국의 궁전에서 지내다가 오스만 제국의 술탄에게 노예로 팔려왔다. 휘렘이 언제 어떻게 입궁했는지 정확한 기록은 없다. 일반적인 서술은 납치되어 노예시장에서 팔렸고 교육을 받은 후 궁전에 들어갔다고 알려진다. 또 다른 설은 이브라힘 대재상이 노예시장에서 사서 술탄에게 선물로 바쳤다고 한다. 휘렘이란 페르시아어로 '사랑스러운', '귀여운', '웃는 얼굴' 등의 뜻이 있는데, 서양에서는 '록셀라나Roxelana'라는 이름으로 유명했다.

　휘렘은 노예 출신에서 궁녀로, 다시 궁녀에서 황후로 신분이 급상승한 여성이었다. 그녀는 미모와 영특함도 있지만 노래도 잘 불러 쉴레이만 1세의 마음을 단번에 사로잡았다. 그녀는 후궁 중에서 서열이 제일 높은 하세키Haseki 칭호를 받아 궁중에서의 입지가 단단해졌다. 1521년 쉴레이만과의 사이에서 첫아들 메흐메드를 얻었고, 이때부터 황후로서 궁전 하렘에서의 공식적인 역할을 시작하였다. 그녀는 메흐메드에 이어 셀림(1524), 바예지드(1525), 지한기르(1531) 등 아들을 낳았고 딸 미흐리마흐(1522)도 낳았다. 쉴레이만에게는 그가 마니사 지방 총독으로 있을 때 알게 된 황후 마히데브란Mahidevran 사이에 태어난 무스타파라는 아들이 있었다. 휘렘은 자기 아들을 술탄의 계승자로 만들기 위해 재상과 함께 음모를 꾸몄다. 곧 궁 안에 소문이 돌기 시작했다. 무스타파가 페르시아 사파비 왕조의 샤에게 부친이 나이가 들어 자신이 술탄이 되어야 한다고 말했다는 것이다. 이에 쉴레이만 1세의 마음은 흔들렸고, 무스타파는 처형되었다. 1534년, 술탄의 어머니인 하프사 술탄이 세상을 떠나자 휘렘은 궁전 내실(하렘)에서 서열 1위가 되었다.

　휘렘은 쉴레이만 1세에게 사랑과 그리움을 담은 여덟 통의 편지를 남겼다. 해외 원정을 수차례나 나선 쉴레이만 1세는 휘렘의 편지를 읽고 아내와 가족에 대한 그리움을 해소했던 것으로 짐작된다. 오스만 제국의 술탄들은 시를 많이 남겼는데, 그중 쉴레이만 1세가 가장 많은 시를 남겼다. 그는 '무히비Muhibbi'(사랑하는 사람이라는 뜻)라는 필명을

노예 신분에서 황후가 된 휘렘

휘렘은 폴란드 왕국(현 우크라이나)의 한 지역에서 10대 초반의 나이에 크림 타타르인에
납치된 뒤 이스탄불 노예시장에서 팔려 궁전에 입성했다. 1520년 쉴레이만이
술탄에 즉위할 무렵 술탄의 후궁이 되었다. 이슬람 율법에 따라 술탄은 노예 여성과
결혼할 수 없었으나, 쉴레이만은 휘렘을 자유인으로 만들어 결혼했다.

아슬르 산자르 (2004), 《오스만 여성의 신화와 현실*Ottoman Women Myth and Reality*》,
New Jersey: The Light, p.123. TSM H2/1805.

썼으며, 그의 시집 《디바느 무히비Divan-ı Muhibbi》에는 총 2,799개의 연가(가젤gazel)가 있다.[16] 쉴레이만 1세는 자신의 시집에 아내에게 보내는 몇 편의 연가를 남겼다. 쉴레이만 1세의 휘렘에 대한 지극한 사랑은, 휘렘을 만난 이후에 쉴레이만이 다른 후궁과 만나지 않았다는 것에서 알 수 있다. 그는 조정의 준엄한 전통을 파괴하고 1536년 후궁과 궁전에서 성대한 결혼식을 올렸다. 쉴레이만 1세와 휘렘의 사랑은 오스만 제국의 역사상 유례가 없는 일이 되었다.

휘렘이 황후로서 오스만 제국 정치에 끼친 영향은 매우 컸다. 오스만 제국의 술탄과 이교도 노예 출신인 휘렘과의 사랑, 휘렘의 궁전 내 정치적 영향력을 둘러싼 음모극은 유럽인들의 상상력을 극도로 자극하였고, 이는 하렘을 중심으로 터키 역사를 왜곡하는 빌미를 주었다. 록셀라나에 대한 이미지는 당대 베네치아 외교사절과 여행가들이 남긴 글 등에 의해 유럽에 전파되었고 16~17세기에 걸쳐 특히 오스만 제국 궁전의 하렘에 대한 부정적인 이미지는 연극, 오페라 등에서 재생산되었다. 휘렘의 음모로 아버지인 쉴레이만 1세에 의해 처형된 '무스타파 사건'도 16~17세기 유럽 문학에서 흥미로운 소재가 되었다. 쉴레이만 1세가 세상을 떠나자 휘렘의 둘째아들 셀림이 제11대 술탄으로 등극하였다.

인재 양성의 산실 메드레세와 궁정학교

학문 전통의 유산

오스만 제국은 국가체제가 갖추어지고 영토가 넓어지면서 정복지를 효율적으로 통치할 인재가 필요하게 되었다. 특히 계속된 전쟁은 군사 부문에서 새로운 전략과 전술보다 과학적인 방법을 필요로 하였고, 기병이라 하더라도 승마만 할 줄 아는 것보다는 수학이나 지리학을 안다면 국가에 도움이 되는 시기가 되었다. 이런 사회의 변화는 새로운 인재를 양성하기 위한 체계적 교육제도를 구축하게 하였다. 영토 확장사업으로 수학이나 과학 등 학문과 교육은 이차적인 문제가 될 수 있었지만, 건국기 술탄들은 학문 중흥을 위한 기반을 마련했다.

건국기 통치자들이 학문을 중요하게 여긴 것은 셀주크 제국의 유산이었다. 중세 이슬람 세계는 찬란한 학문과 문화를 꽃피웠다. 이란(타브리즈), 이라크(바그다드), 시리아(다마스쿠스), 이집트(카이로)에 있는 도시들은 다양한 학문과 문화의 전통을 보유하였다. 중세의 세계 문명과 문화는 이들 도시에서 생산되었다. 셀주크 제국은 과거 이슬람 세계의 학문과 문화의 전통을 이어받은 그 '땅'을 영토로 하였다. 당연히 튀르크인들은 중동 아랍과 페르시아의 학문 전통을 배우고, 그 토대 위에 자신들의 옷을 입히며 독특한 문화를 발전시켰다. 튀르크 통치자들에게 문화와 예술, 교육에 관한 관심은 이런 역사적 배경과 영향 아래 생기게 되었다.

오스만 제국 건국기 학문의 발전에 토대를 놓은 술탄은 메흐메드 2세였다. 메흐메드 2세 전까지는 이슬람 학자(울레마)들은 다마스쿠스, 카이로, 타브리즈에 있는 메드레세에서 교육받고 양성되었다. 오스만 제국이 전성기에 이르기까지의 술탄들은 학문을 중요하게 다루었고, 학자들을 소중히 여겨 보호하였다. 술탄들은 이전 정복지에서 학자와 예술가들을 이스탄불에 이주시켜 체계적으로 활용하였다. 이슬람 세계의 학문을 소개하고 교훈을 얻기 위해 여러 분야 학자들을 초청하기도 했다.

메흐메드 2세는 이스탄불을 학문의 중심지로 만들기 위해 '샤흐느 세만 메드레세Sahn-ı Seman Medrese'를 설립하였다. 나라와 사회를 이끌어갈 인재를 육성할 오스만 제국의 교육사업이 시작되었다. 메흐메드 2세는 메드레세에서 필요한 교육과정(커리큘럼)을 준비하기 위해 티무르 제국의 신학자이자 천문학자인 알리 쿠쉬추를 초청했다. 알리 쿠쉬추는 교육과정을 준비하면서 메드레세에서 천문학과 수학을 가르쳤다. 메흐메드 2세의 스승이었던 아크솀세딘은 《물질적인 삶》이라는 저서에서 미생물을 언급하고 병은 미생물에 의해 퍼질 것이라고 말한 인물이다. 미생물의 아버지 레이우엔훅보다 2세기나 앞서 미생물을 관찰했다.

메흐메드 2세의 학문에 대한 열정은 대단했다. 그의 명령으로 프톨레마이오스의 《지리학》이 터키어로 번역되었고, 술탄의 궁정 도서관에는 아리스토텔레스, 호메로스, 헤시오도스, 디오게네스의 작품들이 소장되었다.

학문의 중심지 메드레세

오스만 제국의 '메드레세'(아랍어 마드라사)는 셀주크 시대의 니자미예 메드레세가 기본이 되었다. 1331년 오르한 가지가 이즈니크에서 비잔틴 수도원을 개조하여 세운 것이 최초였다. 오르한은 부르사에 있던 교회도 메드레세로 전환하였다. 일드름 바예지드는 1388년에 자신이 세운 울루 자미(모스크) 근처에 메드레세를 건설하였다. 무라드 2세도 메드레세를 설립하였다. 초기 메드레세는 술탄에 의해 설립되었고, 이슬람 전통 공법에 따라 건축되었다.

술탄이 메드레세를 설립하는 전통은 메흐메드 2세에 이르러 한 시대의 전환점을 마련했다. 메흐메드 2세가 세운 '샤흐느 세만 메드레세'는 8개의 메드레세를 통합한 이름으로, 이슬람 학자를 양성하는 중요한 교육기관으로 부상했다. 더구나 메흐메드 2세는 메드레세와 관련하여 교수müderris의 일급 수준에 따라 메드레세의 교육수준을 구분하는 규정을 법령에 명시해놓아 메드레세가 체계적으로 발전하는 계기를 만들었다. 메흐메드 2세 시기에는 각 메드레세마다 교수의 일당을 20, 30, 40, 50, 60악체로 세분하고 읽힐 책도 정해놓았다. '샤느흐 세만 메드레세'에서는 50악체를 받는 교수가 강의했다. 메흐메드 2세 시대에 교수자—학습자의 관계를 구조화하는 메드레세 교육의 기본체계가 설계되었다. 메흐메드 2세 이후 쉴레이만 1세는 메드레세의 순위를 12단계로 더 세분화하여 배움의 넓이와 깊이가 상승하는 메드레세 간 위계질서를 유지했다. 그가 세운 '쉴레이마니예 메드레세'는 최고 수준의 기숙학교로 먹고 자면서 독학하는 130여 개의 방도 운영했다. 오스만 제국의 전성기에 메드레세는 교수자와 학습자 모두 배움 중심의 수업을 하는 학습 공동체였다.

현재의 고교, 대학 수준인 메드레세에서 수학하기 전에는 마을의 모스크(터키어 자미)에 속한 '스브얀 멕테비sıbyan mektebi(초등학교)'를 다녔다. 고아나 형편이 안 되는 아동은 자선기관인 '와크프vakıf(재단)'[17]로부터 옷과 비용 등을 지원받았다. 초등학교에서는 읽고 쓰기, 쿠란과 계산하기 등 기초교육을 하였다. 메드레세에 진학하려면 스브얀 멕테비를 졸업해야 한다. 메드레세의 교육과목에는 아랍어(형태론, 구문론), 쿠란, 하디스, 이슬람 법학, 논리학, 웅변술, 설교, 수사학, 철학, 신학 등이 포함되었다. 메드레세는 수업 연한이 정해져 있는 학년제 교육과정이 아니라 수강과목을 모두 합격해야 졸업을 했다. 졸업 시 획득한 성적으로 차상위 단계의 메드레세에 입학할 수 있었다.

메드레세는 주로 큰 도시에 많이 설립되었고, 재원은 정부나 부호들이 만든 공공기증재단(와크프)에 의해 조달되었다. 메드레세를 졸업하면 교수의 추천을 받아 카이로, 사마르칸트, 부하라, 바그다드, 다마스쿠스 같은 이슬람 문화도시로 유학하여 수학할 수 있었다. 메드레세 졸업자들은 관료, 공무원이 되거나 메드레세의 교수가 되었다. 오스만 제국의 공무직은 메드레세 졸업자이거나 올레마 중에서 선발되었다. 서민계층의 자녀가 메드레세를 졸업하면 신분 상승의 기회를 기대할 수 있었다. 메드레세는 고전기Classical Age(1300~1600)라 할 수 있는 건국 초부터 16세기 말까지는 오스만 제국의 인재를 양성하는 최고의 교육기관이었다. 그러나 중앙조정의 공직이 데브쉬르메(청년징병제)로 선발되고 궁정학교(엔데룬 학교)에서 교육받은 인재들을 채용하면서 메드레세는 차츰 밀려나게 되었다.

고위관료를 배출한 궁정학교

궁정saray(사라이) 안의 '엔데룬 학교'는 무라드 2세 때 설립되었다. '엔데룬'은 외부에 노출되지 않는 '내부'에 있는 시설이라는 의미이다. 엔데룬 학교는 영토가 확대되면서 국가가 필요한 인력을 공급하기 위한 특수목적으로 설립된 학교였다. 즉, 군사와 행정 분야에서 능력 있는 인재를 양성하기 위한 것이었다. 외모와 신체조건, 재능이 선발의 중요한 조건이었고 교육생들의 재능과 소질을 전제로 해서 운영된 점에서 엔데룬 학교는 영재 교육기관이었다. 데브쉬르메로 선발된 기독교 가정의 장정을 교육하였다. 이들은 이스탄불과 에디르네에 있는 크고 작은 궁전에서 교육을 받았다. 오스만 제국의 궁전은 술탄이 거주하는 톱카프 궁전이 대표적이긴 하지만, 그 외에도 에디르네 사라이, 갈라타 사라이, 이브라힘 파샤 사라이, 이스켄데르 사라이, 베이올루 사라이 등에서 데브쉬르메 장정들이 분산되어 교육을 받았다. 데브쉬르메 제도로 선발된 장정은 신병교육 부대에서 교육을 받은 후 일부는 예니체리 부대에 배치되었다. 신병교육을 우수하게 수료한 훈련병은 궁정학교에서 교육을 받았다. 이를 통과하면 궁전 내 여러 보직을 거쳐 군사 부문에서 고위직이 되거나 행정 부문의 고위관료가 되었다.

엔데룬 학교는 인문과학, 철학, 예술 등의 분야를 교육하면서 전인교육을 목표로 하였다. 교육생(이치올란içoğlan)들은 우선 아랍어·터키어·페르시아어 등 3개 언어를 수료해야 하고, 수학과 지리학 같은 실증과학과 역사, 법학, 행정 같은 사회과학, 예술과 음악, 체육 훈련 등의 교육을 받았다. 엔데룬 학교의 교육생은 궁전 내 주방, 재무, 건설, 목공 같은 여러 시설에서 현장실습도 했다. 교육기간은 평균 12~14년이 걸렸다. 교육을 수료하지 못하는 경우 군부대로 배치되었다. 엔데룬 학교에서는 특히 예술 분야 교육도 중요시했다. 타브리즈, 사마르칸트나 서양에서 예술가들을 초청하여 강의하도록 하였다. 당시 예술은 책 제본이나 이슬람 서예, 세밀화 등이 대세였는데, 쉴레이만 1세 시대 세밀화의 대가 마트락츠 나수흐Matrakçı Nasuh도 엔데룬 학교에서 양성된 화가였다.[18]

장인과 예술가들의 도시 이스탄불

궁정의 공방과 예술가들

오스만 제국의 고전기(1300~1600) 예술은 궁정의 보호 아래 발전했다. 톱카프 궁전에 설립된 '에흘리 히레프Ehl-i Hiref'[19]가 고전기 예술의 본산지였다. '에흘리 히레프'는 예술가 장인들을 의미하는 아랍어이다. 수공예가·예술인 공방이 에흘리 히레프였다. 술탄의 궁전이 예술의 생산지이자 연구소였다. 이름난 수공예가나 예술인은 술탄이 원정을 나갔을 때 현지에서 데려오거나, 데브쉬르메로 선발되어 신병 교육대에서 교육받은 자원 중에서 선발하였다. 에흘리 히레프는 책 제본 공방, 화가 공방, 수공예 공방 등 세 개 공방으로 구성되었다. 최초의 공방은 바예지드 2세 때 설립되었으나, 체계적으로 갖춰진 것은 메흐메드 2세 때였다.

셀림 1세는 1514년 찰드란 원정 때 타브리즈에서 책 제본가, 서예가, 금박공예가, 화가 등을 이스탄불로 데려왔다. 맘루크 원정 때인

쉴레이만 1세의 나히체반 원정 승리(1554)를 묘사한 세밀화

쉴레이만 1세 시대에 쉴레이만의 공적을 기린 《쉴레이만나메*Süleymannâme*》(쉴레이만의 책)라는
책이 만들어졌는데, 이는 오스만 왕조 최초의 공식 기록이라는 평가를 받는다. 궁정 사가인 아리피가
쓰고 궁정 화가 나카쉬 오스만이 책 안의 내용을 쉽게 이해할 수 있는 삽화(세밀화)를 그렸다.
《쉴레이만나메》는 1520~55년까지의 역사적 사실을 기록했고 69장의 세밀화가 삽입되어 있다.

할릴 이날즉 & 귄셀 렌다 (편저, 2002), 《오스만의 문명 2*Ottoman Civilization 2*》, 터키문화부, p.898.
TSM H1517, fol. 592r.

1516~17년에는 1백여 명이 넘는 장인과 그 가족들이 이스탄불로 이주했다.[20] 셀림 1세가 페르시아의 예술가들을 궁전에 데려온 것은 오스만 제국의 예술 발전사에 획기적인 전환점이 되었다. 타브리즈에서 데려온 예술가들은 화가 공방 '나카쉬하네Nakkaşhane'에서 일하던 화가들이었다. 당시 이스탄불 궁전에는 호라산 출신의 화가가 있었는데, 타브리즈 화가들은 톱카프 궁전에서 다시 교육받고 오스만풍의 세밀화를 그려냈다.[21] 궁전의 공방에는 화가, 디자이너, 서예가, 제본가, 필사본 채식사, 금 세공사 외에도 칼, 타일, 활과 화살, 카펫, 직물, 모피, 악기, 자기 등을 만드는 장인들이 일했다. 전성기인 16세기에 궁정에서 일하는 장인과 예술가는 600~900명에 이르렀다.

16세기 이슬람의 서예·책 제본·세밀화는 세 가지가 하나의 몸처럼 서로 연결되어 있었다. 터키인들의 세밀화 전통은 위구르 시대까지 거슬러 올라가지만, 12세기 셀주크 제국 시대에 바그다드에 세밀화 화가들이 있었기 때문에 이어진 것이다. 오스만 제국에서 세밀화는 16세기에 절정을 이루었다.[22] 메흐메드 2세가 이탈리아 화가들을 통해 자신의 초상화를 그리게 한 후, 궁정의 세밀화 화가들은 술탄의 초상화에 관심을 보이게 되었다. 이 시기에 오스만 제국에서는 역사 저술이 경쟁적으로 일어났고, 술탄들도 그림을 통해 자신의 업적을 기리려 하였다. 그 모델은 페르시아의 '피르다우시Ferdowsi(940~1020)'가 페르시아 왕들의 영웅담을 쓴 《샤흐나메Şahname》(왕의 서)였다. 오스만 궁전에서는 술탄을 영웅으로 그리는 것보다는 술탄의 원정, 외국사절 접견 같은 의전행사, 세자의 할례의식이나 결혼식 등 실제 있었던 일들을 사실적으로 묘사하였다. 《샤흐나메》 발간에는 사건의 내용을 보조적으로 설명하기 위해 삽화 형식의 세밀화가 필요했고, 책을 아름답게 만들기 위한 서예와 제본 기술이 동원되었다. 16세기 술탄의 활동은 사실적인 세밀화가 삽입된 《샤흐나메》에 실려 있다.

15세기 부르사는 실크(비단)와 직물의 주요 생산지였다. 오스만 제국의 주요 물산인 실크와 직물은 이탈리아, 프랑스 등 유럽에 수출되었고, 유럽인들은 오스만인들이 직물에 장식한 디자인을 모방하였다. 오스만 직물에 장식되는 디자인은 석류, 장미, 백합, 히아신스, 아티초크 같은 식물이었고, 디자인은 대부분 세밀화 화가들이 그렸다. 술탄은 부르사와 이스탄불에서 생산되는 직물을 유럽, 러시아, 아랍의 귀족들에게 선물로 주었다. 오스만 제국의 궁전에서 사용하는 직물 원단에는 깃털 나뭇잎 모양의 패턴이 유행했다. 이 패턴을 그리는 갈대 펜을 사즈saz라고 하는데, 깃털 나뭇잎 모양의 패턴도 '사즈'라고 불렀다. '사즈' 패턴은 직물, 도자기, 책 제본, 건축 등 거의 모든 장식에 사용되었다. 최상의 직물로 아름답고 정교하게 만들어진 궁정 여성의 의상은 심미감을 느끼게 하였다. 결혼, 할례, 바이람 등 궁정행사는 가장 훌륭한 의상 전시회였다. 궁전의 화려한 의상과 장식은 17~18세기 유럽 화가들의 회화에 단골 소재로 등장했다. 카펫도 마찬가지였다. 카펫은 15세기부터 유럽에 수출되었다. 르네상스 시대의 화가 한스 홀바인의 작품 〈대사들〉(1533), 로렌조 로토의 〈성 안토니의 구호금〉(1542)에는 터키산 카펫이 배치되었다.

천재 건축가 미마르 시난

오스만 제국의 수도인 이스탄불은 메흐메드 2세 때부터 기념비적인 건축물이 들어서 종교와 문화의 중심지로 변신하면서 '오스만 제국의 건축 시대'를 열었다. 바예지드 2세 시대인 15세기 말부터 쉴레이만 1세 시대인 16세기 말까지의 기간은 오스만 제국 건축의 고전기였다. 고전 classic은 최고 수준을 의미한다. 고전기 건축의 전성기는 쉴레이만 1세 때였다. 고전기에는 이슬람 종교시설인 모스크를 중심으로 메드레세, 병원, 공중목욕탕, 빈민 급식소, 도서관, 한(숙소), 시장, 영묘 등 사회 공익시설이 함께 들어서는 복합단지 형태의 '퀼리예'가 조성되기 시작했다. 퀼리예를 구성하는 시설들은 사회·문화·종교·교육의 기능을 수행하였고, 대형 퀼리예가 도심과 도심 외곽에 들어서자 마을과 마을이 연결되면서 도시도 지속해서 확장되었다. 에디르네, 아마스야, 이스탄불 등 제국 내 주요 도시에 세워진 퀼리예는 도시 건축의 웅장함과 거대함을 보여주었다. 특히 쉴레이만 1세 시대에는 제국의 위상을 표현하는 많은 건축물이 세워졌다. 쉴레이만 1세는 건축가 '미마르 시난 (1490~1588)'을 전적으로 신임하여 그에게 모스크, 메드레세 등 주요 건축물을 세우도록 하였다. 쉴레이만 1세 시대의 건축물은 거의 '미마르 시난'이 세운 것이다. 오스만 고전기를 '미마르 시난 시대'로 부를 만큼 시난의 작품은 곳곳에 들어섰다. 이스탄불 도시의 실루엣을 만든 사람은 술탄 쉴레이만 1세와 건축가 시난이었다.

오스만 제국 고전기 건축의 명장인 시난은 1490년경 카이세리에서 아르메니아 기독교 가정에서 태어났다. 그는 20세 무렵 데브쉬르메로 선발되어 이슬람으로 개종한 후 이스탄불에서 교육을 받고 예니체리 부대에 배치되어 기병으로 근무했다. 시난은 쉴레이만 1세가 이끈 원정에도 다섯 번이나 참여했다. 1538년 몰다비아 원정 시 프루트강에서 13일 만에 다리를 만들어 승리하는 전공을 세웠다. 같은 해 시난은

궁정 수석건축가로 임명되었다. 시난은 1539년에 휘렘 술탄을 위해 이
스탄불에 퀼리예를 세웠다. 이를 시작으로 16세기 말까지 오스만 건축
의 명장으로 활동한 시난은 다양한 설계와 공학으로 당대 최고의 건축
물을 만들어 오스만 제국이 부국강병을 한 문화 제국임을 보여주었다.
시난은 쉴레이만 1세를 이은 셀림 2세(1566~74)와 무라드 3세(1574~
95) 때에도 건축가로 활동했다. 그가 장인 시기에 에디르네에 건축한
셀리미예Selimiye 모스크는 제국의 위대함을 하늘로 치솟는 첨탑 미나
레트로 표현했다. 시난은 셀리미예 모스크를 셀림 2세를 위해 건축했

이스탄불 광역시 (2007), 《영원한 이스탄불Ageless Istanbul》, 이스탄불 광역시 출판부. p.28. 로리우Lorieux 1782~1822.

으나 완공되기 직전인 98세로 세상을 떠났다. 그는 380여 개가 넘는 건축물을 남겼다.

　오스만 제국의 고전기 건축은 터키인들의 전통 공법과 비잔티움 건축의 대표작인 성소피아교회의 건축방식을 융합한 방식이 사용되었다. 오스만 건축, 특히 모스크의 특징은 중앙에 큰 돔을 세우고 작은 돔(4, 6 또는 8개)으로 중앙 돔을 보조하여 건축적인 미가 돋보이도록 하였다. 시난의 돔 구조 중 '쉴레이마니예 퀼리예'가 가장 아름다운 건축물로 꼽힌다. 외관상으로는 성소피아교회와 흡사해 보인다. 비잔티움의 성소피아교회와 오스만 제국의 모스크의 차이는 내부 공간에 있다. 성소피아교회는 그리스 바실리카 형식으로 신도석nave과 복도aisle를 구분하는 열주가 있다. 그러나 시난은 단체로 엎드려 예배하는 신도를 위해 열주 없이 내부에 넓고 큰 공간을 만들었다. 모스크 안의 설치물은 한 벽면에 움푹 들어가게 만든 벽감niche 형식의 메카 방향을 표시하는 '미흐랍mihrab'과 이맘이 설교하는 계단 형식의 '민바르minbar'뿐이다. 이슬람은 우상숭배를 금하기 때문에 내부에 다른 설치물을 둘 수가 없기 때문이다.

강한 정부 강한 군사력의 세계 제국

봉건제도와 대척점인 통치체제

오스만 제국은 7대 술탄인 메흐메드 2세의 콘스탄티노플 정복에 이어 10대 술탄 쉴레이만 대제에 이르러 최전성기를 구가했다. 오스만 제국은 16세기에 말 그대로 세계 제국이 되었다. 이 시기에 제국의 근본 규범이 될 정부조직과 행정체제를 갖추었다. 오스만 제국이 발칸으로 영토를 확장하며 제국의 전성기를 이루게 한 중추적인 요인은 관료제를 기본으로 한 중앙집권적 통치체제였다. 오스만 제국의 중앙집권 통치체제는 유럽의 봉건제도와는 대척점에 있었다. 유럽의 봉건제도는 왕과 신하 사이에 봉토를 기반으로 주종관계 계약을 맺고, 왕은 영주와 권한을 나누어 가졌다. 영주는 자체적으로 기사를 양성하고 재판권까지 가지며 농민들에게 토지를 경작하게 하여 각종 세금을 부과하였다. 유럽의 봉건사회는 9세기부터 르네상스와 더불어 유럽 사회에서 세속화 과정이 시작된 15세기 말까지 계속되었다.

그러나 오스만 제국은 건국 초기부터 술탄을 정점으로 한 중앙집권 정치체제였다. 유럽의 영주나 오스만 제국의 시파히는 토지를 가지고 국가와 계약되었다는 점은 같으나, 오스만 제국에서 시파히는 유럽의 영주처럼 힘을 가진 지방 군주가 아니었다. 지방 군대를 양성하는 시파히는 중앙정부가 임명한 공무원이었고 자신이 태어나 성장한 곳과는 다른 곳에서 일했다. 사법권도 중앙정부가 파견한 판관에 있었고, 입법권은 중앙정부만이 가질 수 있었다. 판관이나 시파히 활동 모두 중앙정부의 통제를 받았다. 콘스탄티노플 정복 이후 자신을 로마 제국의 황제와 같이 생각한 메흐메드 2세는 정치·군사·사법 면에서 모든 권한을 가진 군주가 되려고 하였다. 메흐메드 2세는 법령을 통해 절대적인 지배권을 가진 술탄을 정부조직의 정상에 두고 계급제에 입각한 관료제도 확립으로 중앙집권적인 계층구조를 확립하였다. 메흐메드 2세의 중앙집권체제는 쉴레이만 1세 시대에 강화되어 술탄은 활발한 정복활동을 펼 수 있었다.

오스만 제국 고전기의 성공 비결은 모든 권한이 최고 통치자에게 집중하는 통치체제가 중앙과 지방, 전국에 걸쳐 통일적으로 시행된 것에서 찾을 수 있다. 오스만 제국의 중앙집권적 통치를 가능하게 만든 정책은 '티마르 제도'와 '쿨 제도'이다. 토지제도인 티마르 제도는 중앙정부의 군사, 정치, 사회, 경제적 요소를 두루 포함하고 있는 토지를 매개로 한 군사제도면서 세금제도였다. 티마르 제도로 중앙정부는 '시파히'라는 토지 소유자에게 토지 운영권을 주었고, 시파히는 거둔 세금을 기병 양성에 사용하면서 전시가 되면 필요한 기병을 중앙정부에 제공하였다. 티마르 제도는 중앙정부가 해야 할 기병 양성과 조세징수 문제를 해결해주었다. 오직 술탄의 칙령과 법령으로 티마르 제도가 시행되었고, 한번 임명된 '시파히'는 법이 정하는 사정 외에는 마음대로 그 직을 포기할 수 없었다. 이렇게 하여 티마르 제도가 흔들림 없이 시행된 것이 군사력의 원천이 되었다. 원정과 전투가 일상이던 시대에 티마르 제도는 유용하고 효과적으로 운영되었다.

또한, 제국의 영토가 확장되면서 강한 정부와 강한 군사력이 요구되었다. 오스만 제국은 기독교인들을 정부조직에 고용하는 제도를 운용했다. 노예제도로 해석되는 쿨 제도가 그것인데, 기독교 가정의 장정을 선발하여 군사와 행정 인력을 양성한 제도가 '데브쉬르메'였다. 발칸 지역의 기독교 가정에서 선발된 청소년은 철저한 이슬람 개종과정을 마치고 엄격한 교육과 훈련을 통해 오스만 군부의 중심인 예니체리가 되거나 행정관료가 되었다. 데브쉬르메 제도가 오스만 제국의 사회, 정치, 군사 면에서 끼친 영향은 실로 막강했다. 데브쉬르메 제도는 일종의 '청소년 공물child levy' 제도인데, 이를 통해 최고 통치자 술탄에게 조건 없이 충성하는 군사와 행정관료가 양성되었다. 이로써 오스만 제국은 로마 제국이나 비잔티움 제국처럼 관료집단이 거대한 권력기구 역할을 한 관료 제국이 되었다. 데브쉬르메로 선발된 예니체리 병사들은 강한 무사정신으로 전쟁에 임했다. 중앙정부 조직은 데브쉬르메 출신 관료가 배치되어 강화되었고, 지방조직은 티마르 제도가 효율적으로 운영되어 고전기 정복사업은 매우 성공적으로 수행되었다. 강한 정부는 강한 군사력으로 밑받침되었다.

정점에 이른 예술과 문화

오스만 제국은 건국 초기부터 서쪽으로는 유럽을, 동쪽으로는 이슬람 문명 세계인 중동과 아라비아 지역을 향한 영토 확장사업을 부단히 추진했다. 이와 더불어 제국의 수도인 이스탄불을 이슬람 세계를 대표하는 국제도시로 변화시키는 건축사업을 선도적으로 진행했다. 건축과 예술 분야의 후원자는 메흐메드 2세와 쉴레이만 1세였다. 그들 사이에 있는 셀림 1세는 이슬람의 성지 메카, 메디나와 이집트 맘루크를 정복하여 페르시아와 아랍 예술인들을 오스만 궁전에 대거 입궁시켜 예술 발전에 큰 도움이 되었다.

메흐메드 2세와 쉴레이만 1세 시대에 오스만의 건축과 예술은 전통 튀르크, 페르시아, 이슬람, 아랍, 비잔틴 문화가 혼합되어 오스만 특유의 방식으로 발전되었다. 오스만 제국의 문화·예술적 언어들도 대부분 이때 창조되었다. 쉴레이만 1세 시대에 오스만의 예술과 문화는 정점에 이르렀다. 이스탄불, 이즈니크, 부르사, 카이로, 바그다드 같은 제국 내 주요 도시들은 상업 중심지이자 문화 중심지가 되었다. 이들 도시에서는 건축과 함께 직물, 세라믹(도기), 비단, 카펫, 책 제본, 세밀화 등 다양한 분야의 예술이 꽃을 피웠다. 오스만 제국의 건축과 예술 후원자인 메흐메드 2세와 쉴레이만 1세는 비잔티움 시대에 콘스탄티노플을 제국의 수도로 새롭게 탄생시킨 콘스탄티누스 1세와 비잔티움 제국의 최고의 걸작품인 성소피아교회를 건축한 유스티니아누스 1세와 각각 비견된다.

유럽의 맹주

메흐메드 2세의 1453년 콘스탄티노플 정복 이후, 오스만 제국과 서유럽의 관계도 이전과는 다른 차원에서 발전되었다. 메흐메드 2세가 천명한 것처럼 오스만 제국의 술탄은 세계를 지배한 술탄이었기 때문에 오스만 제국이 다른 유럽 국가와 맺은 조약은 술탄의 칙령이나 마찬가지였다. 오스만 제국은 유럽 국가들과 양자 형식으로 '카피툴레이션 capitulation'이라는 조약을 체결하였다.[23] '카피툴레이션'은 군사적 용어로 항복문서라는 뜻이지만, 양자 조약의 '카피툴레이션'은 항복과는 무관하다. 양자 조약은 오스만 제국의 술탄이 배려를 베푸는 시혜자 입장에서 만들어지고 체결되었다. 술탄이 바뀌면 상황에 따라 조문이 개정되거나 연장되었다. 조문 개정이나 기존 조약의 연장 여부는 술탄의 일방적 결심에 달려있었다.

오스만 제국이 이전에 베네치아나 제노바 같은 이탈리아 도시국가들과 체결한 사례도 있지만, 1535년 프랑스 왕국과 맺은 양자 조약이 고전적인 사례로 꼽힌다. 이 조약은 쉴레이만 1세가 프랑스의 프랑수아 1세와 체결한 조약이다. 프랑스어로는 카피툴라시온capitulación, 터키어로는 아히드나메Ahidname라고 한다. 조약의 이름은 간단하나 내용을 들여다보면 매우 포괄적이다. 이 조약에 따르면, 오스만 제국에 거주하는 프랑스 왕국의 신민을 보장한다는 영사 조항, 프랑스 상인의 자유로운 상업교역 활동을 보장한다는 상업정책 조항, 그리고 특혜관세 조항과 치외법권적 조항이 있다. 한마디로 '카피툴라시온' 이름의 양자 조약은 오스만 제국의 술탄이 조약 당사국에 영사, 상업 면에서 특혜를 내려주는 것이었다.

오스만 제국이 프랑스에 영사, 상업적 특권을 부여하자 유럽의 다른 나라들도 프랑스처럼 오스만 제국 술탄으로부터 특권을 얻으려고 하였다. 프랑스와의 조약 체결이 알려지자 프랑스와 경쟁관계에 있던 영국의 엘리자베스 여왕도 무라드 3세(1574~95) 때 술탄에게 오르간형 대형시계를 선물하며 조약 체결을 희망했다. 프랑스의 반대로 바로 체결되지 않았지만 1583년에 영국은 오스만 제국과 조약 체결에 성공하였다. 영국은 자국기를 게양한 상선이 레반트 지역에서 자유롭게 상업 활동을 할 수 있도록 허가받았고, 엘리자베스 여왕은 윌리엄 헤어본을 이스탄불에 주재하는 대사로 파견하였다. 오스만 제국은 1609년에는 네덜란드, 1615년에는 오스트리아와 이 조약을 체결하였다. 다른 나라와의 조약 체결도 계속 이어졌다. 유럽의 체결 당사국들은 조약의 유효 기간이 끝나면 연장을 따내기 위해 자구적 외교 전략을 구사해야만 했다. 불행하게도 남발된 카피툴레이션 조약은 오스만 제국이 쇠퇴기에 들어가면서 제국의 경제를 침몰시키는 악재가 되었다.

4
격랑의 시대
1600~1700

위기의 17세기

예전 같지 않은 통치자

오스만 제국의 17세기에는 13대 메흐메드 3세(1595~1603)부터 22대 무스타파 2세(1695~1703)까지 10명의 술탄이 집권하였다. 카누니 쉴레이만이 이룩한 영광의 여운이 채 가시기도 전에 위기의 전조 현상이 나타나기 시작했다. 메흐메드 3세가 즉위하자마자 예니체리가 봉급 인상을 요구하며 시위를 일으켰다. 예니체리는 술탄이 교체될 때 반란을 일으키면 '이익'이 돌아온다는 걸 안 지 오래다. 남의 말을 잘 듣고 의지가 약한 술탄은 예니체리 요구를 들어주었다. 메흐메드 3세 시기에 오스만 제국 역사상 처음으로 인플레 현상이 일어났다. 화폐가치는 하락하고 물가가 올랐다. 오스만 사회에서 커피와 흡연이 만연하기 시작한 것도 이즈음이었다.

그러자 그동안 누적되어온 사회 불만이 쏟아졌고, 곳곳에서 반란이 일어났다. 농민들의 반란은 무라드 3세(12대), 메흐메드 3세(13대), 아흐메드 1세(14대) 시기에 집중적으로 발생하였다. 쉴레이만 대제가 만든 영광과 화려함 뒤에 숨어있던 사회 부조리가 한꺼번에 표출되기 시작했다. 소빙기Little Ice Age의 영향으로 인한 한파, 기근과 질병으로 오스만 제국은 군사·경제 면에서 위기의 징조가 나타났다. 술탄의 능력과 자질도 예전 같지 않았다. 오스만 제국의 위기는 술탄 가문(왕실)에서도 발생했다. 전사들을 이끌고 동·서로 진군하던 술탄의 모습을 뒷전으로 물린 통치자는 셀림 2세(1566~74)였다. 그는 아버지(쉴레이만 1세)와 할아버지(셀림 1세)의 이름을 무색하게 만들었다. 셀림 2세는 식탐이 있는 비만한 체격에 술에 탐닉하는 쾌락주의자였다.[1] 그는 이슬람에서 금지한 술을 너무 좋아해 '술주정뱅이 셀림(사르호쉬 셀림Sarhoş Selim)'이라는 악명을 얻었고 궁정 안에서 향락을 즐겼다. 그는 전장에 한 번도 출정하지 않은 최초의 술탄이라는 기록을 남겼다.

1603년부터 1648년까지 즉위한 6명의 술탄 중 4명이 어린 나이에 즉위하였다. 17세기를 연 아흐메드 1세는 14세에 지방에서 행정 경험을 쌓지 못한 채 술탄이 되었다. 15대 무스타파 1세(1617~18, 1622~23)는 1년 반이라는 짧은 기간에 두 차례 즉위하였으나 정신질환으로 폐위되었다. 현실 판단력이 떨어진 정신 수준과 이상한 행동으로 그에게는 '델리deli(미친) 술탄'이라는 별명이 붙었다. 그가 두 차례나 즉위하는 바람에 국고가 많이 소진되었다. 17대 무라드 4세도 11세에 술탄이 되었다. 국정은 황모皇母와 대재상이 해결했다. 예니체리는 술탄의 관료들을 처형하라고 반란을 일으켰고, 관료들의 뇌물수수와 부정행위가 만연했다. 18대 이브라힘(1640~48)도 국정에서는 거의 손을 떼고 하렘에서 보내는 시간이 많았고, 심각한 신경쇠약 증상으로 그 역시 미친(델리) 술탄이라는 별명을 얻었다. 19대 메흐메드 4세도 불과 6

세에 술탄이 되었다. 당연히 술탄의 어머니인 황모 쾨셈이 수렴청정을 했다. 말타기를 좋아해 몸이 앞으로 약간 기울어진 메흐메드 4세는 사냥을 좋아하여 '사냥꾼 메흐메드Avcı Mehmed'라는 별명을 얻었다.

새장에 갇힌 왕자들

17세기가 개막하면서 아흐메드 1세(1603∼17)가 새로운 승계 원칙을 공표하였다. 그는 세계질서를 위한 형제살해법을 철폐하고 오스만 왕족 중 온전한 정신 상태의 연장자가 술탄을 승계하도록 하였다. 그가 형제살해법을 철폐하게 된 배경은 그의 아버지 때문이다. 아흐메드의 아버지 메흐메드 3세는 즉위하자마자 19명의 형제를 교살했다. 메흐메드 3세의 형제 살해는 장례식에 참석한 조정의 관리뿐만 아니라 외교사절에게도 정신적인 충격과 슬픔을 안겼다. 메흐메드 2세 이후 150년간 시행된 형제 살해에 대한 비판의 목소리도 높아진 상태였다. 아흐메드 1세가 형제살해법을 폐지한 것은 오스만 역사에서 큰 전환점을 가져오는 중요한 결단이었다. 이런 결정을 내린 아흐메드 1세에게는 현실적인 문제가 있었다. 어린 나이인 아흐메드에게는 향후 아들을 두게 될지도 미지수이고, 또 남자 형제라곤 무스타파밖에 없는 상태였다. 그러니 오스만가의 존속을 위해 형제 둘이 살아남아야 하는 것이 절실한 상황이 되었다. 아흐메드 1세의 유일한 동생인 무스타파는 새로운 술탄 승계법에 따라 살아남게 되었다.

형제 살해 관행을 없애고 연장자 승계제도가 생기면서 술탄의 형제들은 궁전의 별실에서만 기거하게 되었다. 가택연금의 '카페스kafes 제도'가 생겼기 때문이었다. 카페스는 '새장cage'이라는 뜻으로 마치 사람을 새장에 가두어놓는 것 같다는 데서 비롯되었다. 높은 벽의 창문을 통해 골든혼(금각만)과 보스포루스 해협이 바라보이는 '새장'에서 형제들은 격리된 채 목숨을 부지할 수 있게 되었다. 그러나 가택연금 조치로 생긴 부작용은 이후 오스만 제국을 통치할 술탄의 '통치능력'을 현저하게 떨어뜨렸다. 무엇보다도 가택연금의 카페스 제도로 세자들이 행정 경험을 쌓기 위해 지방 군수로 파견되던 제도가 폐지되었다. 가택연금 상태에서 교육을 받을 기회도 주어지지 않았다. 통치자의 정치적 능력을 기르는 행정실무 경험과 교육의 부재는 술탄의 식견과 소통능력은 물론 통치기술과 행정능력을 급속하게 떨어지게 했다.

이전의 지방 파견 제도로 세자들은 가족을 가질 수 있었고, 언제라도 살해될 수 있다는 죽음의 공포는 있었지만, 술탄이 될 수 있다는 희망으로 살아갈 수 있었다. 그러나 카페스 제도 시행 이후에는 술탄으로 즉위하기 전에는 가족과 아들을 갖는 것이 금지되었다. '새장'에 갇히면 노예 출신의 시녀(자리예cariye)가 세자의 시중을 들었다. 세자로서 카페스에 있는 한 후손을 보는 것은 철저하게 금지되었다. '새장'의 세자들은 오랜 격리생활로 우울감, 불안장애, 죽음의 공포 등으로 심각한 심리적 고통과 좌절을 겪었다. 델리(미친) 술탄이라는 별명이 있는 이브라힘은 24세에 즉위하였으나 2년을 제외하고는 어린 시절과 청년 시절을 모두 카페스에서 보냈다. 어린 나이의 고독한 격리생활로 생긴 정신질환으로 국정을 제대로 수행할 수 없었다. 국정은 황모 쾨셈과 대재상 카라 무스타파 파샤가 처리했다.

대항해 시대, 변화에 뒤처지다

유럽의 중상주의 경쟁

17세기 들어 오스만 제국의 경제구조와 상황은 서유럽과 정반대였다. 이러한 환경은 19세기까지 계속되었다. 14세기까지 유럽은 중세의 어두움에서 벗어나지 못하고 있었다. 그러나 15세기 이래 그리스·로마 고전을 부활시키고 인간 중심의 인문주의를 확산시켜 문예부흥을 일으키면서 변화가 시작되었다. 그리고 신항로 개척과 신대륙 발견 이후 유럽은 대항해 시대를 맞아 크게 변화하였다. 16세기 유럽사회는 봉건체제에서 자본주의체제로 변화하였고, 중앙집권화된 절대군주가 등장하여 경제는 급속도로 성장하였다. 유럽은 대서양에서 아메리카 대륙의 물산을 들여왔고, 지중해를 장악한 오스만 제국이 동방무역을 방해하자 인도로 향하는 무역로를 개척했다.

17세기 유럽에서는 새로운 경제이론으로 중상주의가 전성기를 누렸다. 서유럽 각국은 무역을 통해서 자본과 금·은 같은 귀금속을 축적하여 부유한 나라가 되기 위해 열띤 경쟁을 벌였다. 새로운 항로나 새로운 시장을 개척하고 원자재를 들여올 식민시장을 찾아나섰다. 영국, 네덜란드, 프랑스 등이 인도에 동인도회사를 설치하고 동남아시아의 무역을 서로 독점하려 경쟁하였다. 프랑스의 콜베르 재무총감도 중상주의에 앞장서고, 레반트 지역에서 영국 상인들보다 더 수익을 올리도록 상인들을 독려했다. 유럽은 중상주의 정책으로 경제발전과 부를 축적하면서 오스만 제국의 풍부한 농산물과 광물, 직물 같은 원자재 수입에 열을 올렸다.

속수무책 무너지는 무역망

유럽의 엄청난 변화 속에 오스만 제국은 세계 경제체제에 통합되어야 하는 시기가 도래했다. 해양기술 발달로 대항해 시대를 맞아 유럽인들이 세계 곳곳을 다니며 무역을 하게 되었는데, 오스만 제국에는 이것이 불운이자 재앙이었다. 16세기 이전만 해도 오스만 제국은 향신료 판매 거점이었다. 아시아산 향신료가 지중해를 지나 이집트나 아라비아반도를 거쳐 오스만 제국에 들어왔고, 중국과 연결된 실크로드도 오스만 제국과 연결되는 향신료 판매로였다. 사실상 세계무역을 독점했던 오스만 제국은 그 자리를 유럽인들에게 내주어야 했다. 국제 물류의 공급 사슬supply chain에 대변혁이 일어났고 아프리카, 아메리카와 유럽을 연결하는 삼각무역triangular trade이라는 거대한 무역망을 통해 나라 곳간을 불리는 유럽 앞에 오스만 제국은 속수무책이었다.

중상주의를 표방한 유럽은 세계시장에서 국제무역을 통해 부를 축적하고 있었으나, 오스만 제국은 농업과 토지를 근간으로 한 자급자족 경제에 의존하고 있었다. 유럽의 중상주의를 이끈 주체는 상인과 생산자인데, 중앙조정이 모든 경제활동을 통제하는 오스만 제국의 경제체제에서 상인이나 생산자가 경제주체로 변신하는 것은 구조상 쉽지 않았다. 향신료, 사치품 무역에 중계자 역할을 하며 경제적 부를 누렸던 오스만 제국의 역할은 전과는 달라졌다. 대항해 시대를 주도하면서 서유럽은 빠르게 발전하였다. 이에 반해 오스만 중앙정부는 외부 환경에 따라 국내질서가 변화하지 않고 현상유지status quo되는 것만이 패권국가로 남는 길이라는 강력한 국가철학을 유지했다.

에스파냐가 남미에서 채굴한 은을 유럽에 유입시키자, 그것은 다시 오스만 제국의 영역으로 유입되었다. 막대한 은 유입으로 유럽에서 가격혁명이 일어난 것처럼, 오스만 제국에서도 장거리 무역을 통한 통화량 급증으로 물가가 상승하고 높은 인플레 현상이 일어났다. 시장에서 유동성이 증가하자, 오스만 조정은 통화량을 줄이기 위해 은화의 함량을 줄였다. 1585년경에 이르러 오스만 은화(악체)는 베네치아 금화 두 카트 대비 100퍼센트 평가절하되었고 은화의 은 함량도 44퍼센트나 줄어들게 되었다.[2] 유럽의 인도항로 개척의 영향으로 무역수지가 격감하면서 재정 위기가 폭발하였다.

그러자 오스만 제국의 조정은 재정 위기를 타파하기 위해 농민들로부터 세금을 더 거둬들였다. 세수를 늘리기 위해 인구(남자만 해당) 및 납세 의무자를 조사해 세금 징수 의무자 장부tahrir를 만들어 가구당 재산세avariz vergisi를 내도록 했다. 1년에 한 번 현금으로 내는 재산세는 17세기 오스만 정부의 중요한 세원이었다. 오스만 제국의 경제침체는 16세기 말부터 티마르 제도의 붕괴와 영토 확장의 정체로 중앙정부의 세수액과 술탄의 국고가 감소하면서 시작되었다. 중앙정부는 17세기 중반 이래 만성적인 재정적자로 국정 운영에 어려움을 겪게 되었고, 세금 징수를 위한 조치로 농민의 세금 부담은 갈수록 커졌다.

국가재정이 악화하는 가운데 중앙 상비군(카프쿨루kapıkulu) 중 핵심 부대인 예니체리는 기회가 있을 때마다 봉급 인상을 요구했다. 오스만 조정은 봉급 인상을 해주면서 은의 함량이 줄어든 은화를 지급했다. 이를 알아챈 예니체리는 자신들이 '손해 본' 봉급을 벌충하겠다며 온갖 불법을 자행했다. 더구나 17세기에 늘어난 인구는 국가 상황을 더 어렵게 만들었다. 오스만 제국에서 최초의 인구조사는 1831년에 있었기 때문에 그 이전의 제국 내 총인구는 정확한 기록이 남아있지 않으나, 17세기 말 인구는 100년 전보다 두 배 이상 증가한 3천만 명이 되었다. 인구가 증가한 만큼 농업 생산은 일어나지 않았고, 재정이 어려운데도 상비군과 공무원의 수는 계속 늘어만 갔다.

긴 전쟁과 반란, 위기의 사회

오스만 제국은 인력과 물자, 자본 등의 물자 수급과 사회의 모든 경제 활동이 전시경제체제로 가동되었다. 그러나 16~17세기에 이르러 유럽이 군사적으로 점차 강해지면서 전쟁이 줄어들고 전리품 수입도 줄어 이에 상당한 차질이 빚어졌다. 그러다가도 전쟁이 일어나면 승전을 위해 정부의 지출이 확대되고 막대한 유동성을 필요로 하였다. 이에 중앙과 지방 관리들은 농민들에게 과중한 세금을 부과하였다. 희생을 요구하는 전시경제체제에서 파격적인 병력자원 동원과 농민에게 부과되는 가혹한 세금 징수는 사회적 갈등과 불만을 고조시켰고 민심 이반을 불러왔다.

　오스만 제국은 동부 전선에서 페르시아의 사파비 왕조와 1578년부터 1639년까지 긴 전쟁을 치렀다. 동시에 오스트리아 합스부르크 왕가와도 1593년부터 1606년까지 전쟁을 치렀다. 사파비 왕조와는 60여 년 사이 네 차례의 큰 전쟁을 치렀지만, 어느 쪽도 상대방을 완전히 제압하지 못했다. 오스만 제국은 1639년 5월 17일 사파비 왕조와 '카스르쉬린 조약'을 맺어 전쟁을 종식했다. 현재 터키와 이란 간의 국경은 이 협정에 의한 국경선으로 유지되고 있다. 오스만 제국은 오스트리아 합스부르크 왕가와 전쟁을 하면서 오스만 군대의 취약함을 그대로 노출시켰다. 티마르 제도로 양성되고 활과 방패를 사용하는 오스만의 기병대는 총검으로 무장한 오스트리아 군대를 이길 수 없었다.

　오스트리아와의 전쟁과 아나톨리아의 반란시위대에 지친 오스만 제국은 1606년 11월 11일 오스트리아와 '지트바토로크 조약'을 체결해야만 했다. 17개 조문의 지트바토로크 조약은 오스만 제국이 오스트리아에 대한 우위를 상실하게 된 최초의 조약이었다. 조문에 따르면, 두 나라 군주는 상대국의 군주에게 서신을 보낼 때 아들이 아버지에게, 아버지가 아들에게 쓰는 마음으로 써야 했다. 그리고 술탄은 오스트리아에 보내는 공식 서한에는 '왕'이라 하지 않고 '황제Kaiser'라고 명기해야 했다. 오스트리아는 1회에 한해 대사를 통해 20만 쿠루쉬[3]의 현금과 선물을 술탄에게 전하지만, 오스트리아가 헝가리 영토 일부를 갖는 대가로 오스만 제국에 바치는 연간 3만 두카트의 세금은 폐지되었다.[4] 오스만 제국은 숙적인 오스트리아의 군주를 '황제'로 인정해야만 했다. 반정부 시위로 무정부 상태에 이른 오스만 조정으로서도 받아들

일 수밖에 없는 상황이었다.

오스만 조정은 사파비 왕조와 합스부르크 왕가와의 전쟁을 위해 정규 군대의 군인이 아닌 비정규 병력을 징집하였다. 사파비 왕조와 전쟁 때에는 튀르크, 타타르, 유목민 등을 전사로 동원하고 그들에게 티마르(봉토)를 주었다. 오스트리아와의 전쟁 때는 아나톨리아의 농부를 일당으로 고용하여 소총을 주고 참전시켰는데, 전쟁이 끝나고 고용 군인들을 거주지로 돌려보냈다. 이들은 명문화된 규칙과 절차에 따른 오스만 군대의 제도화된 모병방식으로 동원된 자원이 아니었다. 이와 같은 비정상적인 자원 동원과 동원 해제는 만성적인 경기 침체와 민생고에 빠진 민심을 자극했다. 여기에 궁정과 고위관료의 측근 등이 봉토를 받는 일이 빈번히 일어나고, 티마르 제도가 공정하게 운용되지 않은 것도 민심에 불을 붙였다. 티마르 제도가 제국의 군사, 경제, 사회적 요소와 서로 밀접하게 연결되어 있는 만큼, 이와 같은 일탈은 제국의 전 분야에 부정적 영향을 빠르게 확산시켰다.

중앙정부가 혼란한 사회질서를 수습할 통치력을 잃어가자, 아나톨리아 지방에서는 반란시위가 일어났다. '젤랄리 반란'이라고 불린 이 시위는 메흐메드 3세(1595~1603) 시기에 실업자들이 주동했다. 섹반 부대에서 병사로 일하다가 직업을 잃은 사람들, 국정에 불만을 가진 데브쉬르메 출신 병사들, 취업하지 못한 메드레세 학생들이 정부에 항의하는 시위였다. 거기에다 중앙조정에 불만을 가진 시파히 병사, 농지를 잃은 농민, 이단이라는 이유로 숙청 학살된 알레비 등도 가담했다. 오스만 조정은 반란시위대에 당근과 채찍을 번갈아 사용하며 진압하려 하였다. 반란시위대에 굴복하는 모습을 보인 중앙정부의 태도에 고무된 반란시위는 더욱 거세져 1603~10년에 아나톨리아 전 지역으로 번지게 되었다. 이 시기에 아나톨리아 내륙은 반란시위대의 무자비한 약탈과 살인으로 무정부 상태가 되었다. 아나톨리아에서 일어난 반정부 반란에 자극을 받아 예멘, 바그다드, 크림, 왈라키아와 몰다비아 등지에서도 오스만 조정에 반대하는 반란이 일어났다. 아나톨리아 도읍을 약탈하고 방화하는 반란시위는 다음 술탄 아흐메드 1세 때에도 계속되었다. 아나톨리아의 무정부 상태는 오스트리아 빈 공략에 실패한 1683년부터 1699년까지 한 차례 더 있었다.

적자에 허덕이는 국가 재정

예니체리 봉급 연체

쉴레이만 2세(1687~91)가 즉위하면서 당면한 과제는 예니체리에 술탄 즉위 하사금 지급과 상주군 병사들의 월급을 지급하는 것이었다. 국고가 고갈된 것이 문제였다. 1687년 이스탄불 조정은 예니체리 반란으로 무정부 상태가 되었다. 12월 13일 예니체리는 15개월간 연체된 봉급을 지급하라고 대재상을 압박했다. 조정은 보유하고 있는 금은 등 재물과 고위관리·상인으로부터 받은 '긴급 전쟁세imdad-ı seferiye' 등을 재원으로 일부 지급했으나, 봉급 연체 문제를 완전히 해결하지는 못했다. 재정이 부족하지만 일단 봉급 지급 문제를 해결하고 나서야 술탄 즉위 후 최초의 조정 내각회의를 개최할 수 있었다. 이에 만족하지 않은 예니체리는 조정에 반대하는 시위를 계속하였고, 반란군은 시야부쉬 대재상의 해임을 요구했다. 시야부쉬 대재상은 이를 거절했다. 예니체리와 조정의 대치 상태는 계속되었다. 하지만 이듬해인 1688년 3월 시야부쉬 대재상의 집무실은 시위대에 의해 점거되었고, 반란군과 맞서 싸운 대재상은 다음 날 살해되었다.

한편, 이스탄불 시장 상인들은 예니체리의 약탈로 생계에 위협을 받자 반란군들을 모두 처형해줄 것을 술탄에게 탄원했다. 이에 술탄은 셰이훌 이슬람으로부터 페트와를 받아 반란군을 처형하였다. 5개월 재임한 시야부쉬 대재상 후임으로 니샨즈 이스마일 파샤가 임명되었다. 하지만 재정 조치에 대한 조정 내 반대파들의 음모로 2개월 만에 해임되어 로도스섬으로 추방되었고, 후임으로 베크리 무스타파 파샤가 대재상으로 임명되었다. 이와 같은 대재상들의 빈번한 교체는 국정과 경제가 혼란한 때 '대재상' 직이 얼마나 험난한 자리인지를 보여준다.

17세기에 중앙조정의 세출은 급증하였다. 빈약한 재정 상황에도 제국의 '힘'을 지키기 위해서는 군비 지출이 필요했다. 오스만 제국의 '국가 경영'은 적자였다. 1687~88년 재정 상황은 세입 7억 35만 7천 악체에 세출 9억 1백만 악체로 2억 악체의 적자를 기록했다.[5] 대재상 베크리 무스타파 파샤는 전쟁 재원을 확보하기 위해 최초로 엽연초세를 도입하는 등 세입을 늘리기 위해 다양한 특별세를 신설하고 일부 소비재에도 세금을 부과하였다. 1688년에는 '만그르Mangır'라는 동전을 유포하여 일부 시장의 안정을 꾀했다. 이는 물가 상승을 촉발하였다. 처음으로 커피에 세금이 부과되고 흡연과 주류 판매가 세금 부과를 조건으로 자유화되었다. 베크리 무스타파 대재상의 과감한 세제 조치는 신민의 불만을 증폭시켰다. 재정 개선책으로 나온 것이 모두 세금을 걷는 것이었다. 결국, 베크리 무스타파 대재상은 경제개혁 조치의 실패와 베오그라드와 니시 성城을 잃은 책임을 물어 해임되었다. 중앙조정은 '현금'이 절실하게 필요한 처지가 되었다.

세금 징수권 민영화

오스만 조정은 유럽의 군사기술 발전에 대응하기 위해 봉급을 받는 상비군을 늘렸다. 이에 따라 현금 수요가 늘어나자 세금 징수방법을 '일티잠Iltizam, tax-farming' 방식으로 변경하였다. 티마르 제도라는 근간은 유지하고 세금을 걷는 방법만 바꾼 것이다. 티마르 제도가 와해되면서 세입 기반은 약화하는 데 반해 세출은 빠르게 증가하고 있었기 때문이다. 티마르 제도에서는 토지 소유자인 '시파히'가 세금을 걷었지만 일티잠 방식에서는 '뮐테짐'이라는 세금 징수자가 세금을 걷었다. 중앙조정은 경매 입찰을 통해 최고 금액을 제시한 민간에게 세금 징수권을 위임하였고, 그때 선정된 사람이 바로 '뮐테짐(징수권자)'이다. 일티잠은 세금 징수업무를 민영화한 것으로, 뮐테짐은 중앙정부와 최단 1년에서 최장 3년 계약으로 세금 징수권을 얻었다. 뮐테짐은 정부와 계약된 세금을 중앙조정의 재무 국고에 직접 보냈다. 일티잠 방식은 16세기 말부터 시작해 17세기에 국가의 현금 수요에 대응했다.

오스만 제국은 1683년 빈 원정 이후 유럽의 대반격으로 인한 전쟁으로 자금 수요가 날로 늘어나자 세금 징수법을 다시 개편했다. 아흐메드 2세는 1695년 1월 12일 칙령으로 '말리카네malikane'라는 세금 징수법을 공표했다.[6] 일티잠 방식에서는 세금 징수권이 단기였다면, 말리카네 방식에서는 '종신'이었다. 세금 징수권자를 '말리카네지malikaneci'라고 불렀다. 한 번 받은 징수권은 그 사람이 죽을 때까지 유효하였다. 뮐테짐은 계약 기간이 단기여서 자주 바뀌는 바람에 세금 징수에 연속성이 없다는 불편함이 있었다. 그러나 말리카네지는 계약 기간이 종신이라 중앙에서 관리하기 쉬웠다. 총 징수세액은 중앙조정이 정하고, 선납금을 가장 많이 제시하는 사람에게 세금 징수권이 부여되었다. 말리카네는 이전 티마르 농지의 3년 소득을 참고하여 정해진 세금을 한 번에 '선납(무아젤레muaccele)'하고, 연간 납부액은 세 번에 걸쳐 '할부 납부(뮈에젤레müeccele)' 하도록 하였다. 한 번에 선납하는 금액은 신청자의 연간 소득액의 2~8배 정도의 높은 액수로 중앙정부가 정하였고, 연간 분할 납부액은 세금 징수권자가 정하였다. 중앙조정으로서는 다음해에 말리카네로부터 걷어들일 수 있는 연간 징수세액을 미리 보장받을 수 있고, 연간 징수액의 예측이 가능한 이점이 있었다. 중앙정부는 세출의 큰 부분을 차지하는 중앙 상비군과 관료들의 봉급을 말리카네로 거둬들인 세금으로 지급하였다.

밀테짐이나 말리카네 제도는 화폐경제나 시장경제가 발달하지 않은 상황에서도 정부의 현금 수요 증가에 대응하는 유용한 수단이 되었다. 말리카네 제도는 정부나 세금 징수권자 양측에게 수익성이 큰 사업이었고 정부의 세입도 10배가 넘게 증가할 정도로 80년간 유용하게 운용되었다. 세금 징수권자(말리카네지)는 자격 요건이 개방되어 있어 대부분 군사계층의 고위관리들이 되었다. 관리들은 재산을 증식하는 것이 제한적이었지만 말리카네지가 되어 부를 늘려갈 수 있게 되었다. 말리카네 제도는 지방 부호(아얀)의 힘을 키우고 대규모 토지 소유자가 생기게 하였다. 말리카네는 퀴췩카이나르자 조약(1774) 이후 경제 파탄의 충격으로 1778년에 채무증권인 에스함esham이라는 공채를 발행하기 시작하면서 쇠퇴하기 시작하였으나, 오스만 제국에서 사유재산 확대와 근대 금융업 개념을 성장시키는 계기가 되었다.

예니체리 개혁 시도

전장을 지휘한 어린 술탄

이스탄불의 '톱카프 궁전'에서 태어난 오스만 2세는 1618년 2월 제16대 술탄(1618~22)이 되었다. 작은아버지인 무스타파 1세가 정신질환으로 폐위된 날이었다. 14세 어린 나이에 술탄이 된 그는 '겐취genç(젊은)' 술탄이라는 별명을 얻었다. 오스만 제국은 오스만 2세를 시작으로 출생지가 '이스탄불'인 술탄을 갖게 되었다. 14세기부터 16세기까지 술탄은 제국의 지방 도시에서 출생했으나, 카페스 제도가 시행되면서부터는 술탄의 출생지는 이스탄불(톱카프 궁전)이 되었고, 궁전의 '카페스'에서 성장하여 술탄이 되었다.

별명에서 알 수 있는 것처럼, 즉위 시 국사를 운영할 나이와 능력이 되지 않았던 그는 어머니 마흐피루즈 하티제, 스승 외메르 에펜디, 하렘 수장인 쉴레이만 아아의 도움을 받았다. 세자의 교육을 위한 스승(사부), 흑인 환관인 하렘 수장, 술탄의 사적 공간인 '하쓰오다'의 책임

관리 등은 모두 술탄의 측근으로 막후정치를 좌지우지하는 권력실세였다. 술탄의 통치력이 약한 시기에 막강한 권력과 영향력을 행사한 대재상 '소콜루 메흐메드 파샤'(1565~79) 사후부터 술탄은 궁전 내실의 관리들을 측근으로 두어 대재상과 내각을 견제하려 하였다.

비록 어린 나이에 술탄이 되었으나, 오스만 2세는 이전의 술탄처럼 장엄한 술탄으로 비치길 바랐다.[7] 그중 하나가 해외 원정이었다. 오스만 2세가 즉위할 무렵, 오스만 제국과 폴란드–리투아니아 왕국 간에는 카자크(또는 코자크)[8]라 불리는 슬라브계 유목민 때문에 긴장감이 감돌았다. 폴란드–리투아니아에 복속된 카자크가 오스만 국경을 수시로 침략하였다. 폴란드는 오스만 제국의 속국인 몰다비아의 내정을 간섭하기에 이르렀고, 유럽에서 가톨릭과 개신교의 대립으로 30년 전쟁(1618~48)이 시작되자 보헤미아의 프로테스탄트들이 오스만 제국에 도움을 요청해왔다. 게다가 외지Özi(지금 우크라이나 오차키우)의 총독 이스켄데르 파샤가 1620년 9월 프루트강 연안에서 폴란드 연합군대와 전투를 치르고 10월 7일 압승하는 일이 생겼다.

오스만 제국의 군사적 영광을 되찾기 원하는 오스만 2세는 기다리던 기회를 포착하였다. 이스켄데르 파샤의 압승에 고무된 오스만 2세는 직접 폴란드 원정을 결심하였다. 술탄은 전쟁을 막기 위해 파견된 폴란드 사절이 이스탄불 시내에 들어오기도 전에 근교인 퀴췩체크메제에서 돌려보냈다. 예니체리와 조정의 관리들은 폴란드 원정을 반대하였다. 술탄은 겨울철이 오기 전에 폴란드 전선에 도착할 수 있도록 오스만 군대가 에디르네에 집결하고 모든 준비를 완료하라는 칙령을 내렸다. 예니체리의 부정적인 태도를 의심한 술탄은 칙령에서 모든 전쟁 준비를 즉각 조처하고 따르지 않는 경우 대가를 치르게 될 것이라고 경고했다. 오스만 2세는 1621년 4월 출정하였다. 먼저 드네스트르강을 건너 우크라이나의 호틴Hotin으로 향했다. 호틴은 카르파티아산맥 북쪽 지역으로 우크라이나와 몰다비아 국경이 가까운 곳이다. 그 북쪽에는 폴란드–리투아니아 연방이 있어 호틴 전쟁에서 승리한다면 북유럽 발트해 지역 정복도 가능하였다. 오스만 군대는 드네스트르강 연안의 호틴 성곽에 이르러 한 달(1621.9.2~10.9)가량 공격을 감행했다. 그러나 출발 전부터 예니체리는 지리멸렬했다. 사기는 떨어지고 전투력이 약화된 데다 전장에서도 필수적인 전투의지를 보여주지 않았기 때문이다.

전쟁이 교착 상태로 이어지면서 압도적인 승리가 어렵다는 것을 파악한 양측은 몰다비아 군주 제의로 하는 수 없이 평화조약을 맺었다. 이 조약으로 폴란드–리투아니아는 몰다비아에 대한 오스만 제국의 지배를 인정하게 되었고, 카자크도 오스만 변경에서 침략행위를 하지 않기로 하였다.[9] 호틴 전투는 사실상 실패했으나 제국의 위상은 아직 남아있어 국경 변경 없이 협상을 마무리한 오스만 2세는 병사들을 이끌고 이스탄불로 돌아왔다. 호틴 원정은 성공적이었다고 발표되었고, 이스탄불에서는 향연이 베풀어졌다. 그러나 젊은 술탄은 병사들이 전투력을 발휘하지 않아 호틴 성을 탈환하지 못했다고 믿었고, 개혁을 어디에서부터 해야 할지 확신하게 되었다.[10]

부패의 온상 예니체리

어린 나이였지만 조숙한 오스만 2세는 문란해진 국정을 다시 잡기 위해 몇 가지 혁신과제를 구상했다. 제국의 국력이 쇠약해지고 국기 문란 사태가 초래된 원인으로 예니체리의 부패와 이슬람 학자 집단인 울레마의 과도한 정치개입을 꼽았다. 그는 첫 번째로 예니체리의 개혁을 시도하였다. 데브쉬르메에 의해 조직된 예니체리를 폐지하는 대신 아나톨리아, 시리아, 이집트 등지에서 튀르크인들로 구성된 군대를 만들 생각이었다. 병사 모집을 위해 시리아의 다마스쿠스와 알레포에 관리를 파견했다. 이 때문에 술탄이 수도를 이집트나 시리아로 옮길 것이라는 소문도 나돌았다.

오스만 2세는 예니체리 전 부대에 대한 실사를 감행했다. 중앙정부로부터 봉급을 받는 병사 수는 예니체리를 포함하여 병과가 다른 20여 종에 이르는 부대에서 1567년에 4만 8천 명이었으나, 오스만 2세 때 10만 명으로 두 배 이상 늘었다. 이로 인해 중앙정부의 예산 지출 부담은 물론 신민들의 삶이 어려워졌다.[11] 술탄은 실제 병사 수를 확인하기 위해 예니체리 전수조사를 하였고, 그 결과 실제 병사 수와 등록된 병사 수가 다르다는 것을 확인하였다. 예니체리가 등록된 병사 수를 조작하여 조정으로부터 과다한 월급을 챙겼던 것이다. 오스만 2세는 예니체리가 월급을 부정한 방법으로 받아가지 못하게 하는 한편 예니체리에 대한 징벌 조처를 내렸다. 예니체리가 술(포도주)을 마시지 못하도록 선술집인 '메이하네meyhane' 출입을 금지했고, 금주법을 따르지 않는 예니체리는 가차 없이 처형했다. 술탄의 조치로 자신들의 '이익'이 없어지자 예니체리는 술탄에 대해 불만을 공개적으로 털어놓기 시작하였다. 예니체리는 술탄이 예니체리에 부정적인 시각을 갖게 된 것은 궁정 내실의 측근들 때문이라는 소문을 퍼뜨렸다.

쿠데타, 개혁 시도의 대가

1621년 초, 오스만 제국 역사상 최대의 혹한이 이스탄불을 덮쳤다. 1월 24일부터 시작된 눈은 2월 8일까지 쉼 없이 내렸고, 이스탄불 해협과 골든혼이 꽁꽁 얼어붙었다. 이스탄불 해협에서는 에민외뉘에서 위스퀴다르를, 골든혼에서는 에민외뉘에서 갈라타를 얼음 위를 걸어서 통과하였다. 술탄의 특별 경호원이자 역사가인 휘세인 투기Hüseyin Tûgî는 그의 저서 《무시베트나메*Musibetnâme*》에서 "1621년 이스탄불 해협이 얼었다. 위스퀴다르와 베쉭타쉬를 잇는 바다가 육지 길이 되었고 사람들은 이 길을 걸어 위스퀴다르에서 이스탄불로 건너다녔다"라고 기록하였다.[12] 당대 역사가 무스타파 나이마(1655~1716)와 여행가 에블리야 첼레비(1611~82)도 이스탄불 해협이 결빙되었다는 기록을 남겼다. 이 혹한은 재난을 불러왔다. 주식인 빵값이 몇 배로 올랐다. 오스만 2세가 즉위하는 날 일어난 개기일식은 1620년 초에 다시 고개를 든 흑사병 창궐, 이스탄불 혹한과 결빙, 돌풍의 징조인 부다에서 발생한 혜성 출몰 등과 연계되었다. 이스탄불 민심은 동요했다. 특히 골든혼의 결빙을 본 사람들은 세상의 종말이 온다고 두려워하였다.

그러는 사이 오스만 2세가 1622년 5월 18일 성지순례를 위해 위스퀴다르로 떠나자 예니체리와 종교 지도자인 울레마 집단이 반란을 일으켰다. 술탄의 성지순례 행사와 사파비 왕조 원정을 위해 조정의 국고에서 15만 금화가 인출되었는데, 술탄의 친위대 예니체리와 울레마 집단은 어려운 경제 상황에서 술탄이 성지순례를 가는 것은 적절하지 않다며 반대했다. 5월 19일 반란시위대는 술탄아흐메드사원(블루모스크)에 집결하였고, 무력 충돌에 대비하여 무기도 광장에 배치하였다.

오스만 2세

오스만 2세는 오스만 제국 역사상 가장 참혹하게 생을 마친 술탄이 되었다. 부정부패의 산실이 된 예니체리를 개혁하려는 혁신적인 구상을 하였지만, 이 때문에 자신의 목숨을 내놓아야 했다. 오스만 2세는 선왕이 묻혀있는 술탄 아흐메드 사원의 영묘에 잠들어 있다.

컬 이레프울루 (1999), 《레브니: 자수, 시, 색깔Levni: Nakış, Şiir, Renk》, 터키문화부, p.98. 레브니Levni

반란군은 권력을 남용한 6명의 관리 명단과 죄목을 적고 이들의 처형을 요구했다.

　오스만 2세는 예니체리 병사들에게 강제 구인되어 오르타 자미(사원)로 옮겨졌고, 오르타 자미에서 다시 예디쿨레 성곽의 지하감옥으로 보내졌다. 그리고 대재상 카라 다부트 파샤의 명에 따라 시해 결사단에 의해 둔기로 어깨를 맞고 쓰러진 뒤 교살당했다. 오스만 2세는 처참하게 능욕당하고 죽어간 불우한 운명의 술탄이 되었다. 사람들은 개기월식, 바다 결빙, 한파, 화재, 흉작 등이 술탄의 운명과 관련 있다고 믿었다. 오스만 2세가 처참하게 죽었다는 소식에 민중은 슬픔에 빠졌고, 사회 혼란 사태는 계속되었다. 오스만 2세의 죽음을 목격한 휘세인 투기는 《무시베트나메》에서 술탄의 최후를 대중의 언어로 이야기식으로 기록하였다.[13]

　오스만 2세는 군부 쿠데타에

메흐메트 외젤 (편저. 1999), 《터키인의 예술*Turkish Arts*》, 터키 문화부,
p. 156. TSM.

의해 시해된 최초의 술탄이었다. 그가 시해된 직접적인 원인은 예니체리를 폐지하고 새로운 군대를 조직하려는 구상 때문이지만, 폴란드 원정에 나서기 직전 이복동생 메흐메드를 처형한 것이 민심을 돌아서게했다. 선친인 아흐메드 1세가 '형제살해법'을 폐지했음에도 '형제 살해'를 했기 때문이다.

오스만 2세의 개혁은 이후 술탄들이 서구의 제도를 도입하려는 '서양화'와는 차별된 것이었다. 그의 개혁은 '과거 질서로의 회귀'였다. 오스만 2세는 궁전의 관례가 된 노예 출신 후궁과의 혼인 방식을 탈피하여 무슬림 튀르크 여성을 후궁으로 받아들였다. 그는 관료들이 신분을 과시하는 화려한 카프탄(비단으로 만든 긴 겉옷)과 카북(터번)을 보다 실용적인 개량형으로 바꾸기를 희망했고, 쉴레이만대제 이래 내려온 법령을 현실에 맞게 정비하기도 했다. 오스만 2세의 진단과 혁신 구상은 가히 혁명적인 일이었으나, 그 대가는 실로 엄청났다.

부패한 관리들, 무질서한 사회

관리들의 일탈과 술탄의 칙령

1595년, 메흐메드 3세는 즉위하면서 아나톨리아 지방 총독(베일레르베이Beylerbeyi), 지방 군수(산작베이Sancak bey), 판관(카드Kadı)들에게 '정의 칙령(아달레트나메adaletname)'을 내려 보냈다.[14] 술탄은 칙령을 통해 과도한 세금을 매기고 무고한 신민의 재산을 갈취하는 지방의 탐관오리를 엄징할 것이라고 공표했다. 메흐메드의 직전 술탄 무라드 3세도 같은 칙령을 내린 적이 있었다. 메흐메드 3세의 정의 칙령은 지방 관리들이 행동규범을 어기고 어떻게 일탈하는지 현실의 부조리를 생생하게 전달했다. 중앙정부에서 파견된 지방 총독, 지방 군수, 판관 등 지방 관리들의 권력 남용과 신민 수탈은 극에 달했다. 판관은 10~15명의 기병을 데리고 수시로 지방을 순회하며 세금을 거두고, 말의 먹이까지도 신민들에게 부담시켰다. 또 범인을 잡아야 할 산작베이Sancak bey나 수바쉬Subaşı와 같은 관리들은 오히려 범법자들과 공모하였고,

지방 치안을 위해 파견된 예니체리는 물론 예니체리라고 사칭하는 사람들까지 등장해 무리를 지어 농가를 약탈하여 세금 수탈과 약탈에 견디지 못한 농민들이 농가를 떠났다.

1609년 아흐메드 1세의 정의 칙령은 관리들의 부정부패로 나라가 무정부 상태가 되었다고 설명하고, 중앙정부가 지방에 관리를 파견하는 목적을 강조하였다. 아흐메드 1세는 칙령에서 지방 관리의 파견 목적은 담당 지역에서 샤리아 율법과 술탄의 법령을 준수하여 범법행위가 일어나지 않게 하고, 공공질서를 해치는 사람을 판관의 원칙에 따라 벌을 내려, 나라를 보호하고 번영하게 하는 것이라고 했다. 아흐메드 1세의 정의 칙령에서도 지방 판관의 비리를 적나라하게 명시하였다.[15] 메흐메드 3세와 아흐메드 1세의 칙령은 지방 관리들의 횡포와 착취로 사회질서가 부패하고 타락한 17세기 초반의 오스만 제국의 사회상을 솔직하게 보여주었다.

형식에 그친 무라드 4세의 개혁

두 번에 걸친 술탄의 정의 칙령에도 상황은 크게 변하지 않았다. 1623년에 즉위한 무라드 4세는 파국으로 치닫는 정세를 분석하고 그 개선 방향을 모색하도록 측근들에게 지시했다. 그중 술탄의 자문관인 코취 베이가 1631년에 일명 '코취 베이 보고서Risale-i Koçi Bey'를 술탄에게 상정했다. 코취 베이는 알바니아 태생으로 데브쉬르메로 이스탄불에 들어와 궁전에서 술탄의 측근으로 근무했다. 무라드의 바그다드 원정 때 술탄과 함께 참전하고 근접거리에서 술탄을 보좌하여 궁전 내부 상황을 잘 알고 있는 인물이었다. 그가 술탄에게 제출한 보고서는 오스만 역사상 신하가 군주에게 올린 최초의 보고서이다. 코취 베이는 무라드 4세에 이어 술탄 이브라힘(1640~48)에게도 유사한 내용으로 작성하여 1640년에 제출하였다. 이브라힘에 올린 보고서는 교육 배경이 약한 술탄이 이해하기 쉽도록 간단한 내용으로 구성되었다.

'코취 베이 보고서'는 국정이 문란해진 이유와 해결 방안 등 두 가지를 포함하였다.[16] 코취 베이는 국정 문란의 가장 중요한 원인을 관료들의 도덕성 부재와 공직자의 봉사정신 부재를 꼽았는데, 그렇게 된 배경에는 공직사회에 만연한 정실인사와 뇌물수수 관행이라고 진단했다. 이 때문에 공직자의 성공적인 업적이나 능력은 무시되고 술탄의 측근들에 의해 공무원이 임명되거나 부당한 방법으로 해임된다고 했다. 데브쉬르메 제도의 타락, 기강과 훈련 해이로 사회적 물의를 일으키는 예니체리의 문제도 지적했다. 그는 개선방안으로 공무원의 뇌물수수 관행을 뿌리 뽑아야 하고, 술탄 측근들의 국정 개입을 차단해야 하며, 훈공에 따라 술탄이 하사하는 토지도 공정한 방법으로 배분되어야 한다고 강조했다. 코취 베이의 진단은 현실적이었다.

하지만 이런 보고에도 무라드 4세는 개혁을 단행하지 못했다. 10대 초 어린 나이에 즉위한 그는 권력 초기에는 하렘 수장의 도움을 받은 황모 쾨셈의 수렴청정을 받아야 했고, 22세에 들어서야 국정을 장악하여 반란자들을 무자비하게 처단하고 예니체리에 충성맹세를 받아낼 정도로 철권통치를 했지만, 28세에 일찍 세상을 떠나고 말았던 것이다. 그는 사회질서를 잡는다는 이유로 음주, 흡연, 커피 음용 금지 명령을 내렸다. 흡연하는 사람, 커피 마시는 사람, 포도주를 마시는 사람들은 가차 없이 처형당했고, 시신은 다음 날 아침 광장이나 거리에 전

무라드 4세가 어머니로부터 전권을 받아 국정을 지휘할 무렵 이스탄불에서 대규모 화재가 발생했다. 민심이 흉흉했다. 그는 무질서와 혼돈을 바로잡으려 흡연, 음주를 금지하고 커피하우스를 폐쇄했다. 이를 어길 때 가차 없이 처단하여 사회 분위기는 경직되었으나 질서는 회복되었다. 사파비 왕조에 빼앗긴 바그다드를 탈환한 것은 그의 업적이다. 음주로 인한 질병으로 한창 젊은 나이에 생을 마쳤다.

세르필 바아즈 외 (2012), 《오스만의 회화예술*Osmanlı Resim Sanatı*》, 터키문화관광부, p.287.
Suna ve İnan Kıraç Collection.

시되었다. 17세기 내내 오스만 제국은 중앙집권체제의 약화로 관료사회가 부패하고 농민의 삶이 어려워지는 악순환이 거듭되었다.

한편, 무라드 4세 재위기에 이스탄불은 기독교 선교 확산을 위한 외교 전장이 되었다. 유럽에서 기독교가 신교(프로테스탄트)와 구교(가톨릭)로 나뉘어 시작된 30년 전쟁 초반인 1622년, 로마 교황청에 선교사 파견을 위한 포교성성布教聖省이 설립되자 가톨릭 국가 프랑스가 오스만 제국에 선교사를 파견했다. 이스탄불에 주재하는 구교 국가인 프랑스 대사와 신교 국가인 영국과 네덜란드 대사는 이스탄불을 동방 선교의 교두보로 삼으면서 오스만 중앙정부를 상대로 치열한 외교 경쟁을 벌였다. 오스만 조정은 양쪽을 다 지지하며 어느 쪽도 우세하지 않도록 하였다.

'미친' 술탄 이브라힘

카페스에서 21년간 연금생활

술탄 이브라힘 1세는 1615년 11월 5일 아흐메드 1세의 막내아들로 태어났다. 형인 무라드 4세가 돌연 사망하자 25세로 제18대 술탄(1640~48)에 즉위하였다. 그의 어머니는 쾨셈이었다. 그는 오스만 2세(16대)와 무라드 4세(17대)를 거쳐 총 21년을 구舊궁전(에스키 사라이)과 톱카프 궁전의 카페스에 갇혀 공포 속에서 지냈다. 이브라힘 1세는 이미 세 형제가 무라드 4세에 의해 살해되는 것을 목격한 뒤 자신도 언제 죽을지 모른다는 공포로 신경쇠약 증세를 보였다. 이브라힘은 술탄으로 등극하라는 사신의 전갈을 듣고도 카페스에서 나오지 않았다. 그의 어머니인 쾨셈까지 나서 카페스에서 나와 등극하라고 권유했으나 그 말도 믿지 않았다. 이브라힘은 무라드의 시신이 있는 방으로 강제로 끌려가 그곳에 있는 시신을 확인하고 나서야 옥좌에 앉았다. 1640년 2월 9일 목요일 아침이다.

이브라힘은 문자 해독을 겨우 할 만큼 교육을 제대로 받지 못했고, 이전의 세자처럼 행정 경험도 없이 술탄이 되었다. 이브라힘 1세도 형인 무라드 4세처럼 체격이 장대하였고, 상당히 급한 성격에 말이 빨라 어떤 일이든지 즉각 처리하는 것을 좋아했다. 형인 무라드 4세가 사망하자 오스만 왕가에 유일하게 남은 세자가 되었다. 그에게는 경쟁자가 없었다. 이 때문에 어머니인 쾨셈은 이브라힘의 후손을 보기 위해 후궁들을 맞아들였다. 즉위할 당시 성 기능 장애가 있었으나 궁중 내 어의들과 특히 호흡 치료사로 소문난 사프란볼룰루 진지 호자Safranbolulu Cinci Hoca의 치료로 회복되었다.[17] 그로써 술탄 이브라힘과 우크라이나 출신 하티제 투르한 술탄 사이에 1642년 1월 첫아들 메흐메드가 태어난 것은 조정의 큰 경사였다.

극심한 부정부패

이브라힘 술탄의 8년 재위는 국정 운영 면에서 한마디로 참사 그 자체였다. 바로 이전인 무라드 4세의 철권통치가 사라지면서 국정은 무정부 상태가 되었다. 이브라힘 술탄은 심각한 신경쇠약 증상에 의한 이상 행동으로 '미친(델리)' 술탄이라는 별명을 얻었다. 카페스에서 나와 술탄이 되었으나 괴이한 행동으로 '미친 술탄'이라는 별명을 얻은 무스타파 1세(15대)와 비슷했다. 대신들과 토론하다가도 갑자기 화를 내고 신경질적인 반응을 보이며, 잘못된 사형명령을 내리기도 하였다. 자신을 위해 현명하게 대재상직을 수행하던 케만케쉬 카라 무스타파 파샤도 무참하게 처형하였다.[18]

알바니아계 케만케쉬 대재상은 조정의 수입과 지출의 균형을 맞추려는 여러 가지 긴축 재정정책을 시행하였다. 이 때문에 케만케쉬는 술탄의 어머니인 쾨셈, 진지 호자, 대신인 술탄자데 메흐메드 파샤 등 세 명으로부터 집중 견제를 받았다. 대재상 케만케쉬가 실질적으로 국정을 운영하는 동안 이브라힘은 국정에서는 거의 손을 떼고 하렘에서 여흥으로 시간을 보냈다. 국정 기강은 다시 크게 흔들렸다. 이브라힘은 하렘 내 후궁들을 위해 막대한 지출을 서슴지 않았고, 이로 인해 예니체리 병사들의 월급 지급에도 문제가 생겼다. 조정의 재정은 더욱 어려워졌다. 관리들은 갖가지 방법으로 비리를 저질렀고, 농민들에게는 과다한 세금이 부과되었다. 하다못해 하렘 여성들의 국정 전횡과 부패마저 극에 달했다. 술탄과 가까운 하렘의 여인들은 국사는 물론이고 뇌물수수 등에도 관여하였다. 궁중 내 여인들이 뇌물을 받고 영향력을 행사함에 따라 그들이 추천하는 사람들이 고위직에 임명되는 일이 벌어지는 등 매관매직도 빈번히 일어났다. 술탄 이브라힘은 모피세를 부과시킬 만큼 검은담비에 애착을 보였다. 자신이 입을 의상의 안팎에 검은담비를 사용하도록 하였고, 값비싼 검은담비와 비단으로 궁전을 장식하였다. 모피 구매를 위해 중앙조정과 지방의 관리에게 과중한 세금을 부과시켰다.[19] 무라드 4세 때 겨우 질서를 되찾은 오스만 제국은 이브라힘 시대에 다시 무질서와 혼란의 길로 접어들었다. 이브라힘의 이성을 잃은 이상한 행동은 이스탄불 조정과 정국을 불안하게 만들었다. 그는 자신에 대한 경고의 말은 전혀 듣지 않았고, 어머니인 쾨셈의 말도 듣지 않았다.

술탄에 대한 분노 상승

정치기강이 해이해져 비리와 폐단이 난무하자, 시바스 총독인 바르바르 알리 파샤의 주도로 지방 관리들이 이브라힘 술탄과 부패한 대재상 헤자르파레 아흐메드 파샤에 대항해 반란을 일으켰다. 그러나 이 반란도 1648년 5월 앙카라 근처에서 진압되었고, 바르바르 알리 파샤는 처형되었다.[20]

같은 해 여름으로 접어들면서 이스탄불 조정과 고위관리들의 술탄에 대한 분노가 한층 치솟았다. 예니체리, 시파히 등 군부와 뮈프티, 울레마 등 이슬람 종교 지도자들이 술탄에 등을 돌렸다. 그들은 이브라힘의 폐위가 필요하다고 믿고 셰이훌 이슬람으로부터 페트와를 받아 실행에 옮겼다. 1648년 8월 7일 울레마와 예니체리 간부들은 오르타 자미(사원)에 모여 이브라힘의 방탕하고 사치한 생활과 모피세, 호박세에 반대하며 술탄 폐위를 위한 반란을 모의했다.

지방 관리들에게 모피세를 내라고 지시한 헤자르파레 아흐메드 대재상은 반란군에 의해 8월 8일 처참하게 처형되었고, 술탄 이브라힘은 폐위되어 하렘의 방에 감금되었다. 같은 날 여섯 살에 불과한 메흐메드 4세가 술탄으로 즉위하였다. 새로 즉위한 술탄이 너무 어려 국정을 통치할 능력이 없으므로 이브라힘을 다시 술탄으로 옹립할 것이라는 소문이 돌기 시작했다. 그러자 메흐메드 4세를 추대한 자들은 이브라힘을 제거하기로 했다. "두 명의 칼리프가 있으므로 혼란을 막기 위해 한 명을 처형하라"라는 셰이훌 이슬람의 페트와 발령으로 이브라힘은 갇힌 방에서 끌려나와 교살되었다. 1648년 8월 18일, 그의 나이 33세였다. 두 번째 술탄 시해사건이었다. 이브라힘 1세는 메흐메드, 쉴레이만, 아흐메드 이름의 세 아들을 두었고, 이들 세 아들은 메흐메드 4세, 아흐메드 2세, 쉴레이만 2세로 술탄직을 차례로 승계하였다. 이브라힘은 하티제 투르한을 포함 아홉 명의 처를 거느렸다.

'사냥꾼' 메흐메드 4세

여섯 살에 등극 39년 재위

제19대 술탄으로 등극한 메흐메드 4세는 아버지인 술탄 이브라힘과 어머니인 하티제 투르한 술탄 사이에서 1642년 1월 2일 이스탄불 톱카프 궁전에서 태어났다. 메흐메드 4세는 자신의 아버지가 폐위되면서 1648년 여섯 살 어린 나이에 술탄 위에 올랐다. 즉위 시에 궁전 대신들이 황모 투르한과 같이 있는 메흐메드에게 충성맹세를 하였으나 어린 술탄은 이 의전의 의미가 무엇인지를 알지 못했다. 그는 39년간 재위하였다. 카누니 술탄 쉴레이만(10대) 이후 가장 오래 재위한 술탄이다. 말타기를 좋아해 "아브즈Avcı(사냥꾼) 메흐메드"라는 별명이 있다. 어린 나이 때문에 당연히 술탄의 할머니인 쾨셈과 황모 투르한이 수렴청정을 했다. 쾨셈은 술탄의 측근들을 바로 장악하였다. 어린 술탄의 즉위와 황모의 섭정으로 정국 불안이 초래될 것이라는 불안감이 일었다.

즉위 8일째 되는 날, 에윕에서 착검식을 가졌다. 이전 황모의 섭정 시기처럼, 메흐메드 4세 시기에도 황모, 대재상, 예니체리, 기병부대 수장들 간 국정 주도권 다툼과 사리사욕을 채우기 위한 암투와 분열이 끊이지 않았다. 어린 술탄은 사태를 관망할 수밖에 없었고 황모가 불러주는 대로 칙령을 내렸다. 즉위 하사금을 내릴 수 없을 만큼 재정이 고갈되었으나, 이브라힘 술탄 때 엄청난 부를 축적한 휘세인 에펜디(별명 진지 호자)로부터 몰수한 재산으로 하사금을 내렸다.

이러한 불안정한 통치구조에서 명재상 쾨프륄뤼의 등장으로 제국은 위기에서 벗어날 수 있었다. 그래서 메흐메드 4세의 재위기는 명재상 쾨프륄뤼가 발탁되기 전 국정 위기의 전반기와 쾨프륄뤼 등장 이후 국정 안정기의 후반기로 나뉜다.

오스만 조정이 어린 술탄을 위하여 지략이 뛰어난 쾨프륄뤼를 대재상으로 기용한 것은 현명한 결정이었다. 1656년 6월 15일 '쾨프륄뤼 메흐메드 파샤Köprülü Mehmed Paşa'(1578~1661)가 대재상에 기용되면서 개혁이 추진되고 혼란한 정세는 안정을 찾았다. 쾨프륄뤼 메흐메드는 마케도니아에서 징집되어 톱카프 궁전의 엔데룬 학교에서 교육을 받았다. 그가 사망하자, 메흐메드 4세는 1661년 10월 30일 그의 아들인 '쾨프륄뤼 파즐 아흐메드 파샤Köprülü Fazıl Ahmed Paşa'(1635~76)를 바로 대재상으로 임명했다. 쾨프륄뤼가家에서 나온 두 명의 대재상으로 인해 기울어져가는 제국은 다시 자리를 찾았다. 오스만 역사에서 부자가 대재상 직을 맡은 것은 이들이 유일하다. 쾨프륄뤼 파즐 파샤가 1676년 11월 사망하자 쾨프륄뤼 메흐메드의 딸과 결혼한 '메르지폰루 카라 무스타파 파샤Merzifonlu Kara Mustafa Paşa'(1643~83)가 대재상이 되었다.

쾨셈과 투르한, 하렘의 권력 투쟁

어린 술탄을 대신해 국정은 대재상이 이끌었지만, 실질적인 권력은 궁정 내실 하렘에서 나왔다. 하렘에서 술탄의 어머니가 '발리데 술탄 Valide Sultan'이라는 공식 직함으로 수렴청정을 했기 때문이다. 어린 술탄이 있는 한 하렘은 보이지 않는 권력의 정점이었다.

메흐메드 4세가 즉위하자 투르한은 '발리데 술탄'으로 하렘의 실권자가 되었다. 러시아계인 투르한은 12세 때 노예신분으로 술탄 이브라힘의 어머니(쾨셈)에게 선물로 바쳐져 궁전에 들어왔다. 메흐메드 4세의 어머니인 투르한은 이브라힘 술탄의 후궁이었다. 메흐메드 4세가 술탄에 등극할 때 투르한은 21세였다.

메흐메드 4세의 궁정 내실에는 젊은 나이로 궁전생활 경험이 짧은 투르한의 경쟁자로 쾨셈이 있었다. 그리스계 노예신분이었던 쾨셈은 14대 술탄 아흐메드 1세(1603~17)의 황후가 되면서 하렘 생활을 시작했다. 그녀는 아흐메드 1세에 이어 무스타파 1세(15대), 오스만 2세(16대), 무라드 4세(17대), 이브라힘(18대), 그리고 메흐메드 4세(19대)에 이르기까지 술탄과의 혈연관계로 하렘에서 중요한 인물이 되었다. 그녀의 아들인 무라드와 이브라힘이 술탄이 되었고, 손자인 메흐메드까지 술탄에 등극하여 오스만 하렘 역사상 유일한 이력을 가진 황후가 되었다. 메흐메드 4세 등극 시 60세에 가까운 쾨셈은 투르한의 나이와 경험 부족 등을 이유로 하렘에서 실질적인 발리데 술탄 역할을 하는 데 주저하지 않았다. 이로써 하렘에는 사실상 두 명의 발리데 술탄이 있었는데, 쾨셈을 큰 발리데 술탄, 투르한을 작은 발리데 술탄으로 불렀다.

이로 인해 하렘은 권력 투쟁의 한복판이 되었다. '발리데 술탄'으로 그의 재위기는 궁전의 음모와 술수가 만연한 여인천하의 시대였다. 사냥을 좋아하는 그는 새로운 사냥터를 찾기 위해 오스트리아(1663)와 폴란드 원정(1672)에 나서기도 했다. 군부의 무혈 쿠데타로 폐위되었다. 사진은 메흐메드 4세가 옥좌에 앉아 있는 모습이다. 뒤에는 술탄의 검과 의복 담당 왕실 전속 관원이다.

할릴 이날즉 & 귄셀 렌다 (편저. 2004), 《오스만의 문명 1*Ottoman Civilization 1*》, 터키문화부, p.145. 이스탄불대학 도서관, T9365, fol.18r.

서 자신의 권위와 영향력을 공인시키려는 쾨셈과 투르한 사이의 경쟁이 치열하게 벌어졌다. 술탄 즉위 초기에 투르한은 궁정 내 굳건한 지지 세력이 없었다. 그러나 쾨셈은 군부 예니체리의 지지를 받고 영향력을 과시하였다. 얼마 안 가 투르한도 하렘 수장과 대재상의 지지를 얻고 궁정 내에서 힘을 드러내기 시작하였다. 오스만 조정 내부는 쾨셈과 투르한을 중심으로 두 개의 파벌이 생겼다. 쾨셈과 투르한은 각자의 지지자를 동원해 국정에 관여했다. 내각의 관리와 궁중 내 시녀들은 누구의 말을 따라야 할지 당혹해했다.

쾨셈과 투르한의 궁정 내 권력 투쟁은 5년간 지속되었다. 노쇠한 쾨셈의 권력욕은 극에 달했다. 쾨셈이 투르한의 영향력을 뿌리째 제거하기 위해 메흐메드 4세를 폐위하려는 비밀 계획이 투르한 측에 알려지게 되었다. 1651년 9월 2일, 60대의 쾨셈은 투르한의 병사들에 의해 살해되었다. 궁정 내에서 넓은 정보망을 구축한 투르한은 1651년부터 1683년까지 32년간 발리데 술탄 자리를 지키며 가장 오랜 섭정을 한 철의 여인으로 기록되었다. 투르한의 섭정은 쾨프륄뤼 대재상이 기용되면서 서서히 줄어들게 되었다.

명재상 쾨프륄뤼 섭정 시대

메흐메드 4세 시대에 1656년부터 제2차 빈 원정이 있던 1683년까지 27년간의 '쾨프륄뤼 시대'가 전개되었다. 궁전 내 권력 다툼에서 이긴 투르한은 궁전 내 내부 불안과 갈등 양상을 종식할 유능한 대재상을 물색하였다. 1652년부터 1656년 사이에 10명의 대재상이 교체되었다.

투르한은 정국 타개를 위해 타르훈주 아흐메드 파샤를 대재상(1652. 6~53. 3)으로 임명했다. 타르훈주 파샤는 조정의 수입과 지출이 균형을 이루는 예산을 수립하고 지출을 줄이는 등 일부 개혁에 성공했다.

그러나 그 이후의 대재상들은 기대만큼 능력을 보이지 못했고 땜질식 경제정책으로 국정을 더 악화시켰다. 재정과 경제 상황 악화로 예니체리의 봉급이 연체되자 1656년 3월 4일 예니체리와 기병들이 집단 반란을 일으켰다. 시위대는 30여 명의 관리를 국정 파탄과 경제 실정의 책임자로 규정하고 이들을 사형하라고 요구했다. 힘과 권위가 추락한 조정은 나흘 만에 예니체리의 요구를 수용하여 살생부에 적힌 관리를 처형하고 시신을 술탄아흐메드 광장에 있는 소나무에 매달아야 했다. 중앙정부의 권위는 추락했고, 신민들의 조정에 대한 신뢰는 추락했다. 예니체리 군부는 국정 간섭에 나섰고, 사회질서는 무너져 총체적 난국에 직면했다.

그때 한 측근이 투르한 하티제에게 현재 난국을 해결할 능력이 있는 대재상을 추천했다. 78세의 쾨프륄뤼였다. 술탄의 나이는 14세였다. 투르한은 쾨프륄뤼와 면담한 후 그를 대재상으로 결정했다. 쾨프륄뤼는 재상직을 수락하기 전 다음과 같은 네 가지 조건을 제시했다. 첫째, 왕실은 국사에 관여하지 말 것, 둘째, 유능한 인물 기용을 위한 자신의 관리 임면(任免)에 반대하지 않을 것, 셋째, 국사와 관련한 자신의 모든 제안을 수락해줄 것, 넷째, 자신에 대한 불평불만과 같은 소문들에 귀 기울이지 말 것 등이었다.[21] 자신에게 전권을 위임하라는 파격적인 제안이었다. 쾨프륄뤼의 제안은 오스만 제국의 중앙 통치권이 얼마나 약해졌는지를 보여준다.

투르한은 쾨프륄뤼의 제안을 수락하고 그를 전적으로 신임하며 술탄의 인장을 넘겨주었다. 쾨프륄뤼 메흐메드 파샤는 내부 문제 해결에 집중했다. 반란 및 반역 행위자, 국정 농단자 등을 색출하고 처벌하였다. 차낙칼레 해협을 봉쇄하고 있던 베네치아 군대를 몰아내고 보즈자아다(그리스어 테네도스)섬, 림니(그리스어 렘노스)섬을 되찾는 성공도 이루었다. 에게해의 보즈자아다섬과 림니섬은 메흐메드 2세가 오스만 제국의 영토에 편입했지만, 오스만 제국이 베네치아와 지중해의 기리트(라틴어 크레타)섬을 놓고 전쟁(1645~69)하는 동안 에게해의 두 개의 섬은 두 나라 간 뺏고 빼앗기는 상황이 반복되다가 결국 오스만이 장악하게 된 것이다.

1661년 10월 쾨프륄뤼 메흐메드 파샤가 고령으로 사망하자 그의 아들인 쾨프륄뤼 파즐 아흐메드 파샤(1661~76)가 대재상을 맡았다. 술탄 메흐메드 4세는 전권을 행사하는 쾨프륄뤼에 간섭하지 않는다는 약속을 지켰고, 쾨프륄뤼 부자의 기용은 오스만 역사에서 또 하나의 전환점이 되었다. 이로써 어린 나이의 술탄이 등극한 후 8년간 대재상, 세이훌 이슬람, 해군 제독 등 고위직의 계속된 교체가 가져온 국정 파행은 수습되었고, 뒤이은 개혁 조치로 정국 불안정과 진퇴양난의 경제위기 국면에서 벗어날 수 있었다.

그 어느 때보다도 강력한 통치력을 구사한 쾨프륄뤼의 등장은 대외적으로도 변화를 이끌었다. 거의 40년에 가까운 술탄 메흐메드 4세 재위기에 오스만 제국은 베네치아, 오스트리아, 폴란드, 러시아 등 강대국과 연쇄적으로 일어난 정치적 이해 충돌로 다섯 번의 전쟁을 치렀는데, 첫 번째로 희생된 것은 베네치아였고, 두 번째는 트란실바니아, 그리고 세 번째는 오스트리아였다.[22] 다행히 오스만 제국은 아직도 '단독'으로 유럽과 싸울 수 있다는 것을 보여주었다. 그러나 오랜 전쟁에 사용된 막대한 전비는 국가와 신민에게 큰 부담을 안겨주었고, 베네치아, 오스트리아, 폴란드, 러시아와의 전쟁에서 잃은 '땅'은 다시 찾아오기 어렵다는 것을 알게 되었다.

1683년 오스트리아 빈 침공

제국의 종말을 예고한 빈 원정

오스만 제국과 오스트리아 합스부르크 왕가는 중부 유럽 헝가리를 놓고 긴 싸움을 계속하였다. 헝가리를 차지하면 중부 유럽을 장악할 수 있기 때문이었다. 오스만 제국은 헝가리 일부를 오스트리아 합스부르크 왕가가 가지고 있는 것이 늘 불만이었다. 헝가리는 오스만 제국의 것인데, 합스부르크에게 일부를 빼앗겨 지금 오스만의 영토 지분이 작다고 여긴 것이다. 오스만 제국은 오스트리아와 1664년 체결한 '바스바르 평화조약'으로 잠시 평화의 시간을 가졌으나, 오스트리아가 헝가리를 침략하면서 평화는 깨지게 되었다. 가톨릭 국가인 오스트리아는 프로테스탄트인 헝가리를 침공했다. 오스만 제국 속지인 헝가리 중부와 남부의 지도자 퇴켈리 임레Tökeli İmre가 오스만 제국에 지원을 요청했다. 대재상 쾨프륄리 파즐 아흐메드는 바스바르 평화조약이 살아있다는 이유로 헝가리의 지원 요청을 들어주지 않았다. 그러나 쾨프륄리 파즐 아흐메드의 사망으로 대재상이 된 메르지폰루 카라 무스타파는 헝가리의 요청을 수용했다. 그는 지금이야말로 쉴레이만 1세 시대와 같이 오스만 제국을 재현시킬 수 있는 때라면서, 원정에 소극적인 술탄 메흐메드 4세를 설득하였다. 1682년 오스트리아의 레오폴드 황제는 2년 후에 만료되는 바스바르 평화조약 개정을 위해 오스만 제국에 사절 카프라라Caprara를 파견하여 원정계획을 저지하기 위한 외교 교섭을 하였다.[23] 메흐메드 4세는 조정의 관리들과 협의하는 것이 필요하다며 즉답을 피했고, 카라 무스타파 대재상은 조약 갱신을 위한 대가로 헝가리의 죄르에 있는 야느크성을 오스만에 넘길 것을 요구했다. 오스트리아 사절이 이에 반대하자 오스만 조정은 카프라라를 잡아 가두었다. 사실상 선전포고였다.

1년여간 준비 끝에 1683년 4월 1일 술탄 메흐메드 4세와 카라 무스타파 대재상이 에디르네를 떠나면서 빈 원정은 시작되었다. 술탄 메흐메드 4세는 베오그라드에 도착해서는 원정의 임무를 대재상에게 넘기고 자신은 사냥을 즐겼다. 오스만 제국 군대의 빈 원정 소식이 알려지자 유럽은 다시 경악했고, 레오폴드 황제는 빈을 떠나 린츠로 피난했다. 오스만 군대는 7월 1일 죄르를 거쳐 7월 13일 빈에 도착하였고, 14일부터 빈 포위 작전에 들어갔다. 오스만 군대는 오스트리아군의 강한 방어에 직면했다. 빈 공방전이 길어지자 로마 교황 인노첸시오 11세는 유럽의 기독교 국가에 신성동맹 결성을 촉구했다. 독일, 폴란드, 오스트리아 등으로 구성된 신성동맹 군대가 소비에스키 폴란드 왕이 지휘하는 군대에 합류하였다. 빈 포위 작전이 두 달가량 계속되자 오스만 군대는 식량 부족과 이질 등으로 어려움을 겪게 되었다. 드디어 9월 11일 소비에스키가 이끄는 2만 5천 명의 폴란드 지원군대는 후방에 있는 다리를 무사히 건너 빈에 도착하였다. 빈의 교회에서는 종이 울리고 사람들은 구원의 환호성을 울렸다.

폴란드 지원군대의 도착으로 오스만 군대는 전후방 양방향에서 적의 공격에 직면하였다. 빈 공방전 마지막 날인 9월 12일 칼렌베르크 Kahlenberg 전투에서 카라 무스타파 대재상은 두 달간 포위한 성곽을 포기하고 철수명령을 내렸다. 오스만 제국 군대는 크게 패배하고 베오그라드로 철수해야만 했다. 베오그라드에 남아있던 메흐메드 4세는 카라 무스타파가 베오그라드에 도착하기 전에 에디르네로 떠났다. 메흐메드 4세는 빈 공략 실패의 책임을 물어 카라 무스타파 대재상을 사형시키라는 칙령을 베오그라드로 보냈다. 그는 1683년 12월 15일 베오그라드에서 처형되었고 그의 머리는 술탄의 칙령이 이행되었다는 증거로 이스탄불로 보내졌다. 오스만 제국의 빈 원정 실패는 세계사의 소용돌이 속에서 거대한 제국 오스만의 종말이 시작되고 있다는 첫 예언이기도 했다. 오스만 군대가 빈에서 실패한 것은 유럽의 그리스도교 국가들에게는 큰 기쁜 소식이었다. 유럽의 전역에서 축제가 벌어졌다.

신성동맹과 카를로비츠 조약

교황 인노첸시오 11세는 이 기회에 오스만 제국을 유럽 땅에서 완전히 몰아내기 위한 준비를 하였다. 바로 신성동맹군의 결성이었다. 교황의 주선으로 1684년에 오스트리아 합스부르크 왕가의 신성 로마 제국, 베네치아, 폴란드-리투아니아 등 가톨릭 국가 3개국이 참여하였다. 거기에 정교 국가인 러시아가 1686년에 신성동맹에 가입하였다. 오스만 제

국에 대한 신성동맹국의 반격은 1684년 베네치아가 선전포고하면서
시작되었다. 오스만 제국은 1684년부터 1699년까지의 15년간 네 개의
전선에서 동시에 유럽과 전쟁을 치러야만 했다. 19대 술탄부터 22대
술탄까지 이어지는 이 기간에 오스만 제국은 일부 전선에서는 약진하

긴 했으나, 페스트(1684),
부다(1686), 아테네(1687),
베오그라드(1688), 니시
(1689) 등 거의 모든 전선에
서 영토를 빼앗기며 참패를
거듭했다.

한편, 오스만 제국을 유
럽에서 몰아내려는 신성동
맹국은 각기 전선에서 승리
를 거두었다. 오스트리아가
젠타 전투에서 승리했고,
베네치아는 모레아와 달마
치아를, 폴란드는 몰다비아
를 점령하였다. 동시에 러
시아 표트르 대제는 흑해로

할릴 이날즉 & 귄셀 렌다 (편저, 2004), 《오스만의 문명 1*Ottoman
Civilization 1*》, 터키문화부, p.130. 캔버스에 유채,
비엔나박물관, 31.033.

연결되는 아조프를 점령하였다. 술탄 무스타파 2세(1695~1703)는 중부 유럽 요충지와 군사력 우위의 상실이라는 이중고에 놓이게 되었다. 오스만 제국은 신성동맹국과 전쟁을 계속 끌고 갈 수 있는 상황이 아니었다. 때마침 오스트리아도 스페인 왕위 계승 문제로 프랑스와 전쟁을 치러야 했다. 레오폴드 황제도 오스만 제국과 평화협상을 원했다.

그러는 사이 암자자데 휘세인 파샤Amcazade Hüseyin Paşa 대재상은 오스만 제국이 유럽과 평화협상을 해야 한다는 건의서를 술탄에게 제출했다. 오랜 전쟁으로 나라 사정은 곤궁해졌고, 특별세에 시달린 신민들의 삶은 궁핍해져 세금조차 거둘 수 없는 상황이었다. 많은 사람들이 떠난 농촌은 텅텅 비어 전장에 나갈 장정이나 무기를 모으기도 어려운 형편이었다. 암자자데 휘세인은 제국이 처한 이러한 현실을 들어 술탄을 설득했다. 사면초가에 놓인 무스타파 2세는 유럽과 평화협상을 하기로 결정했다.[24] 영국과 네덜란드가 협상의 중재를 맡았고, 협상 장소로는 현 세르비아의 카를로비츠가 선정되었다. 신성동맹 4개국과 동시다발적으로 일어난 전쟁에서 전투력을 소진한 오스만 제국은 신성 로마 제국, 폴란드-리투아니아 연방, 베네치아 공화국, 교황령, 러시아 차르국이 포함된 동맹국들과 협상을 하고, 1699년 1월 26일 오스만 제국으로서는 굴욕적인 '카를로비츠 평화조약'을 체결하였다.

협상 시 동맹국 측은 각국이 점유하고 있는 현재 경계를 존중하자는 원칙(현재의 소유권 인정 원칙uti possidetis)을 내세웠고, 오스만 제국은 이전의 상태로 돌려야 한다는 원칙ala halihi을 내세웠다. 그러나 오스만의 주장은 받아들여지지 않았다. 오스만 제국은 오스트리아와는 20개조, 베네치아와는 16개조, 폴란드와는 11개조의 평화조약을 체결하였다. 신성동맹의 일원인 러시아는 아조프 외에도 케르치 성을 요구하는 바람에 평화조약을 바로 체결하지 못했다. 신성동맹국과의 협상과 조약 문 서명에는 오스만 제국을 대표하여 외무대신인 라미 메흐메드 파샤 Rami Mehmed Paşa가 참여하였다. 카를로비츠 조약의 유효 기간은 25 년이었다.

카를로비츠 조약으로 오스만 제국은 오스트리아, 베네치아, 폴란드 와 1684년부터 시작된 15년간의 전쟁과 러시아와의 13년간의 전쟁을 끝냈지만, 그 대가는 실로 뼈아픈 것이었다. 헝가리와 트란실바니아는 오스트리아에, 모레아와 달마치아 등 에게해 섬들은 베네치아에, 카마 니체 성을 포함한 포돌리아와 우크라이나 남부는 폴란드에 넘어갔다. 1700년 6월 13일에 러시아와 체결한 14개 조항의 '이스탄불 조약'으 로 아조프를 러시아에 넘겨야만 했다.[25] 이스탄불 조약으로 러시아는 오스만 제국에 상주대사를 파견할 수 있게 되었고, 부동항 확보를 위 해 흑해에서 영향력을 행사할 수 있게 되었다.

오스만 제국의 빈 원정 실패 이후 유럽 국가들과의 전쟁은 정리되었 지만, 중부 유럽에 대한 오스만 제국의 패권은 그 빛을 잃게 되었다. 카 를로비츠 조약은 오스만 제국이 상대국과 유럽식 외교방식인 협상을 통해 조약문을 작성하고 체결한 최초의 사례가 되었다.[26] 이전의 조약 은 오스만 제국의 일방적인 의도와 요구사항이 반영된 것이었으나 카 를로비츠 조약은 36차 회의에 총 74일간 진행된 '협상'이라는 외교적 방법으로 이루어졌다.[27] 협상 대표로 참석한 외무대신인 라미 메흐메 드 파샤는 군부 출신이 아닌 일반 관료였다. 오스만 제국은 불가피하 게 근대 외교협상의 시대를 맞이하여 기울어가는 국운을 협상과 외교 로 해결해야 하는 상황이 되었다.

길고 긴 정체와 쇠퇴의 길

위기의 시작 카페스 제도

17세기 오스만 제국 상황을 보면 정복자 메흐메드 2세가 왜 중앙집권적 통치체제에 사생결단 의지를 갖고 매달렸는지 이해가 된다. 17세기의 오스만 제국은 16세기 최전성기와는 너무 대비적인 상황이 되었다. 17세기의 극적인 변화 때문에 역사학계는 이 시기를 오스만 제국의 쇠퇴기period of decline라고 본다. 그렇다고 해서 오스만 제국이 금방 멸망한 건 아니지만, 이 시기 이후 길고 긴 정체와 쇠퇴의 길로 접어든 건 사실이다. 오스만 제국이 갑자기 '위기의 17세기'를 맞게 된 이유는 매우 다양하다.

17세기에 경제 전체가 붕괴하는 총체적인 위기 상황이 된 원인은 내부와 외부에서 찾아볼 수 있다. 내부적으로는 중앙집권 통치체제의 약화, 티마르 제도의 붕괴를 들 수 있고, 외부적으로는 유럽 사회의 변화를 들 수 있다. 먼저 중앙집권적 지배체제가 약화한 요인은 술탄이 되

면 형제를 살해하지 않고 궁전 내실에서 생활하도록 한 '카페스 제도'
였다. 비문명적인 '형제살해법'을 폐지한 것은 바람직한 결정이었지
만, 미래의 통치자가 될 세자를 가택연금 상태로 살게 한 것은 중대한
패착이었다. 야전에서 행정 경험이 전혀 없는 어린 술탄이 등극하게
되어 17세기에는 국가의 혼란 상태를 수습할 강력한 통치자가 보이지
않았다. 뇌물수수와 부정부패 등 관리들의 일탈과 궁전 내실 측근들의
정치 개입은 중앙 통치권의 약화로 생긴 당연한 결과였다.

　다음은 중앙에서 술탄의 근위대이자 상비군인 예니체리가 부패한
것이다. 16세기에 예니체리의 투철한 충성심과 임전무퇴의 기상은 오
스만 제국의 거침없는 영토 확장을 가능하게 하였고 세계 제국으로서
명예를 드높였다. 그러나 예니체리가 되는 것은 신분 상승의 기회라는
유혹 때문에 이권 청탁, 정실 개입과 뇌물수수 등 비정상적 방법으로
부적격자들이 예니체리 부대에 들어가 기강과 위상이 실추되었다. 예
니체리는 술탄의 등극과 폐위에 관여할 만큼 정치력을 가지게 되었고,
그만큼 부정부패에도 깊이 연루되었다. 과거에 예니체리는 국가를 위
해 존재했지만, 예니체리를 위해 국가가 존재하는 상황에 이르렀다.
17세기 들어 정부는 예니체리를 관리할 수 없는 상황이 되었다.

　중앙집권체제의 약화는 정치적인 측면에서 일어난 변화이지만, 티
마르 제도의 붕괴는 경제적인 측면에서 일어난 변화이다. 제국의 경제
와 군사제도를 떠받치고 있는 티마르 제도의 붕괴는 16세기 중반 이래
계속되었는데, 사회 전반에 미치는 영향은 막대했다. 군사적으로는 지
방의 기병이 줄게 되었다. 이 때문에 봉급을 받는 상비군인 예니체리
의 모병이 늘고 전시에 특수 목적의 유급 병력을 모병하게 되어 국가
재정에 큰 부담을 주었다. 경제적으로는 농지 생산성이 크게 줄었고,

이 때문에 조정의 세수도 크게 줄어들었다. 토지 소유자 시파히가 거둔 세금 중 지역에서 사용하고 남은 잉여분을 중앙에 보내기로 한 티마르 제도 아래서는 생산성 향상이라는 개념이 생길 수가 없었다.

'밖'의 변화에 무관심

티마르 제도의 붕괴는 유럽의 변화라는 외부 요인을 배제하고는 설명이 안 된다. 16세기 유럽, 특히 지중해 지역은 신대륙에서 유입되는 은의 유입으로 가격혁명이 일어나고 인구 증가에 의한 수요 증가로 물가가 폭등하는 현상이 일어났다. 시장경제가 발달하지 않은 오스만 제국도 1580년대 이래 서유럽에서 들어오는 값싼 은의 유입으로 가격혁명과 인플레 현상을 겪게 되었다. 이는 국가의 경제, 재정, 행정 분야뿐만 아니라 티마르 제도에도 심각한 타격을 주었다. 신대륙 발견으로 유럽에서 봉건제도가 무너졌는데, 그 여파로 오스만 제국에서는 티마르 제도가 무너졌다. 유럽의 군사기술 발전은 티마르 제도에 결정적 타격을 주었다. 16~17세기에 유럽의 군사기술 발전으로 티마르 제도로 양성되는 화살과 방패의 기병이 필요없게 되자 티마르 제도의 존재 자체가 위협받게 되었다. 전리품 수입이라고는 전혀 생기지 않는 전쟁을 수행해야만 하는 오스만 제국은 유럽의 신군대에 대항할 수 있는 막강 군대를 유지하기 위해서는 재정이 필요했는데, 이는 결국 농민의 삶을 피폐하게 만들었다. 티마르 제도의 붕괴가 가져온 경제·군사적 악순환은 해결할 수 없을 정도로 꼬리에 꼬리를 물고 이어졌다.

오스만 제국의 경제가 불안정해진 것은 유럽에서 일어난 상업 자본주의 발달의 영향 때문이었다. 신항로 개척으로 유럽은 오스만 제국을 따돌렸다. 유럽이 경제와 문화의 구심점이 되어 그 영역을 전 세계적으로 펼치고 있을 때, 오스만 제국은 전통을 고수하며 변화를 꾀하지 못했다. 그것은 오스만의 경제 생산구조, 통치자 술탄의 통치철학과 깊은 관련이 있다. 당시는 세계가 곧 '오스만 제국'이었기 때문에 자기만족에 충만하여 오스만 '밖'의 변화에 관심을 두지 않았다. 17세기 오스만 엘리트에게 유럽은 경제적 관심의 대상이 아니었다. 외부의 변화에 대한 대응보다는 내부 질서를 수습하는 문제를 시급하게 생각했다. 쉴레이만 1세 시대에 오스만 제국의 외부 환경과 17세기 외부 환경은 너무 달랐다. 유럽이 변화하면 할수록 오스만 제국은 전통 가치관에 더 매달렸다. 17세기 오스만 제국은 내부적으로 위기 속에서 지났으나, 메흐메드 2세가 천명한 '두 대륙과 두 해양의 지배자'라는 정복자의 기상은 살아있었다. 다음 18세기에 오스만 제국은 서구화를 대의명분으로 유럽의 발전을 받아들이기 위한 변화를 모색하기 시작했다.

5
변화와 외교의 시대
1700~1800

유럽의 성장과 오스만의 쇠퇴

산업혁명·계몽주의·프랑스혁명

17세기도 그렇지만 18세기에도 유럽 사회에서는 큰 변화가 일어났다. 먼저, 미국의 독립혁명(1775)과 프랑스혁명(1789)이 일어날 즈음인 18세기 중반(1750~60), 영국에서는 산업혁명Industrial Revolution이 일어났다. 1750년 당시 유럽의 총인구(9천 4백만 명) 중 6.5퍼센트(6백만 명)를 점한 영국이 유럽의 최다 인구 국가인 프랑스(2천 1백만 명, 23퍼센트)를 따돌리고 산업혁명을 이끈 것이다. 영국은 기술과 숙련 노동자의 유출을 엄격하게 막았지만, 영국의 기술 혁신은 벨기에, 프랑스, 스웨덴, 독일과 미국 등지로 확산되었고, 유럽 본토에서는 프랑스가 영국의 최대 경쟁국이 되었다. 18세기 후반부터 시작된 유럽의 산업기술 발전은 유럽의 경제·사회 구조를 바꾸어놓았다. 산업혁명의 가속화는 19세기 들어 일어났지만, 유럽 사회는 농업 중심의 노동집약적 경제에서 공장과 기계 중심의 자본집약적 경제로 전환되고 있었다. 유럽의 산업기술 발달은 유럽과 오스만 제국 간 경제 면에서 빈부의 양극화 현상을 초래했다. 또한, 18세기 유럽에서는 자연과학과 철학의 발달로 전제군주와 종교의 족쇄로부터 해방된 인간 이성의 자율성을 핵심으로 하는 계몽주의 물결이 일었다. 계몽주의 사상은 정치적으로 체제에 대한 비판과 개혁을 불러일으켰다. 계몽주의 정신은 절대왕정과 전제군주에 맞선 투쟁으로 인류사에 전환점이 된 미국의 독립과 프랑스의 혁명에 영감을 불어넣었다.

미국의 '독립선언서'와 프랑스혁명의 '인간과 시민의 권리선언'은 서양 근대 정치사와 사상사에 중요한 획을 긋는 문서로 국민people 주권의 원리를 천명했다. 특히 프랑스혁명은 나폴레옹 보나파르트의 쿠데타로 1790년대 말에 종식되었지만, 유럽 근대사에 미친 영향력은 실로 막강했다. 프랑스혁명의 구호는 '자유·평등·형제애'였다. 1792년 이후 프랑스는 유럽의 군주국들과 프랑스혁명 전쟁을 진행하면서 전제군주제 폐지, 자유, 평등 등 법치주의와 시민평등사상을 유럽에 전파시켰다. 프랑스혁명은 왕정을 끝내고 시민이 주인이 되는 근대 민주주의의 시작을 알린 혁명이었다. 이는 19세기 들어 오스만 제국에도 자유, 평등사상을 불어넣어 술탄의 전제적 권위는 유럽의 '새로운' 사상으로 도전받게 되었다.

오스만의 농업의존형 경제구조

오스만 제국은 인구의 80∼90퍼센트가 농업에 종사하는 전통적 농업국가였다. 중앙정부의 관료와 군사계층 지배 엘리트를 제외하고 거의 모든 인구가 생계를 농업에 의존하였다. 토지를 기초로 한 농업생산과 세제정책으로 국가 경영에 있어 '토지'는 중요한 경제 요소였다. 전 국토의 90퍼센트가 국가 소유 토지였고, 최종 관리자는 술탄이었다. 민간은 토지를 소유할 수 있었으나, 그 소유권이란 '사유재산'으로서의 소유가 아니라, 계약으로 사용 허가를 받아 토지를 경작하는 '운영권'이었다. 유럽의 산업화에 발맞추어 농민을 산업화 시대로 끌어낼 사회적 기반은 아직 갖추어지지 않은 상태였다. 유럽에서 산업혁명 이전에 있었던 과학 발달 과정이 오스만 사회에서는 일어나지 않았다. 그것은 세습된 전통주의적 관념, 즉 "지속 가능한 국력은 질서의 보존에서 온다"라는 믿음 때문이었다. 통치자와 지배층 엘리트들은 산업화로 이전하면서 생길 '전통적 질서 파괴'를 우려하였다.

오스만 지배층이 전통질서를 유지하려는 신념은 구체적으로는 사회를 구성하는 신민들인 농민, 동업자 조합(아히ahi, 유럽의 길드), 상인들 내부 구성원 간 또는 집단 간의 힘의 균형과 평형을 관리하는 것이었다. 어느 집단이 우월하게 성장하는 것은 사회의 평형을 위협하는 일이기 때문에 그렇게 되는 것을 철저히 막았다. 오스만 지배층은 이들을 보호한다기보다는 통제하는 일이 중요한 임무였다. 농민이나 아히와는 달리 이동하는 상인은 통제가 쉽지는 않았지만, 상인의 모든 활동도 정부의 통제 안에 있었다. 오스만 제국의 상인은 중상주의를 이끈 유럽의 상인들과는 근본적으로 달랐다. 그들에게는 위험을 무릅쓰고 기회를 포착하여 산업화하려는 도전적인 기업가 정신이 있을 수 없었다. 불행한 일이지만, 유럽의 대량 생산, 기술 발전은 오스만 제국이 재정 위기가 심각할 때 일어났다. 설상가상으로 오스만 제국의 수출 억제와 수입 장려정책은 유럽의 대對오스만 제국 수출을 더욱 확대하였다. 17세기 말에서 18세기 초까지는 영국과 네덜란드가 오스만 제국의 최대 교역국이었지만, 1730년대 이후부터 프랑스혁명이 일어나기 전까지 프랑스가 최대 교역국이 되었다. 프랑스혁명으로 오스만 제국과 프랑스의 관계가 소원해지자 그 틈을 타고 영국이 오스만 제국에 상업적 관심을 고조시켰다. 산업혁명으로 유럽의 산업이 발달하면 할수록 유럽 열강은 오스만 제국의 원재료raw materials가 더욱 필요하게 되었다. 유럽은 기계 발명과 기술 혁신으로 비약적인 발전을 거듭하고 있었지만, 오스만 제국은 자력으로 산업혁명을 이루거나 기술 혁신으로 생산성 향상을 이룰 상황은 전혀 아니었다. 유럽은 오스만 제국으로부터 수출용 물품의 제조나 가공에 필요한 원재료를 수입하여 완제품을 만들어 오스만 제국에 팔았다. 오스만 제국의 유럽에 대한 무역구조는 '원자재 수출−완제품 수입' 형태로 굳어갔고, 오스만 제국의 경제는 유럽 열강에 예속되어갔다.

18세기 오스만 제국은 유럽의 기술 발달에서 후발자로 남게 되었다. 기술 도입과 적용을 위한 기술 추격은 군사 분야에만 한정되었다. 오스만 제국은 광활한 영토를 어떻게 군사적으로 보호할 것이며, '제국 경영'에 필요한 재원을 어떻게 확보하는가에 관심을 집중하였다. 한정적이긴 하였지만, 이스탄불, 시노프, 이즈미트, 겔리볼루 등에 있는 조선소, 대포, 화약, 무기 같은 군사 분야의 시설이 유럽 기술을 반영하여 운영되었다. 오스만 제국은 18세기 전반에 서구문화를 도입하는 튤립 시대를 열었으나, 얼마 안 되어 보수적인 사회로부터 외면받게 되었다. 마흐무드 1세(1730~54), 압뒬하미드 1세(1774~89)에 이어 셀림 3세가 군사·행정·외교·경제 분야에서 과감한 혁신을 단행했는데, 이역시 전통문화를 지켜야 한다는 보수주의자들과 개혁을 주장하는 진보주의자들 간 충돌로 성공하지 못했다. 오스만 제국의 혁신은 전통 보수파와 개혁 진보파 간 양자 대결 속에서 순탄치 않은 여정을 이어 나갔지만, 국세가 기울어가던 19세기에 자의 반 타의 반으로 대대적인 혁신을 추진했다.

오스만 제국에 눈독 들인 유럽 열강

18세기 유럽은 봉건 영주들의 힘이 약해지고 국왕의 세력이 강해지면서 중앙집권의 절대왕정 시대가 되었다. 세기 내내 유럽 국가들은 가톨릭과 개신교의 팽팽한 긴장 속에서 자국의 이익에 따라 동맹을 구성하고 허물며 세력 균형의 전략적 선택만을 추구하였다. 오스트리아·러시아·영국·프로이센·프랑스 등 유럽의 5대 열강은 자국의 이익을 위해 수단을 가리지 않고 권모술수를 다한다는 마키아벨리적 정치철학을 가지고 오스만 제국을 상대로 외교를 전개했다. 18세기 강성해진 오스트리아와 러시아는 오스만의 국가 전략과 충돌하는 지점인 발칸반도와 지중해에서 영향력을 확대하려 하였다. 이 때문에 오스만 제국은 오스트리아, 러시아와 전쟁을 계속 치러야만 했다. 그리고 전통적으로 동맹관계를 유지해온 프랑스가 18세기 후반 프랑스혁명으로 정치적으로 혼란에 빠지자 오스만은 영국과 프로이센(후에 독일제국)을 새로운 동맹국으로 상대하였다. 프랑스와는 세기가 끝날 무렵 나폴레옹의 이집트, 시리아 등에 대한 이른바 동방원정으로 한바탕 힘겨운 전쟁을 치르게 된다.

이 시기에 새롭게 부상한 강대국인 영국과 러시아는 오스만 제국의 전략적 가치를 독점하기 위한 치열한 외교전을 펼쳤다. 영국은 부동항을 확보하기 위해 흑해로 내려오려는 러시아의 남하정책을 저지하였고, 동시에 이집트를 중심으로 한 지중해를 지배하려는 프랑스의 전략에도 저항했다. 영국은 1713년부터 1779년까지 레반트 지역에서의 상업 패권을 위해 오스만 제국에 우호적인 외교전을 벌였고, 1791년부터는 오스만 제국의 영토 보전territorial integrity 권리를 강하게 주장하며, 열강들의 오스만 영역에 대한 지배 야욕 차단에 나섰다. 뒤늦게, 갑작스럽게 강대국 대열에 합류한 러시아는 부동항 확보정책으로 흑해로 진출하는 동시에 발트해 진출을 감행하여 스웨덴, 발칸, 중부 유럽의 지배자를 넘보았다. 이 때문에 오스만 제국은 러시아와 국가 생존 자체가 경각에 달린 전쟁을 치러야만 했다. 오스만 제국이 쇠퇴하는 시기에 유럽 열강은 오스만의 영역에 자국의 정치·경제적 이익을 추구하기 위한 전략을 구사하였고, 자국보다 어느 상대라도 우월적인 위치에 서는 것을 허락하지 않았다.

강대국과의 평화조약

러시아와의 긴 전쟁과 평화조약

오스만 제국은 러시아와는 17세기부터 전쟁을 끊임없이 해왔다. 러시아의 남하정책과 이를 막으려는 오스만 제국 간의 무력 충돌은 1683년 오스만 제국의 빈 침공 실패 이후에 본격적으로 일어났다. 러시아가 남하하려면, 크림반도나 발칸반도, 이스탄불 보스포루스 해협을 장악해야만 했다. 이들 지역은 오스만의 세력권 안에 있었다. 러시아가 넘보고 있는 또 다른 전략적 지역은 발트해였다. 발트해 연안은 스웨덴 제국이 장악하고 있었다. 러시아는 1686년에 신성동맹군에 가담한 이후 1687년과 1689년 두 차례 크림 칸국을 침략하였다. 하지만 러시아의 크림 침공은 실패로 돌아갔다. 그러자 러시아는 1695~96년에 흑해의 진입로인 아조프를 두 차례 침략했고, 결국 아조프 요새가 러시아의 손에 들어갔다. 1697년 여름, 무스타파 2세는 젠타(세르비아 센타) 전투에서 오스트리아의 사부아 공작인 외젠에게 대패했다. 1683년 시작된 신성동맹과의 14년 대전쟁(대튀르크 전쟁Great Turkish War)이 마무리되는 순간이 왔다. 1699년, 오스만 제국은 신성동맹 세력과 카를로비츠 조약을 체결한 후, 러시아와는 6개월 협상 끝에 1700년 7월, 30년 유효 기간의 '이스탄불 조약'을 체결했다.[1] 이스탄불 조약에 따라 러시아는 아조프 성을 차지하는 한편, 이스탄불에 상주 외교사절을 둘 수 있게 되었다. 러시아는 안드레예비치 톨스토이를 이스탄불에 최초의 상주대사로 파견했다.

오스만 제국과 평화조약을 체결한 러시아는 발트해로 눈길을 돌려 발트해 제해권을 장악하며 유럽의 패권국으로 팽창하는 스웨덴의 세력을 꺾기 위해 대북방 전쟁The Great Northern War(1700~21)을 일으켰다. 21년간 계속된 전쟁으로 스웨덴 제국은 멸망했고, 마침내 러시아는 당당한 제국으로 등장하게 되었다. 한편, 대북방 전쟁이 한창 진행 중일 때, 러시아와 스웨덴 간 전쟁의 불똥이 오스만 제국에 튀었다. 1709년 폴타바 전투에서 표트르 1세에 패배한 스웨덴 왕 '칼 12세'(1697~1718)가 부상을 당해 오스만 제국으로 피신하자 오스만 제국과 러시아 간에 외교 문제가 발생한 것이다. 러시아 표트르 1세는 1710년 7월 28일과 10월 29일 두 차례 아흐메드 3세에게 친서를 보내 스웨덴 왕을 즉각 추방할 것을 요구했다. 술탄 아흐메드 3세는 목숨을 구하기 위해 자국에 망명한 외국의 왕을 인도하는 것은 오스만 제국의 권위와 체면에 맞지 않는다며 거절하였다.[2] 스웨덴 왕 문제로 러시아와의 긴장관계는 가속되고 있었지만, 아흐메드 3세는 러시아가 대북방 전쟁을 시작하기 직전에 체결한 이스탄불 평화조약을 파기하려 하지 않았다. 이에 불안해진 칼왕이 아흐메드 3세를 끈질기게 설득한 끝에 오스만은 12월 20일이 러시아에 선전포고를 하였다.

1711년 7월 프루트강 전투에서 오스만 군대는 표트르 1세가 이끄는 러시아 군대를 전방과 후방에서 완전히 포위했다. 프루트강 전투에서 오스만 제국의 속국인 몰다비아가 오스만 제국을 배신하고 러시아 편에 서서 싸웠다. 몰다비아 군주 칸테미르가 몰다비아의 미래를 러시아에 걸었기 때문이었다. 그런데도 오스만 군대는 러시아—몰다비아 진지에 포격을 계속하면서 러시아 군대를 포위하는 데 성공했다. 포위망에 갇힌 러시아 군대는 식량난과 식수난에 처했고, 오스만 군대의 포위로 고립된 표트르 1세는 오스만에 평화협상을 제안했다. 오스만은 러시아 측의 요구를 받아들여 7월 21일 러시아와 '프루트 평화조약'을 체결하였다. 그 결과 아조프 성은 다시 오스만 제국에 양도되었다. 러시아는 이스탄불에 상주대사 파견이 금지되고, 폴란드에 내정간섭은 하지 않기로 되었다. 문제가 된 스웨덴 왕 칼 12세는 본국으로 귀환하도록 했다. 오스만 제국으로서는 오랜만에 제국의 권위와 위신을 세운 매우 값진 결과였다. 아흐메드 3세는 카를로비츠 조약으로 상실한 군사기지이자 상업기지인 아조프 성채를 탈환한 프루트 조약에 만족을 표했다.

숙적 오스트리아와 맺은 평화조약

프루트강 전투를 승리로 이끌고 기선을 잡은 오스만 제국은 오스트리아에 빼앗긴 모레아섬을 찾아오기 위해 1714년 12월 7일 베네치아에 선전포고하였다. 그리스정교를 믿는 모레아섬 주민들은 가톨릭인 베네치아인들로부터 탄압을 받고 있다면서 오스만에 도움을 요청해온 터였다. 1715년 3월 31일 대재상 '실라흐다르 알리 파샤'가 이끄는 오스만 군대는 이스탄불을 떠나 해상과 지상 공격을 감행했다. 그 결과 8월 22일 모레아섬 탈환에 성공했다. 오스트리아는 오스만 제국의 모레아섬 정복은 카를로비츠 평화조약을 위반한 것이라며 이 섬을 다시 베네치아에 즉시 양도할 것을 강하게 요구했다. 1716년 4월 13일 오스트리아는 오스만 제국에 최후통첩을 보냈다.

오스만 제국은 이를 거부했다. 5월부터 오스만 제국과 오스트리아–베네치아 동맹국 간 전쟁이 시작되었다. 이후의 전세는 오스만 제국에 불리하게 전개되었다. 8월 5일에 실라흐다르 알리 파샤가 이끄는 오스만 군대는 바라딘(현 세르비아의 페트로바라딘)에서 오스트리아 사부아의 외젠 공작 군대와 전투를 치렀다. 5시간 계속된 전투에서 오스만 군대는 지휘관인 알리 파샤가 전사하며 파죽지세의 오스트리아 군대에 패하고 말았다. 10월이 되자 합스부르크가의 오스트리아는 헝가리 내 마지막 남은 오스만령 테메쉬바르 성까지 정복하였다. 1717년 7월에 오스트리아는 도나우강의 최전선 거점인 베오그라드까지 손에 넣었다. 베오그라드를 유럽으로 들어가는 '열쇠'로 인식하는 오스만 제국에 큰 타격이었다.

그해 8월에 스페인 왕위 계승 전쟁으로 오스트리아가 스페인과 전쟁을 해야 하는 상황이 일어나자, 오스트리아는 오스만 측에 평화를 제의해왔다. 서방 측에 중재를 요청하던 오스만 제국은 오스트리아의 평화 제의를 기꺼이 수락했다. 1718년 7월 21일 오스트리아 합스부르크 왕가 및 베네치아와 24년 유효 기간의 '파사로비츠 평화조약'을 체결하였다. 파사로비츠 조약을 체결하는 데 오스만 제국에 주재하는 영국과 네덜란드 대사가 중재 역할을 했다. 오스만 제국은 오스트리아 합스부르크와 자유 왕래, 낮은 관세, 전염병 예방 등에 협력하기로 했지만, 파사로비츠 평화조약으로 발칸 지역의 대부분 영토를 상실하였다. 오스만 제국은 상실된 영토를 회복하는 것은 이제 힘들다는 것을 실감했다. 동시에 유럽을 알고 배워야 한다는 것도 인식했다.

튤립 시대

계몽군주 아흐메드 3세

오랜 숙적 오스트리아, 그리고 그 동맹국 베네치아와 평화조약을 체결한 후 평화의 분위기 속에서 술탄 아흐메드 3세(1703~30)와 대재상 이브라힘 파샤의 환상적인 '협업'은 오스만 제국을 지금까지 경험하지 못한 새로운 국면으로 접어들게 하였다. 파사로비츠 조약 체결 이후 1718년부터 1730년까지 12년간 지속한 평화의 시기, 즉 '튤립 시대 Tulip Age'가 열렸다. 튤립 시대는 정치와 경제가 이전과 비교하여 안정된 시기로 서양의 기술, 소비문화, 사회생활 양식을 모방함으로써 오스만 제국 수도를 세련미의 절정에 달하게 하였다. 아흐메드 3세는 카누니 술탄 쉴레이만 이후 150여 년 만에 나타난 견문이 넓고 교양이 넘치는 군주였다. 그는 어린 시절에 아버지인 메흐메드 4세의 사냥에도 같이 따라 다니고 궁전의 여러 의전행사도 목격하면서 비교적 외부 세상에 많이 노출되었다. 아흐메드 3세는 '네집Necib'이라는 필명으로

시 쓰기를 좋아했고 이슬람 서예에도 재능을 보이는 등 심미안을 가진 문화적인 군주였다. 선친인 메흐메드 4세가 튤립을 궁전에 가꾸기도 했지만, 아흐메드의 '튤립 사랑'은 집착에 가까웠다.

아름다움과 부를 상징하는 튤립은 중앙아시아가 원산지로 페르시아인들과 튀르크인들이 좋아하는 꽃이다. 고대 그리스, 로마, 비잔티움의 장식예술에는 등장하지 않던 튤립은 오스만 제국 시대에 많이 사용되었다. 아흐메드 3세는 톱카프 궁전을 온통 튤립으로 장식하고 만월의 밤에 튤립 축제를 열었다. 아흐메드 3세는 다양한 튤립 종에도 관심을 가져 이란과 네덜란드 등에서 대량으로 수입하기도 했다. 이스탄불 연안 전역에서는 튤립 재배가 유행했다. 이스탄불 조정과 고위관료들에 의해 튤립 수요가 폭등하자 1726~27년에 튤립 가격이 급등하여 결국에는 최고 상한가를 고시해야만 했다. 톱카프 궁전은 물론 고위관료의 저택 정원은 형형색색의 튤립으로 장식되었고, 자기·세밀화·직물에도 튤립 문양이 화려하게 표현되었다.[3]

파사로비츠 평화조약 협상 당시, 대재상으로 발탁된 '네브셰히를리 이브라힘 파샤Nevşehirli İbrahim Paşa' 역시 본능적으로 아름다움을 살피는 심미안이 탁월한 사람이었다. 전쟁을 멀리하고 평화를 옹호하며 남다르게 높은 지적 호기심과 넘치는 열정, 미래를 내다보는 능력으로 자기 주도적인 활동을 하는 인물이었다. 거기에다 처세술이 탁월해 술탄의 사위가 되었다. 아흐메드 3세의 재위 27년 동안 14명의 대재상이 교체되었다. 아흐메드 3세 재위기에 대재상의 평균 재임 기간이 14개월인데 유일하게 이브라힘 파샤가 12년 동안 장기 재임하였다. 이브라힘 파샤는 왕가의 결혼, 약혼, 할례 등 통과의례 행사를 이스탄불 신민과 외교사절이 참가하는 화려한 경사로 크게 벌여 술탄의 마음을 사로

잡았다. 문화적인 심미안을 가진 술탄과 대재상이 장인과 사위 관계를 유지하면서 오스만 제국 역사상 처음으로 서양으로부터 새로운 것을 배우려고 시도하였다. 아흐메드 3세와 이브라힘 파샤는 오스만 제국의 빗장을 열고 유럽의 문화를 받아들인 '튤립 시대'를 개막한 장본인들이었다. 아흐메드 3세는 이스탄불에 새로운 유럽 문화의 유입과 학문 연구에 활력을 불어넣어 세속주의 사회를 향한 새로운 바람을 불러일으킴으로써 최초의 계몽군주가 되었다.[4]

아흐메드 3세의 문화 개방cultural opening 시기를 튤립 시대(터키어 랄레 데브리Lale Devri)로 이름 붙인 사람은 터키 역사가 아흐메드 레피크 Ahmed Refik(1880~1937)였다. 아흐메드 레피크는 자신의 저서에서 튤립 시대를 상류층에 의한 향락의 시대로 묘사했다. 그가 묘사한 튤립(랄레)은 일상의 덧없는 향락을 상징했다. 튤립 시대는 유럽 문화 모방에 대한 반감으로 1730년에 끝나고 말았지만, 유럽의 과학과 기술을 받아들인 최초의 변화와 혁신 시기였다. 아흐메드 3세와 이브라힘 파샤는 학자들에게 유럽의 고전을 번역하도록 함으로써 이 시기에 그리스 고전 번역은 전성기를 맞았다. 9세기경 이슬람 압바스 왕조가 바그다드에서 그리스 고전을 아랍어로 번역하던 것과 유사했다. 튤립 시대는 시기가 짧아 터키어로 번역된 고전은 많지는 않았지만, 톱카프 궁전의 '엔데룬 궁정학교'의 교수였던 얀얄르 에사드 에펜디Yanyalı Esad Efendi는 아리스토텔레스의 《피지카physica》(물리학)를 아랍어로 번역했다. 그는 15세기 유럽에서 시작된 지리상의 발견에 관한 책도 터키어로 번역하였다. 튤립 시대에 있었던 12년간의 짧은 변화는 서양인들에 의해 글과 그림으로 남겨졌다.

유럽을 모방한 개혁

이브라힘 파샤는 유럽을 침략 대상이 아니라 제국의 미래를 위한 동반자로 인식한 최초의 정부 엘리트였다. 그는 유럽은 적국이기도 하지만 군사·기술 분야에서의 우위를 인정하고 배워야 한다고 판단했다. 이브라힘 파샤는 유럽 정세를 파악할 외교사절을 빈, 파리, 바르샤바, 모스크바 등 유럽의 주요 도시에 파견했다. 프랑스에 파견된 '이르미세키즈 첼레비 메흐메드Yirmisekiz Çelebi Mehmed'를 포함, 오스만의 외교사절들은 그들이 유럽에서 보고 느낀 문화와 정보의 견문기를 술탄과 대재상에게 보고했다. 그들은 유럽의 산업, 농업, 군사 분야의 발전 상황과 바로크식의 화려한 궁전, 인상적인 정원, 남녀가 같이 춤추는 연회장 등 문화적으로 개화된 유럽 사회상을 보고했다. 1720~21년간 파리에 머문 첼레비 메흐메드가 술탄에 올린 '대사 보고서Sefaretnâme'는 오스만 제국이 처음으로 유럽을 들여다보는 창문 역할을 하며 오스만 조정이 유럽을 바라보는 시각을 바꾸게 하였다.

이 시기에 오스만 중앙정부는 유럽을 본보기로 하여 제도적인 개혁을 시도했다.[5] 맨 먼저 시작한 것이 인쇄소였다. 첼레비 메흐메드는 파리에서 헝가리계 이브라힘 뮈테페리카Ibrahim Müteferrika를 이스탄불로 데려왔다. 이브라힘 뮈테페리카는 첼레비 메흐메드의 아들 '사이드 에펜디'와 함께 독일의 구텐베르크에 270여 년이나 뒤진 1727년 12월 이스탄불 셀리미예에서 최초의 인쇄소를 개설하였다. 성서 쿠란을 인쇄하지 않는다는 조건이었다. 오스만 사회에서는 쿠란 같은 성스러운 책을 인쇄하는 것은 알라에 대한 모독으로 여겼기 때문이다. 이브라힘 뮈테페리카는 자신의 인쇄소에서 아랍어-터키어 사전, 역사, 지리에

1721년 3월 21일 파리에 도착한 이르미세키즈 첼레비 메흐메드 일행

아흐메드 3세는 유럽의 기술 발전을 확인하기 위해 인문지식과 해외사정에 밝은 이르미세키즈 첼레비 메흐메드를 특임대사 자격으로 프랑스에 파견했다. 오스만 제국이 유럽과 외교관계를 시작하며, 이슬람문화와 다른 문화를 이해하려는 구체적인 시도였다.

이르미세키즈 첼레비 메흐메드는 튈르리 궁전에서 12세의 루이 15세를 알현했다.

관한 책을 인쇄했고, 1743년까지 17권의 책을 출판했다. 최초의 인쇄소 개설은 오스만 사회에서 다음 세기에 출판문화가 확대되는 중요한 계기가 되었고, 유럽에서 이성의 시대로 불리는 계몽주의 시대가 오스만 사회에서 열리게 했다.

술탄 아흐메드 3세는 특히 프랑스 방식의 문화 취향을 선호했다. 술탄은 메흐메드 첼레비가 보고한 퐁텐블로궁과 말리궁에 대해 깊은 인상을 받았다. 술탄은 프랑스식의 화려한 궁전을 이브라힘 파샤에게 건축하도록 하였다. 1722년에 이스탄불 에윕 근처에 '사다바드Saadabad'

할릴 이날즉 & 귄셀 렌다 (편저, 2002), 《오스만의 문명 2*Ottoman Civilization 2*》, 터키문화부, p.1108. 베르사유 궁전 박물관 MR2271.

궁이 놀라운 속도로 건립되었다. 프랑스 베르사유 궁전과 퐁텐블로 궁전을 본따 만들어진 사다바드 궁전은 '행복의 집'이라는 의미로, 튤립 시대에 이스탄불에 주재하는 외교사절들을 위한 향연의 장소가 되었다. 술탄과 대재상의 취향에 따라, 조정 관리들은 유럽식 복장을 착용하고 유럽식 의자를 사용하기 시작하였다. 새로 지어진 궁전의 정자에서 시를 읽고 커피 향기 속에서 지식인들과 유흥을 즐기는 새로운 문화가 생겼다. 하렘의 여성들도 사다바드 궁전의 정원에서 외출을 즐겼다. 정원과 수로가 겸비된 유럽식 작은 궁전인 사다바드 궁전은 이후 보스포루스 해협 연안에 건축된 작은 궁전과 저택의 모델이 되었다.

이스탄불의 중앙조정을 중심으로 고위관료들이 유럽 문화에 탐닉하고 부를 과시하자 사치와 향락을 즐기는 사회 분위기 또한 생겨났다. 술탄과 관리들의 사치 행각이 알려지자, 일반 신민들은 유럽 궁전문화를 모방하여 사치와 향락을 일삼는 관리들을 미친 사람들이라고 질타하였다. 그들은 서구문화를 오스만 사회에 퍼뜨리는 일은 샤리아 율법을 어기는 일이라고 생각하였다. 조정의 화려한 여흥을 위해 경비가 필요한 만큼 이브라힘 대재상은 전쟁이 없는 시기에도 원정 지원 명목으로 세금을 주저 없이 걷었다. 그러던 중, 사파비 왕조와의 전쟁(1723 ~27)에서 패배했다는 소식이 이스탄불에 전해지자, 조정은 화난 민심의 거센 역풍을 맞았다. 술탄과 대재상에 반감을 품은 관리, 개혁에 저항하는 예니체리, 사치와 향락에 빠진 고위관리들에 분개한 신민들이 반정부 시위를 일으켰다.

반反튤립 시대

1730년 9월 28일, 알바니아계 예니체리 출신이었던 '파트로나 할릴 Patrona Halil'이 반란을 주도했다. 그는 예니체리 병사였으나 반란행위로 축출되어 부랑자가 된 사람이었다. 당시 술탄은 사파비 원정을 위해 위스퀴다르에 있었다. 30여 명으로 시작된 시위대는 잠깐 사이에 수천 명으로 늘어났다. 반란시위에는 예니체리도 가세했다. 같은 날 늦은 시간 술탄은 이스탄불 톱카프 궁전으로 돌아왔다. 시위대는 대재상 이브라힘과 그의 사위 2명, 셰이훌 이슬람(압둘라 에펜디) 등 총 32명의 신병을 인도하라고 요구했다. 시위가 갈수록 격화되자 아흐메드 3세는 무장반란 세력의 요구를 받아들여 이브라힘과 고위관리인 사위 두 명 등 세 명을 교살하도록 명령을 내렸다. 이브라힘과 해군 제독, 대신들은 처형되었다. 반정부 시위대는 이에 만족하지 않았다. 시위 3일째 반란 세력은 술탄의 폐위를 요구하고 나섰다.

아흐메드 3세는 압둘라 에펜디 셰이훌 이슬람과 다른 대신 두 명을 불러 술탄과 그 가족을 해하지 않는다는 확약을 시위대로부터 받아오도록 했다.[6] 그러나 시위대는 받아들이지 않았다. 술탄은 10월 1일 저녁 늦은 시간 카페스에 감금되어 생활하던 조카 마흐무드에게 술탄 직을 넘겨주었다. 아흐메드 3세는 마흐무드에게 "국정은 직접 살피고, 누구도 믿지 말며, 대신들 임기는 길게 하지 말라"고 마지막으로 조언했다.[7] 아흐메드 3세 술탄의 폐위, 대재상 이브라힘의 교살로 오스만에 새로운 바람을 불어넣으려던 12년간의 튤립 시대는 막을 내렸다.

아흐메드 3세는 다음 술탄인 마흐무드 1세 시대에 6년간 연금생활을 하다가 1736년 7월 1일 63세로 톱카프궁에서 사망했다. 카누니 술탄 쉴레이만 이후 유일하게 60대 고령에 생을 마친 술탄이 되었다. 아흐메드 3세는 27년간 술탄 직에 있으면서 단 한 차례도 전투에 나서지 않았다. 부드러운 성격의 소유자로 대재상 이브라힘과는 조화롭게 국정을 운영했다. 오스만 역대 술탄 중 가장 많은 14명의 후궁을 거느렸고, 22명의 아들과 30명의 딸 등 총 53명의 자식을 두었다.[8] 그의 아들 중 두 명(압뒬하미드 1세, 무스타파 3세)은 술탄이 되었다. 튈립 시대의 개혁정신은 반세기가 지나 18세기 말 셀림 3세 때 이어졌다.

이스탄불 광역시 (2007), 《영원한 이스탄불*Ageless Istanbul*》, 이스탄불 광역시 출판부, p.38.
외젠 플랑댕Eugène Flandin, 1853.

제정 러시아와의 대결

발칸에서 러시아와 충돌하다

러시아 제국이 유럽의 강대국으로 등장한 시기는 오스만 제국의 군사력이 쇠퇴하는 시기와 맞물렸다. 오스만 제국과 러시아 제국, 두 나라가 충돌하는 지점은 발칸반도, 크림반도, 캅카스 등 세 곳이었다. 1739년 러시아와 체결한 베오그라드 조약의 유효 기간은 27년이었다. 베오그라드 조약 체결 이후 오스만 제국은 동부에서 사파비 왕조와의 전쟁을 제외하고는 30여 년간 비교적 평화를 유지해왔다. 러시아가 발칸으로 진출하기 위한 거점으로 폴란드를 선택하면서 발칸반도 패권을 놓고 러시아와 오스만 제국 간 국가 전략이 충돌하게 되었다. 1763년 10월 5일 아우구스트 3세 폴란드 왕이 세상을 뜬 후, 다음 왕 선출 문제는 전 유럽의 관심을 불러일으켰다. 러시아의 의견을 따라야 했던 폴란드 왕실은 귀족들 마음대로 왕을 선출할 수 없었다. 폴란드 왕실은 폴란드인들의 자유선거로 후임 왕이 선출되기를 원했고, 오스만 제국

도 폴란드와 같은 입장이었다.[9]

　오스만의 뜻과는 달리, 러시아는 폴란드 내부 문제에 간섭하기 시작했다. 1764년 예카테리나 2세는 스타니스와프 2세를 지원하여 폴란드 왕에 오르게 하였다. 이에 그치지 않고 러시아는 폴란드에 군대를 진입시켰다. 러시아에 맞서기에는 폴란드는 너무 약체였다. 그 결과 1772년 8월 폴란드는 국경을 맞대고 있는 세 강대국(러시아·프로이센·오스트리아)에 의해 영토가 분할되었다. 오스만 제국은 러시아의 폴란드 내정간섭에 항의해 1768년 러시아와 전쟁에 들어갔다. 러시아 군대는 오스만 변방의 호틴, 벤데르, 킬리 등을 정복하고 전투마다 승리를 거두었다. 왈라키아와 몰다비아마저도 러시아의 수중에 들어갔다. 1770년 7월 7일 오스만 제국과 러시아 군대는 '체쉬메Çeşme'에서 해전을 벌였다. 체쉬메 해전에서 오스만 해군은 영국의 지원을 받은 러시아 함대에 치명적인 패배를 당했다. 이어 8월 1일 카르탈 평원 전투에서도 패배를 피할 수 없었다. 수적으로는 우세했으나, 병사들의 사기가 크게 떨어지고 제대로 된 지휘관도 없었기 때문이다. 오스만-러시아의 6년 전쟁(1768~74)은 두 나라의 정치·경제·사회 현상을 더욱 어렵게 만들었다. 때마침 러시아에서는 예카테리나 2세 여제 치하에서 일어난 대규모 농민 반란(푸가초프 반란)이 계속되고 전쟁을 위한 세금 인상으로 농민들의 불만이 고조되었다. 전염병으로 죽는 군인들이 늘어나자 러시아는 오스만 제국과의 전쟁이 빨리 끝나기를 바랐다.

　러시아군이 오스만 군대의 군사기지인 불가리아의 슈멘을 포위하며 오스만 군대를 마지막으로 압박하였다. 러시아 황제는 기회를 포착하고 러시아 장교 '로만조프'를 통해 대재상 '무흐신자데 메흐메드 파샤'에게 평화를 요구하는 공한을 전달했다. 러시아로서는 전략거점인 크림, 왈라키아, 몰다비아 등을 점령한 상태로 당장 전쟁을 끝낸다 하더라도 손해볼 것이 없었다. 오스만 제국도 마찬가지로 휴전이 필요한 시점이었다. 경제가 이미 파탄지경에 이르렀고, 전장을 이탈해 도망가는 병사들도 늘어나 사회불안이 고조되었다. 이 같은 상황에서 오스만 조정은 러시아 측의 평화 제의를 수락했다. '아흐메드 레스미 에펜디Ahmed Resmi Efendi'가 전권대사 자격으로 협상 대표, 이브라힘 뮈니브 에펜디가 대사 자격으로 부대표가 되었다. 메흐메드 에민 나히피가 기록관, 미칼리자데 요르가키가 통역관으로 임명되었다.[10] 러시아는 협상 장소로 오늘날 불가리아 국경에 있는 '퀴췩카이나르자Küçük Kaynarca'를 선택했다.

강대국으로 부상한 러시아

오스만 대표단은 1774년 7월 16일 협상 장소에 도착했다. 7월 17일부터 협상이 시작되었고, 7월 21일 28개 조문의 '퀴췩카이나르자 조약'이 체결되었다. 양측이 이미 부쿠레슈티에서 대부분 협의해놓은 상태여서 협상은 쉽게 타결되었다. 오스만 측에서는 아흐메드 레스미 에펜디 전권대사가 서명했고, 러시아 측에서는 레프닌Repnin 사령관이 서명했다.[11] 조약문 협상 시 가장 예민했던 문구는 "러시아가 오스만 제국 내 러시아정교와 기독교인들을 보호할 수 있다"라는 조항과 관련한 제7조와 14조였다.[12] 이 조항은 앞으로 러시아가 오스만 제국의 내정을 간섭하는 중요한 빌미가 되었다. 러시아는 비잔티움이 멸망한 후 '제3의 로마 이론'을 내세우며, 러시아정교를 신봉하는 모스크바가 세계 기독교 국가의 중심임을 선포한 바 있었다. 18∼9세기 내내 러시아는 이 조항을 '러시아정교는 전 세계 기독교 국가의 구심점이며, 러시아는 오스만 제국 내 발칸반도의 슬라브인들과 그리스정교인을 보호해야 할 의무가 있다' 라고 해석했다.

오스만 제국은 이 조약으로 1775년 1월 1일부터 1777년까지 전쟁 배상금을 세 차례 분할 지급해야만 했다.[13] 러시아 선박의 터키 해협(보스포루스 해협과 다르다넬스 해협) 통행이 인정되었고, 오스만은 영국과 프랑스에 인정한 영사 파견과 무역특권을 러시아에도 부여했다. 다행인 것은 왈라키아와 몰다비아, 지중해의 섬은 오스만의 소유가 되었다. 흑해와 터키 해협에서 자유무역과 항행할 수 있는 권리를 얻은 것은 러시아의 큰 성과였다. '퀴췩카이나르자 조약'은 오스만 제국이 지금까지 다른 나라와 체결한 조약 중 가장 가혹했다. 296년간 오스만의 지배에 있던 크림이 러시아의 영향 아래 독립국 지위를 갖게 되었고, 러시아는 오스만 제국 내 정교회 기독교인들을 보호하는 권리를 받아냄으로써 오스만의 내정에 간섭할 수 있게 되었다. 퀴췩카이나르자 조약은 러시아 외교의 승리였다. 러시아는 이 조약으로 영국, 프랑스 다음에 유럽에서 세 번째 강국으로 부상하였다. 반면 오스만 제국은 유럽 열강들과 본격적인 외교 협상의 시대로 돌입하였다.

러시아 예카테리나 2세의 그리스 프로젝트

1762년에 즉위한 러시아 예카테리나 2세(1762∼96)는 일명 '그리스 프로젝트'를 진행했다. 비잔티움 제국으로부터 받은 영성적 유산을 바탕으로 러시아를 과거 세계 문명을 이끈 그리스와 같은 나라로 만든다는 것이 핵심이었다. 예카테리나 2세와 궁정 대신인 포템킨의 합작품으로 문화적 프로젝트지만 정치적 목적도 있었다. 유럽에서 튀르크인들을 몰아내고 특히 발칸 지역에 있는 정교회 기독교인들을 오스만 제국의 속박으로부터 구출한다는 목적이지만, 궁극적으로는 오스만 제국이 차지한 이스탄불을 정복하여 비잔티움 제국을 복구한다는 야망이 있었다. 또한 드네스트르강과 도나우강 사이, 즉 왈라키아, 몰다비아, 베사라비아 지역에 다키야Dakya라는 나라를 세우는 계획도 있었다. 1781년, 예카테리나는 세 살과 한 살 된 손자에게 각각 알렉산더와 콘스탄틴이라는 이름을 부여하였고, 러시아 황실에도 그리스인들을 많이 받아들였다.[14]

예카테리나 2세가 그리스 프로젝트를 진행할 곳은 발칸과 흑해 지역 등 두 곳이었다. 그러나 발칸 지역은 오스만 제국과 오스트리아 합스부르크 왕가가 영토 쟁탈을 위해 첨예하게 각축하는 곳이라 당장 러시아가 개입하기에는 정치적·외교적 부담이 있었다. 1780년대 이르러 러시아는 흑해로의 남하정책을 구체화하기 시작하였다. 러시아 남하정책의 일차 대상은 '크림반도'였다. 크림반도는 러시아와 오스만 제국의 군사적 대결의 완충지였다. 그동안 오스만 제국은 속국인 크림 칸국의 지원으로 러시아의 남하를 저지할 수 있었다. 러시아는 퀴췩카이나르자 조약으로 크림 칸국을 오스만 제국으로부터 분리하여 독립국으로 만들고는 내부 분열을 조장하여 1783년에 자국에 병합했다. 오스만 제국은 예카테리나 2세의 그리스 프로젝트가 실현되는 것을 막고, 크림 칸국을 되찾아오기 위해 1787년 8월 15일 러시아에 선전포고를 하였다.

1787년 시작된 러시아와의 전쟁에서 오스트리아는 러시아 편을 들었고, 프로이센은 오스만 편을 들었다. 두 개 전선에서 동시에 싸운 오스만 제국은 프로이센의 지원에도 불구하고 패배했다. 프랑스혁명의 영향을 우려한 오스트리아는 중도에 참전을 포기했다. 오스만과 러시아의 전쟁은 1791년 12월 29일 '야시 조약'이 체결될 때까지 계속되었다. 야시 조약으로 오스만은 퀴췩카이나르자 조약과 러시아의 크림 칸국의 병합을 재인정해야만 했고, 크림 칸국에 대한 모든 영향력을 잃게 되었다. 또한 러시아는 부동항 확보를 위해 흑해로 진출하는 1단계 사업을 성공적으로 끌어냈다. 러시아의 다음 목표는 보스포루스 해협이었다.

예카테리나 2세의 그리스 프로젝트는 1796년에 파벨 1세가 황제로 즉위하며 끝이 났지만, 유럽의 병자로 낙인찍힌 오스만 제국이 힘과 영향력이 빠진 틈을 이용하여 러시아는 발칸 지역에 적극적으로 뛰어들었다. 부동항을 얻으려는 러시아의 남하정책과 팽창정책은 흑해에서 끈질기게 이어져 유럽 열강들의 이해관계와 충돌했다. 예카테리나가 동맹을 구했던 신성 로마 제국은 나폴레옹의 위협 이래 16개 연방이 라인동맹을 결성하고 탈퇴하자 1806년 해체되었다. 신성 로마 제국의 마지막 황제이자 오스트리아 대공인 프란츠 2세가 오스트리아 제국(1804~67)을 세웠다. 신성 로마 제국이라는 이름은 사라졌으나 제국의 중심이었던 오스트리아는 그대로 살아남고, 독일의 전신 프로이센이 점차 강국으로 등장하게 되었다.

18세기 개혁 시도

포병부대 개혁

마흐무드 1세는 폐위된 아버지(무스타파 2세), 형제들과 함께 에디르네 궁의 한 방에 감금되어 있다가 작은아버지 아흐메드 3세에 의해 1703년 8월 23일 이스탄불 톱카프 궁전의 카페스로 옮겨졌다. 그가 여덟 살 때이다. 그때부터 1730년까지 27년간 외부와 단절된 가택연금 생활을 한 마흐무드 1세는 결단력과 인내심이 강한 군주였다. 그는 즉위하자마자 튤립 시대 흔적을 지웠다. 사다바드 궁전을 쾌락과 여흥의 온상이라 하여 해체시켰다.

마흐무드 1세는 재위기에 페르시아(사파비 왕조)-오스트리아-러시아와 3개의 전선에서 동시에 전쟁을 치렀다. 그러나 마흐무드는 직접 군대를 이끌고 원정을 나서지는 않았고, 24년간 통치하는 동안 이스탄불을 단 한 번도 떠나지 않았다. 그의 재위기에 오스만 제국은 14차례나 전쟁을 치렀다. 페르시아 사파비 왕조와의 장기 전쟁으로 지쳐있던 오스만 제국은 오스트리아와 러시아의 동시 공격으로 사면초가에 직면해 있었다. 1737~39년은 유럽에서 흑사병이 창궐하여 전장에서 사망하는 수보다 흑사병으로 사망하는 숫자가 더 많을 정도로 전염병도 위협적이었다. 오스만 제국은 프랑스의 중재로 오스트리아, 러시아와 각각 베오그라드 평화조약을 체결하였다. 마흐무드 1세는 중재에 대한 사의 표시로 1740년 5월 28일 프랑스에 대해 확대된 영사 및 무역특권을 부여하였다. 이스탄불에 주재하는 프랑스 외교사절에게는 다른 유럽의 외교사절보다 특혜가 더 부여되었다.

마흐무드 1세는 이전과는 완전히 다른 수단과 기술, 전략을 구사하는 유럽에 맞서 군사 분야의 개혁 없이는 오스만 제국의 존립을 장담할 수 없다고 판단했다.[15] 마흐무드는 오스만 제국의 바깥세상을 알기 위해 오스트리아, 사파비 왕조, 폴란드, 스웨덴, 인도, 러시아 등 국가에 여덟 차례 외교사절을 파견했다. 해외를 직접 답사한 사절들은 견문 보고서Sefaretnâme를 술탄에 올렸다. 마흐무드 1세의 관심 분야는 군사 분야였다. 그는 먼저 포병부대 개혁을 추진하였다. 이를 위해 '콩트 드 본느발Comte de Bonneval'에게 '포병부대Humbaracı'를 유럽식으로 근대화하는 임무를 주었다. 본느발은 1706년에 프랑스에서 오스트리아로 망명했다가 1729년에 다시 오스만 제국에 망명해 무슬림이 된 인물이다. 그는 이슬람으로 개종하면서 '아흐메드'라는 이름을 얻어 '훔바라즈 아흐메드 파샤'가 되었다. 본느발이 오스만 제국에 들어온 이후 1730년부터 1770년까지는 포병부대 개혁이 이루어졌다. 1734년에는 장교 육성을 위해 프랑스인 포병장교의 도움을 받아 위스퀴다르에 수학과 과학을 가르치는 '군사기술 교육학교'인 '헨데세하네Hendesehâne'를 개설했다. 그러나 예니체리 부대의 일탈과 기강 해이가 만연한 시기에 개혁에 대한 확신 부재, 보수주의자들의 반대, 재정난 등으로 본느발의 개혁은 성과를 보지 못했다. 오스만 최초의 근대식 군사교육기관이었던 헨데세하네도 예니체리의 반대로 1750년 폐쇄되고 말았다.[16]

포병부대 개혁은 무스타파 3세(1757~74) 때에 다시 이어졌다. 무스타파 3세는 체쉬메 해전에서 러시아 해군이 사용한 대포의 위력에 깊은 인상을 받고 개혁의 필요성을 더욱 절감하게 되었다. 이번에는 헝가리계 귀족 출신인 프랑스 장교 '바롱 드 토트Baron de Tott'가 1769년 무스타파 3세로부터 임무를 부여받고 오스만 군대의 개혁을 추진했다. 바롱 드 토트가 오스만 제국의 포병부대 개혁을 본격적으로 추진한 시기는 1771년부터 프랑스로 돌아간 1776년까지였다. 바롱 드 토트가 하스쾨이에서 대포 제작을 시작하자 무스타파 3세는 대포의 주물 제작과정을 시찰하고 아들인 셀림에게도 그 과정을 참관하도록 했다. 바롱 드 토트의 지도로 '신속 포병Sürat topçu부대'가 창설되었다. 신속 포병부대는 25개 포문에 250명의 포병으로 구성된 소규모 부대였다. 오스만 조정은 새로운 함대의 조직을 계획하고 그 목적으로 함대를 이끌 장교를 양성하기 위해 1773년에 '뮈헨디스하네이 바흐리 휘마윤'을 설립하였다. '국립해군기술학교'로 번역되는 '뮈헨디스하네이 바흐리 휘마윤'의 임무는 함대조직과 조선 분야의 기술자 양성이었다. 국립해군기술학교는 훗날 이스탄불공과대학이 되었다.

다시 군사 개혁을 시도한 압뒬하미드 1세

무스타파 3세의 뒤를 이어 압뒬하미드 1세(1774~89)가 술탄이 되었다. 아버지인 아흐메드 3세가 반란으로 폐위되었을 때 압뒬하미드는 다섯 살이었다. 압뒬하미드는 44년간 카페스에서 지내며 통제받는 생활을 하다가, 형인 무스타파 3세의 서거로 1774년 1월 21일 49세에 술탄으로 등극했다. 술탄 등극 시 러시아와의 장기전으로 재정이 고갈되어 예니체리에 나누어주던 하사금도 내리지 못했다. 격리된 생활을 너무 오래한 탓에 국제환경과 정세에 대한 이해가 부족해 나라의 위기를 정면으로 돌파할 능력이 없었다. 압뒬하미드는 15년 통치 기간을 러시아와의 전쟁으로 보냈다. 그는 이전 두 명의 술탄 시기에 추진되었다가 중단된 포병부대 사업을 복원하는 일들을 추진하였다. 훔바라즈 부대를 개선하고 예니체리의 규율과 기강을 다지는 조치를 했지만, 실질적인 예니체리 개혁에는 손을 대지 못했다. 압뒬하미드 1세는 호틴과 외지 성이 러시아군에 함락되었다는 대재상의 서찰을 읽는 순간 충격을 받아 기절하였고, 4월 6일 뇌출혈 발생 후 하루만인 1789년 4월 7일 아침 64세로 사망했다.

압뒬하미드 시기에 국가의 개혁에 관심을 가진 조카 셀림은 비밀리에 루이 16세와 서신 교환을 하였다. 셀림은 카페스에서 삶을 보냈지만, 작은아버지인 압뒬하미드가 다양한 책도 읽게 하고 외부 사람들과도 접촉하는 기회도 주어 세상을 보는 눈을 키우게 되었다. 이스탄불에 있는 유럽 대사들은 셀림을 차기 술탄으로 보고 그를 중심으로 조정에 영향력을 확보하려 하였다. 셀림은 생 프리에스트 대사가 이임할 무렵부터 프랑스 대사관 측과 접촉하기 시작했다. 그의 후임 슈아죌

압뒬하미드 1세의 바이람 행렬

바이람 행사를 위해 의전 행렬과 함께 이스탄불 시내를 나서는 압뒬하미드 1세.
일 년에 두 번(셰케르, 쿠르반) 바이람 종교 명절에 술탄은 사원에서 신민들과 함께 기도 행사를
하는 것이 관행이다. 궁전 내에서는 술탄을 알현하려는 대신과 관료들을 접견했다.
이는 술탄의 권위를 확인하는 상징적, 의식적 의미였다.

구피에 대사 때 셀림은 더욱 활발하게 접촉했다.[17] 셀림이 프랑스 대사관과 접촉하는 데는 측근이었던 이스하크 베이의 활약이 있었다. 셀림의 개인 의사인 베네치아인 로렌조Lorenzo 박사도 하렘에 들어갈 수 있는 몇 안 되는 외국인 중 한 사람이었는데, 그도 셀림에게 바깥세상을 알 수 있는 책과 신문 등을 건네주었다. 오스만의 개혁에 깊은 관심이 있던 셀림은 1786~89년 사이에 루이 16세, 프랑스 외무장관과 서신을 교환하였다. 터키 역사학자 이스마일 하크 우준차르쉴르가 이스탄불 톱카프궁 문서고에서 확인한 바에 따르면, 양측이 교환한 서신은 16통이나 되었다.

네즐레 아르슬란 세빈 (2006), 《판화에 살아있는 오스만인들Gravürlerde Yaşayan Osmanlı》, 터키문화관광부, p.323.
클리만Kleeman, 1783.

셀림은 루이 16세에게 보낸 서신에서 아버지인 무스타파 3세가 영국과 프로이센 왕이 만류했음에도 1768년 러시아와 전쟁을 시작한 것은 프랑스가 전쟁을 부추겼기 때문이라고 했다. 그러면서 오스만이 전쟁에 실패한 것은 프랑스가 선친에게 필요한 군사와 외교를 지원하지 않았기 때문이며, 그러므로 이제 프랑스가 오스만의 재건을 위해 도와줄 때라고 했다. 셀림은 술탄이 되면 모든 약을 써서 지금의 병을 치료하겠지만, 현재로서는 프랑스의 도움을 요청하는 바이며, 술탄이 되면 어려운 시기에 도와준 것을 잊지 않겠다고 했다. 루이 16세는 답신을 통해 무스타파 3세가 러시아와 전쟁을 한 것은 피할 수 없었던 상황이었으며, 오히려 무스타파 3세는 전쟁 선포가 제국에 이익이 된다고 믿었다고 했다. 루이 16세는 전쟁의 기술은 발전시키기가 어렵고, 효율적인 군사제도 없이 전쟁을 감행하는 것은 실수이며, 나중에 술탄으로 즉위하면 병사와 장교들을 유럽식으로 훈련시키라고 조언했다.[18]

셀림 3세의 개혁 구상 '새로운 질서'

개혁의 횃불을 든 셀림 3세

술탄 셀림 3세(1789~1807)는 무스타파 3세의 아들로 1761년 12월 24일 이스탄불에서 태어났다. 그가 태어날 때 아버지 무스타파 3세는 셀림이 세계의 정복자가 되리라는 이슬람 현인들의 말에 기뻐하고 7일간 탄생 축하연을 열었다. 셀림 3세는 작은아버지 압뒬하미드의 배려로 아랍어, 페르시아어, 프랑스어 및 이슬람 과학 등을 배웠고 문학, 역사, 특히 시와 음악에 관심을 보이고 서구 지향적 태도로 성장하였다. 그는 압뒬하미드 1세에 이어 1789년 4월 7일 28세에 술탄이 되었다. 선왕 별세 세 시간 만에 즉위하고 이스탄불 조정의 관리들로부터 충성 맹세를 받았다. 셀림 3세가 즉위하자 조정 관리, 군부, 신민, 외교사절들은 오스만 제국이 잃어버린 사기를 다시 찾고 난국을 타개할 수 있는 젊은 술탄에 많은 기대를 걸었다.[19]

술탄 셀림 3세의 재위 시기는 1700년대 말에서 1800년대 초로 이어진다. 이 시기는 프랑스대혁명으로 촉발된 유럽의 변화와 더불어 오스만의 정치와 사회도 격변하는 시기로, 유럽 열강과의 전쟁, 영토 상실, 개혁으로 사회적 불안이 계속되었다. 셀림 3세는 오스만 제국의 위기와 정체의 시대를 거쳐 19세기 '개혁의 시대'로 들어가는 분수령 역할을 하였다. 그는 사회 전반에 걸쳐 '새로운 질서Nizam-ı Cedid'라는 이름 아래 개혁을 추진하기 시작했다.

앙시앵 레짐의 타파

셀림이 구상한 '새로운 질서New Order'에는 군부 개혁이 최우선이었다. 군의 새로운 기술 도입과 교육, 근대적 조선소 건설 등을 시작으로 그는 1793년에 '니자므 제디드Nizam-ı Cedid'라는 유럽식 신식부대를 창설하였다. 셀림 3세의 군 개혁은 단순히 군대조직을 개혁하는 데 그친 것이 아니었다. 군 개혁과 연계하여 행정과 재정 분야의 개혁도 동시에 이루어졌다. 군 개혁은 중앙과 지방의 재정구조, 행정, 세금 징수, 병사 모집 등 다양한 분야의 개혁을 함께 가져왔다. 여기에서 더 나아가 공업, 농업 등 경제 분야의 개혁과 함께 교육과 외교 분야의 개혁도 시도되었다. 오스만 역사상 최초로 '새로운', '강한', '근대적' 개념으로 이루어진 대규모 개혁과 혁신이었다. 이를 통해 셀림은 유럽식 군사제도를 바탕으로 중앙집권 통치권을 강화하여 강한 제국을 만들려고 하였다.[20]

셀림 3세는 개혁의 모델을 찾기 위해 술탄의 편지를 써주는 대필 비서인 '에부베키르 라트브 에펜디'를 외교사절로 빈에 파견하였다. 에

부베키르는 1792년 2월부터 7월까지 빈에서 머물며 유럽의 군사, 행정, 재정조직을 포함한 견문 보고서를 술탄에게 올렸다. 프랑스에 오래 머물었던 스웨덴의 외교관이자 역사학자인 도손d'Ohsson도 1793년 1월 9일 술탄에게 개혁안을 상정하였다. 셀림은 고위관리, 예니체리 군부, 이슬람 학자 울레마 등에 칙령을 보내 오스만 제국이 약체화되는 이유와 개혁 방안 등에 관한 의견을 제출하도록 하였다. 이에 2명의 외국인을 포함 총 23명의 관리가 건의서를 제출했다. 셀림은 이스메트 베이를 대표로 하는 12명의 자문위원단 구성과 구체적인 개혁안을 마련하도록 하였다. 자문위원단은 다양한 분야에서 총 72개 조항의 개혁안을 마련하였다. 그 결과 셀림의 첫 번째 개혁사업은 신식군대 '니자므 제디드'의 창설이었다. 신식군대 창설과 때를 같이하여 신군대의 예산과 회계업무를 맡게 될 이라드 제디드İrad-ı Cedid라는 '재무국'이 설립되었다.

새로 조직된 니자므 제디드 군대는 1만 2천 명 병사로 구성되었다. 그중 1천 600명은 이스탄불에, 나머지(1만 400명)는 아나톨리아와 루멜리 지역에 배치되었다. 니자므 제디드 군대는 1806년에 아나톨리아에만 2만 2천 685명 병사와 1천 590명의 장교를 둘 만큼 그 수가 늘어났다.[21] 신식군대 병사들은 몸에 딱 붙는 붉은색 상의에 원통형 페즈fez 모자를 착용하였다. 육군과 해군을 강화하기 위해 에부베키르와 도손의 보고서 등을 참고하여 1795년에 '오스만군사기술학교 Mühendishâne-i Berrî-i Hümâyun'가 개설되었다. 이 학교는 1773년에 세워진 '뮈헨디스하네이 바흐리 휘마윤'을 확장한 것이었다.

오스만군사기술학교에서는 포병·공병 장교를 육성했다. 오스만의 해군 분야에서 특히 조선소 개혁을 위해 프랑스, 영국, 스웨덴으로부

셀림 3세는 개혁가이지만 동시에 시인이자 음악가였다. 일하미Ilhami라는 필명으로 시를 남겼고, 메블레비 수피 종단의 신봉자로 메블레비 의식에 사용하는 선율을 작곡했다. 전통악기 네이와 탄부르를 다루며 14개의 선율 양식(마캄makam)을 창작할 정도로 음악적 재능이 뛰어났다.

세르필 바야즈 외 (2012),《오스만의 회화예술Osmanlı Resim Sanatı》, 터키문화관광부, p.291. TSM 17/30.

터 군사 전문가와 고문단 등이 이스탄불에 들어왔다. 오스만의 해군 장교들은 전술이나 지도 사용법에 대한 지식이 없을 정도로 후진을 면치 못했다. 외국인 군사 전문가들은 주로 해군에서 교육과 전함 구축을 맡았다.

오스만군사기술학교에서는 아랍어와 프랑스어도 가르쳤다. 이전까지의 학교에서는 아랍어와 페르시아어를 가르쳤지만, 셀림 3세는 군사기술학교에서 처음으로 프랑스어를 가르치도록 하였다. 외국인 군사 전문가가 이스탄불에 입성하여 무슬림 튀르크인들에게 교육하는 상황에 대해 이스탄불 무슬림들은 불경스러운 짓이라며 곳곳에서 볼멘소리를 냈다.

상주대사 파견

유럽의 새로운 지식을 배우려는 셀림 시대의 개혁은 크게 두 가지 방향에서 이루어졌다. 첫 번째는 1793년 니자므 제디드 군대 발족을 시작으로 한 군 개혁이고, 두 번째는 외교의 변화였다. 1790년 1월 31일 셀림 3세는 셰이훌 이슬람과 오랜 협의 끝에 프로이센과의 동맹조약을 체결했다. 프로이센과의 동맹조약이 이슬람 율법에 맞는지에 대해서는 논란이 있었지만, 이는 오스만 제국이 '동맹'을 찾아야만 하는 현실적인 상황에서 받아들여졌다. 셀림은 오스만의 일방적 외교방식에서 벗어나 오스만 역사상 처음으로 상호주의에 따라 유럽에 상주대사를 파견할 도시로 런던, 빈, 베를린과 파리를 선정하였다. 그는 우선 영국 런던을 최초의 상주대사 파견지로 선택했다.

오스만 제국이 오래전부터 프랑스와는 좋은 관계를 유지해온 것을 고려하면 프랑스 파리가 제일 먼저 상주대사 파견지가 될 수도 있었다. 그러나 1789년 프랑스혁명이 일어난 후 유럽의 상황이 급격하게 변하자 프랑스에 대한 셀림의 생각에도 변화가 일어났다. 셀림 3세는 프랑스혁명의 기운이 제국에 유입되는 것을 우려하였다. 1789년 절대 왕정이 지배하던 '앙시앵 레짐Ancien Régime'을 무너뜨리고 세워진 프랑스의 공화정 정부가 오스만 조정에 신정부를 승인하도록 세 차례나 외교사절을 파견해 요청하였다. 오스만 조정은 다른 유럽 국가들이 프랑스 신정부를 승인한 후 조치하겠다고 하면서 즉답을 피했다.

실제로 오스만 조정은 1794년 9월 유럽 국가로선 처음으로 프로이센이 승인하자 1795년 봄 프랑스 신정부를 승인했다.[22] 그러자 프랑스의 위협을 두려워한 예카테리나 2세가 불만을 표시했다. 오스만 조정은 1857년이 되어서야 러시아 상트페테르부르크에 상주대사를 파견하였다.

셀림 3세는 1793년 10월 런던을 시작으로, 1797년 봄에는 파리, 빈, 베를린에 상주대사를 파견했다. 상주대사의 임무는 파견국에 대한 정보 수집과 외교적 협상을 통한 현안 해결이었다. 오스만 제국 최초의 상주대사 파견은 성공하지 못했다. 당시에 고위관료가 해외에 나가는 것은 망명 조치로 인식되어 능력 있는 관료가 파견되지 못하고 외국어를 모르는 하급관료가 파견되었기 때문이었다. 1800년 말 런던, 빈, 베를린에 상주대사 파견은 취소되었고 대신 그곳에 통역관을 상주시켰다.[23]

예기치 못한 나폴레옹의 이집트 원정

셀림 3세의 개혁사업에 발목을 잡는 사건이 일어났다. 나폴레옹 보나파르트의 이집트 침략이다. 이는 오스만 제국과 프랑스 왕국 간 오랜 우호관계에 먹칠을 하는 것이었다. 1796~97년 이탈리아 원정에서 승리하고 프랑스 영웅으로 떠오른 나폴레옹은 1798년 5월 19일 3만 5천 명의 군대를 이끌고 툴롱항에서 이집트로 향했다.[24] 영국 본토와 인도 식민지를 연결하는 중간 지점인 이집트를 정복하여 영국의 무역로를 차단하려는 것이 목적이었다. 나폴레옹은 6월 12일 몰타를 정복한 후 별다른 저항 없이 7월 1일 이집트 알렉산드리아에 도착했다. 피라미드 전투 승리에 이어 나폴레옹은 7월 25일 순조롭게 카이로에 입성했다. 오스만 정부로서는 오랜 우방국인 프랑스가 오스만의 영토인 이집트를 정복하리라고는 예상하지 못한 일이었다. 영국과 러시아는 프랑스의 이집트 정복을 원치 않기 때문에 오스만 제국을 지원했다. 오스만 제국을 돕겠다며 역사상 처음으로 러시아 전함이 에게해에 들어왔다. 영국도 전함을 파견했다. 호레이쇼 넬슨 제독이 지휘하는 영국 전함은 프랑스 전함을 에부크르만灣에서 물리쳤다.

전함을 잃게 된 나폴레옹은 시리아로 향하여 1799년 2월 알 아리스, 가자와 아파를 정복했다. 3월 24일에는 이스라엘의 아크레로 향했다. 아크레 성채는 제자르 아흐메드 파샤가 지휘하는 나자므 제디드 군대가 방어하였다. 아흐메드 파샤는 이스탄불에서 보낸 니자므 제디드 병사들의 지원을 받아 두 달간에 걸친 전투에서 5월 10일 나폴레옹 군대에 승리했다. 아크레 전투에서 1만 3천 명의 나폴레옹 군대는 2천 명이 전사하고 3천 명이 부상하는 최악의 패배를 당했다. 사막의 더위와 기근, 식수 부족과 흑사병이 번진 것도 나폴레옹 군대의 전투력을 떨어뜨렸다. 아크레 전투에서 패배한 나폴레옹 군대는 남쪽으로 후퇴하여 이집트로 다시 돌아왔다. 이집트에서는 오스만 군대가 패배를 면치 못하는 가운데, 다행히도 나폴레옹은 프랑스 국내 정치 상황으로 9월 '장바티스트 클레베르' 장군에게 지휘권을 넘기고 황급히 이집트를 떠났다.

1800년 1월 24일, 오스만 제국은 프랑스 군대가 이집트를 철수하기로 하는 '알 아리스El-Ariş 정전조약'을 프랑스와 체결하였다. 전쟁 상황을 종식하기 위해 1802년 6월 25일 오스만 제국과 프랑스 간 10개 조항의 '파리 조약'이 정식으로 체결되었다. 이 조약을 통해 프랑스는 오스만 제국으로부터 무역과 영사특권을 계속 부여받고, 프랑스 선박의 흑해 항해권을 보장받아 오스만 제국과 프랑스 관계는 일단 복원되었다. 오스만 제국은 영국이 이집트에서 철수하지 않으려 하자, 영국도 이집트에 야심을 두고 있다는 것을 알아챘다. 오스만 제국은 영국을 견제하기 위해 프랑스를 동맹으로 두어야 할 전략적 중요성을 인식했다. 프랑스와의 우호관계가 다시 시작되었다.

유럽식 혁신에 대한 저항

셀림 3세의 개혁사업은 잘 진행되는 듯 보였다. 그러나 1805년부터 술탄의 개혁에 반대하는 움직임이 구체적으로 일어나기 시작하였다. 반개혁 움직임은 술탄의 권위와 위상이 하락하면서 더 거세지게 되었다. 안으로는 지방 토호 세력 '아얀ayan'들의 권력이 점점 강해지고 있었고, 밖으로는 프랑스의 이집트 점령, 1806년 러시아와의 전쟁, 1807년 영국 전함의 이스탄불 접근 무력시위 등으로 술탄의 권위는 크게 손상되었다. 셀림의 개혁사업은 오스만 제국의 총체적인 부실을 혁신해보자는 데 목표를 두었는데, 정치와 행정의 근간인 예니체리와 울레마의 강한 저항을 받았다. 셀림 3세의 '개혁과 혁신'에 반대하는 예니체리 병사들은 기득권을 포기하려 하지 않았고, 자신들의 경쟁자가 등장하는 것을 절대 원하지 않았다.

시간이 지나면서 개혁에 대한 저항은 일반 신민들도 가담하면서 집단 저항 형태로 발전되었다. 셀림 통치기에 '개혁'은 시중에서 초유의 관심사가 되었고, 여러 형태의 소문들이 커피하우스, 이발소 등 사람들이 많이 모이는 공공장소에서 퍼져나갔다. 게다가 술탄의 권위도 점점 세가 강화되고 있는 토호 세력(아얀)의 도전에 직면하였다. 1807년 5월 셀림이 궁전 경호를 위해 유럽식 복장을 한 '야마크Yamak' 지원부대 설립을 위한 칙령을 내리자 예니체리의 반란 의지는 더욱 불타올랐다.[25] 예니체리 군부가 5월 25일 반란을 일으켰다. 예니체리, 셰이훌 이슬람, 울레마, 일반 신민들이 술탄 셀림 3세를 폐위하는 역모에 합세하였다. 울레마의 지지를 받은 '카박츠 무스타파' 주도 아래 예니체리는 니자므 제디드 군대 철폐를 요구했다. 카박츠 무스타파는 루멜리의 예니체리 병사로서 자신에게 내려진 니자므 제디드 복무명령에 반대하며 지지자들을 규합하였다.

5월 29일 반란군은 술탄의 폐위를 촉구하는 셰이훌 이슬람의 페트와를 술탄에게 전했다. 셀림 3세는 사태를 냉정하게 받아들였다. 셀림 3세가 술탄의 권위를 유지하기 위해서는 '개혁'이 아니라 과거 전통을 답습하는 것이 필요했다. 개혁은 늘 기득권층과 이익집단이 저항하고 발목을 잡았다. 이 상황은 새로운 개혁을 추진해온 대가였다. 반란군은 "더는 술탄 셀림을 원하지 않는다"라고 외치며 셀림 3세를 폐위시키고 무스타파 4세를 술탄으로 옹립했다. 셀림은 1년여 톱카프 궁전에 있는 카페스에서 연금생활을 하다가 그의 뒤를 이은 무스타파 4세의 명에 의해 1808년 7월 28일 살해되었다. 그의 나이 47세였다.

오스만 중심주의 외교에서 벗어나다

외교사절을 받아들인 조약

오스만 제국은 서양 국가들과 '카피툴라시온'이라는 양자 조약을 체결하였다. 카피툴라시온은 상대국 신민을 보호한다는 영사조항, 상업조항, 치외법권적 조항이 있는 조약으로 상대국은 이를 통해 오스만 제국에 상주 외교사절을 파견할 수 있었다. 18세기에 오스만 제국은 러시아(1711), 스웨덴(1737), 양시칠리아 왕국, 사르디냐(1740), 덴마크(1756), 프로이센(1761), 스페인(1782) 등과 카피툴라시온 조약을 체결하였고, 이들 국가들은 오스만 제국에 상주 외교사절을 파견했다. 이들 나라보다 이미 신성 로마 제국, 러시아, 베네치아, 폴란드-리투아니아가 이스탄불에 상주 외교사절을 파견했다. 카피툴라시온은 원칙적으로 조약을 체결한 술탄이 통치한 기간까지 유효하였고, 술탄의 시혜 성격이 강한 조약의 특성상 조약의 폐기도 일방적이었다. 새로운 술탄이 즉위하면 조약의 연장 협상을 해야 했으나 연장은 상대국과의 정치적인 고려 등으로 쉽게 이루어지지는 않았다.

이스탄불 외교가에서 프랑스 대사의 의전 서열이 가장 높았다. 카피툴라시온에 그것을 적시하는 조항이 있었기 때문이다. 프랑스 대사의 우월적 지위는 1780년대까지 유지되었다. 외교사절 공관은 현재 이스탄불의 베이올루Beyoğlu구區 지역인 갈라타Galata와 페라Pera에 몰려 있었다. 외국 대사들은 오스만 궁전의 각종 의전행사에 초청을 받아 참석하였고, 외교사절들은 다양한 모임을 통해 정보를 교환하였다. 새로운 대사가 부임하면 톱카프 궁전에서 술탄을 알현하고 대재상을 접견했다. 베네치아, 제노바, 네덜란드, 영국, 프랑스 대사는 주로 해상으로, 오스트리아, 러시아, 폴란드, 스웨덴 대사 등은 육로를 통해 오스만 제국으로 입국했다. 해상으로 입국하는 경우 차낙칼레 해협 항구로 들어와야 하고, 육상이면 오스만 국경에 들어서는 순간부터 경호를 받았다.

오스만 제국은 대사를 상ala · 중evsat · 하edna 등 3단계로 나누어 그에 따라 예우했다.[26] 파견국의 위상과 대사의 격에 따라 술탄을 알현하거나 대재상만 접견할 수 있었다. 18세기에는 대재상의 위상이 높아져 대재상의 집무공관을 '바브알리'라 불렀는데, 바브알리는 오스만 제국의 행정 중심지로 '정부 청사'라는 의미로도 사용되었다. 대부분 상주대사들은 바브알리에서 대재상과 외교교섭을 하였다. 18세기 오스만 제국과의 외교교섭이나 의전에는 선물 증정이 매우 중요한 절차였다. 18세기 영국 대사는 술탄을 알현하기 위해 500파운드 스털링 상당의 선물을 증정했다. 상주대사가 술탄을 알현할 충분한 의제가 있다 하더라도 선물이 기대를 충족시키지 못하는 경우 술탄을 알현할 수 없었다. 이스탄불의 외교사절은 오스만 조정과 외교교섭 전에 이루어져야

하는 선물 증정이 제일 어려운 과제였다는 회고를 남기기도 했다.

18세기 이전까지 오스만 제국의 외교는 일방적 외교였다. 오스만 제국의 외교관계는 기본적으로 이슬람 율법을 따랐다. 이슬람 율법 중심의 이분법에 따르면, '이슬람 세계Dar al-Islam'가 아닌 영역은 '전쟁의 세계Dar al-Harb'로 이론적으로 이교도인 유럽은 언제나 전쟁이 가능한 지역이다. 평화 상태란 이교도에 대한 전쟁이 잠정적으로 연기되었다는 의미였다. 18세기 전 오스만 제국의 힘이 기독교 중심의 서양세계에 비교해 완전히 우위에 있을 때는 다른 나라와 외교관계를 맺을 필요성을 느끼지 않았다. 이런 우월성 때문에, 다른 나라와의 관계에서 상호주의나 평등이라는 개념은 없었다. 오스만 제국의 수도에 상주하는 대사라 하더라도, 상대국이 오스만과 적대관계에 놓이면 사절은 예디쿨레 감옥형이라는 처벌을 받았다. 오스만 제국의 군사적 패배는 전통적 관행을 반성하는 계기가 되었다. 18세기 초반에 이르러 외교사절 파견이 이루어지면서 오스만 제국과 다른 국가 간에는 점차 평등한 관계로 발전되었다.

오스만 제국의 외교사절 파견

18세기 들어 오스만 제국은 유럽에 이전과는 비교가 안 될 정도로 외교사절을 많이 파견하였다. 튤립 시대에 파리에 파견된 '이르미세키즈 첼레비 메흐메드'(1720~21)를 시작으로 유럽의 군대와 정부조직 등을 파악하기 위해 빈에 '이브라힘 파샤'(1719), 모스크바에 '니쉴리 메흐메드 아아'(1722~23)를 파견하였다. 그 후에도 '아흐메드 레스미 에펜디'의 빈(1758)과 프로이센(1764), '바스프 에펜디'의 에스파냐(1787~88), '에부베키르 라팁 에펜디'의 오스트리아(1791~92) 파견이 이어졌다. 이들 사절은 상주가 아닌 단기 파견이었다. 그중 이르미세키즈가 파리에서만 6개월 체류하여 다른 사절에 비해 비교적 상대국에서 오래 체류하였다. 오스만 조정은 18세기 동안 프랑스, 러시아, 폴란드, 스웨덴, 인도, 오스트리아, 모로코, 에스파냐, 영국, 베를린, 부하라 등에 사절을 파견했다. 해외에 파견된 사절은 자신들이 현지 방문에서 직접 경험하고 보고 느낀 것들을 '세파레트나메'라는 대사 보고서를 통해 상세하게 기록으로 남겼다.

18~19세기 동안 작성된 세파레트나메는 48개로 알려진다. 그중 오스트리아 보고서가 9개, 프랑스 7개, 러시아 8개, 폴란드·영국이 각 3개, 그 외 스웨덴, 에스파냐, 이탈리아 순이다.[27] 오스만의 외교사절 파견 목적은 상대국을 현지에서 이해하고 그것을 기록으로 남기는 것이었기 때문에, 정치적인 정보보다는 주로 사회, 경제, 군사 등에 관한 정보를 기록한 것이 특징이었다. 세파레트나메에는 국경에서 사절의 접수, 상대국의 영접행사, 상대국 군주 알현, 선물과 친서 증정 등이 어떻게 이루었는지를 알게 하는 구체적 정보가 담겨있어 사료적 가치도 평가받고 있다. 세파레트나메는 오스만 정치 엘리트들의 지평을 넓혀주는 교본이 되었다.

오스만 제국이 유럽(또는 서양)을 바라보는 시각의 변화는 유럽과 체결한 몇 가지 조약이 상당한 영향을 미쳤다. 오스트리아와 체결한 지트바토로크 조약(1606), 카를로비츠 조약(1699), 파사로비츠 조약(1718)과 러시아와 체결한 이스탄불 조약(1700), 프루트 조약(1711), 베오그라드 조약(1739)은 오스만 외교에 변화를 가져오게 한 중요한 조약이었다. 그동안 오스만 제국의 외교원칙이란 유럽의 이교도 국가를 오스만 제국과 동등한 조건으로 여기지 않는 것이었다. 제국의 우월한 군사력이 외교에 그대로 반영된 결과였다. 그러나 오스만 제국은 자신들이 만들려는 세상에서 '타자'였던 유럽을 이제 새롭게 인식하게 되었다. 18세기에 오스만 조정이 유럽에 사절을 계속 파견한 것은 '타자'인 유럽의 정체성과 문화를 이해하려는 노력의 일환이었다. 이는 그동안 견지해오던 오스만 중심주의Ottomancentrism를 탈피하는 의미였다. 유럽을 이해하려는 오스만 엘리트 집단의 노력은 18세기 말 셀림 3세가 영국, 프랑스, 프로이센, 오스트리아에 상주대사를 파견함으로써 근대 외교 시대의 막을 열게 되었다.

유럽에서 유행한 터키풍

유럽과 새로운 관계

18세기 초에 파리는 프랑스 국력의 눈부신 도약으로 유럽 문화의 중심지였다. 오스만 정부(바브알리)는 1721년과 1742년에 사절을 파리에 파견했다. 1721년 이르미세키즈 첼레비 메흐메드의 파견은 오스만 제국(터키)과 프랑스 간 문화 교류에 상당히 긍정적인 결과를 낳았다. 이르미세키즈는 예니체리에서 재무관료가 된 문무를 겸비한 인물이다. 세련된 언어 구사와 몸가짐으로 이스탄불 외교가에서도 소문이 나 있었다. 대규모 사절단을 이끌고 프랑스를 방문한 그는 《프랑스 견문 대사 보고서Sefaretnâme-i Fransa》에 프랑스인들이 오스만 외교 사절단에 보인 관심과 호기심에 관해 기록해놓았다. 그에 따르면, 프랑스인들은 오스만 대표단을 보기 위해 4~5시간 걸리는 툴루즈까지 와 마치 소풍하듯 터키 대표단을 구경하였다고 한다. 이르미세키즈는 프랑스에서 대대적인 환영을 받았고, 그가 파리를 떠난 후에 파리 방문을 기념하는 메달과 판화가 제작되었다. 1757년에 그의 《프랑스 견문 대사 보고서》는 줄리앙 갈랑이 프랑스어로 번역(제목: *Relation de l'ambassade Mehmed Effendi à la cour de France en 1721*)하여 발간되었다.

1742년, 이번에는 이르미세키즈의 아들인 메흐메드 사이드가 대사 자격으로 183명의 사절단을 동반하고 파리를 방문했다. 그는 부친의 프랑스 방문 때 수행한 경험이 있어 프랑스를 이미 알고 있었고 프랑스어를 자유롭게 구사하여 현지에서 높은 소통 능력과 친화력을 발휘했다. 이르미세키즈 부자의 프랑스 방문은 프랑스인들에게 오스만 제국에 대해 호의적인 인식과 태도를 보이게 하였고, 터키 사회에는 프랑스 문화가 널리 알려지게 되었다. 이들 부자가 파리에서 가져온 책, 의상, 가구 등은 이스탄불에서 큰 인기를 얻었다. 특히 그림은 터키 전통 세밀화에도 영향을 주어 궁정화가 '레브니'가 서양화풍의 그림을 발전시켰다. 메흐메드 사이드는 1733년에 스웨덴에 파견되었는데, 칼 12세 국왕이 이스탄불 망명 시 국고에서 빌려준 돈의 채무 해결 요구와 스웨덴이 러시아와 동맹을 맺었는지를 파악하는 것이었다. 그는 돌아오는 길에 폴란드에 들러 러시아와 폴란드 관계에 관한 정보를 수집하고 귀국했다.[28]

오스만 제국에서 개방의 움직임이 일어나고 유럽의 산업혁명으로 이동수단이 발달한 18세기에 유럽의 외교관, 상인, 선교사, 여행가들이 오스만 제국을 빈번하게 방문했다. 이들은 오스만 제국에 입국하여 다양한 목적으로 터키인들의 역사와 문화에 관한 정보를 수집하고 방문기를 책으로 발간했다. 이스탄불에 주재하는 프랑스 대사는 오스만에 관한 기록을 남기기 위해 화가를 동반하기도 하였다. 프랑수아 올리에 대사는 동양학자인 앙투안 갈랑을 데리고 이스탄불에 부임하였다. 갈랑은 1704년 중동의 구전문학인 《천일야화》를 프랑스어로 번역하여 소개했다. 루이 15세가 파견한 샤를 드 페리올 대사는 화가 장 바티스트 반 무어를 대동하고 부임하였다. 반 무어의 임무는 터키인들의 생활 모습을 생생하게 그림으로 남기는 것이었다. 그는 오스만 제국의 궁정, 술탄, 울레마, 예니체리, 하렘 등의 모습과 다양한 계층의 의상과 일상생활을 유화와 판각화로 사실적으로 표현하였다.[29] 장 에티엔느 리오타르는 모델에게 터키식 복장을 입혀 초상화를 그렸다. 로코코 시대의 프랑스 화가들은 자신들의 모델에 터키식 복장을 입히고 초상화를 그렸다. 특히 1714년에 레반트 지역의 다양한 민족의상을 소개하는 반 무어의 그림 100점을 모아 판화 모음집을 발간하였는데, 이는 전 유럽에서 선풍적인 관심을 모았다. 프랑스 화가들에 의해 오스만 터키인들의 이국적인 의상과 생활 모습이 알려지면서, 오스만인들의 화려한 색상과 다양한 장식 등을 모방하려는 유행이 일었다.

유럽의 터키 문화 '튀르크리'

오스만 제국과 유럽 간 외교적인 교류가 늘어나자 유럽인들은 오스만 제국에 관한 정보를 접할 수 있게 되었다. 18세기 프랑스에서는 계몽주의 시대에 동방을 알고자 하는 이른바 오리엔탈리즘Orientalism이 일어나고 있었다. 오리엔탈리즘은 멀리는 중국, 일본, 인도, 가깝게는 메소포타미아, 이집트, 중동, 오스만 제국에 관해 알고자 하는 유럽인들의 동양에 대한 이국적인 호기심으로 출발한 것이었다. 프랑스는 오스만 제국과 전통적으로 좋은 관계를 유지해온 까닭에 오스만에 관한 인

문학적 연구가 활발하게 추진되었다. 이미 유럽에서는 이국적인 동방
을 연구하는 오리엔탈리즘의 영향으로 동양학Eastern Studies이라는 이
름 아래 오스만 제국의 언어, 역사, 문화 등에 관한 연구도 진행되고
있었다. 서유럽에서 오스만튀르크 문화에 관한 관심은 16세기부터 시
작되었고, 이국적인 터키 문화와 풍물을 소비하고 모방하려는 열풍은
18세기에 프랑스 상류층을 중심으로 활발하게 일어났다. 이러한 경향

Portrait of Charles Gravier Count of Vergennes and French
Ambassador in Turkish Attire, Antoine de Favray,
Oil on canvas, 141.5 x 113 cm, 1766.
Suna and İnan Kıraç Vakfı Orientalist Paintings Collection

Portrait of the Countess of Vergennes in Turkish Attire
Antoine de Favray, Oil on canvas, 129 x 96 cm, 1768.
Suna and İnan Kıraç Vakfı Orientalist Paintings Collection

은 서유럽 전역으로 퍼져나갔다. 서유럽에서 동양에 대한 환상으로 터키 문화가 유행한 경향을 '튀르크리Turquerie'(터키풍)라고 불렀다.

16세기부터 유럽에서는 터키인들을 묘사하는 문학작품들이 나오기 시작했는데, 갈랑의 《천일야화》 번역 출간은 서유럽인들에게 동방에 대한 호기심을 자극하였고, 《천일야화》 발간 이후 오스만 제국을 방문하는 여행가도 늘어 '터키 견문록travel accounts'도 많이 출간되었다. 문학, 회화, 무대 공연, 장식 분야에서 터키와 관련된 소재나 모티브가 폭넓게 사용되었고, 소설이나 오페라, 발레 공연에서는 터키인을 등장인물로 설정하기도 하였다. 모차르트는 터키 문화에 매력을 느껴 〈터키행진곡〉을 작곡했고, 그가 만든 오페라 〈후궁 탈출〉은 터키인 태수 셀림의 하렘을 배경으로 이야기가 전개된다. 베토벤의 〈교향곡 제9번〉에는 오스만 군악대가 사용한 타악기가 사용되었다.

프랑스 궁전에서는 터키인들의 의상에 관한 인기가 높았다. 루이 15세의 애첩인 퐁파두르 부인과 바리 부인은 샤를 앙드레 반 루Charles Andre Van Loo에게 터키식 의상을 입은 자신의 초상화를 그려달라고 주문했다. 반 루 자신도 터키 의상을 입고 다녔다. 18세기에 프랑스 상류층에서는 터키 의상을 입은 초상화를 그리는 것이 유행이었다. 터키 스타일로 결혼식을 치르고, 궁전 내부를 터키 카펫과 튤립으로 장식하고 커피를 마시는 여유를 즐겼다. 유럽인들은 오스만 군악대(메흐테르)의 연주에도 매료되었다. 메흐테르가 사용하는 심벌즈, 큰북 등은 적에게 공포감을 주기 위해 사용되었으나, 유럽인들은 터키 군악대가 사용하는 타악기의 음향적 소리구조에 이끌렸다. 오스만 제국의 군악대를 본따 유럽에도 군악대가 생기기 시작했다. 터키인들의 문화양식을 따라한다는 의미로 '알라 투르카Alla Turca(터키식)'라는 말도 생겼다.

개혁의 실패

막강한 힘을 가진 토호

오스만 제국에 17세기가 위기의 세기였다면, 18세기는 중앙 통치권의
약화로 생긴 지방분권Decentralization 시대였다. 중앙집중 통치체제가
와해되고 지방분권이 성행하게 된 환경을 만든 것은 앞장에서 설명한
말리카네 제도였다. 말라카네 제도가 시행되면서 중앙과 지방의 권력
구조, 농촌사회에 근본적인 변화가 일어났다. 앞서 설명한 것처럼 16
세기 말부터 티마르 제도가 붕괴하면서 지방(농촌)에는 농지를 사들인
아얀ayan이 생기게 되었다. 아얀은 지방에서 큰 농지를 가진 토호土豪
로, 같은 시기 유럽에서 자본가 계급으로 부상한 부르주아bourgeois 같
은 사람들이었다. 돈을 벌어 부를 축적하여 신흥계급 부르주아가 된
것은 유럽과 유사했지만, 성격은 유럽과는 완전히 다른 것이었다. 대
지주인 아얀은 17세기를 거치고 18세기에 들어 중앙정부에 위협적인
존재감을 확실히 드러내게 되었다. 지방 토착세력인 아얀은 막강한 경

제력에 더해 중앙정부군에 대항할 수 있을 만큼 병력도 소유했다. 한 지역에서도 여러 명의 아얀들이 위계질서 속에서 지역을 장악하고 소작인 농민을 농노처럼 다뤘다. 18세기 들어 중앙정부가 지방 행정관리를 중앙에서 파견하지 않고 지방 유지 중에서 임명하도록 하면서 토호들이 지방 행정관리에도 임명되었다. 여기에 더해 말라카네 제도가 생기면서 이들이 지방에서 세금 징수권까지 갖게 되었다. 이로써 아얀은 중앙정부와 직접 연결되었고, 마치 유럽 봉건시대의 영주 같은 막강한 권한을 갖게 되었다. 그러자 중앙정부는 지방의 '권력자'로서의 아얀의 영향력을 인정해주면서 그들을 통해 지방의 질서를 유지하려 하였고, 중앙정부와 아얀은 상호 의존관계에 놓이게 되었다. 아얀은 아나톨리아, 발칸, 중동, 아랍 지역 등 중앙 통제가 잘 미치지 않는 지역에서 그들만의 '토후국'을 세웠다. 중앙정부가 효율적인 징세를 위해 시행한 말라카네 제도는 원래 목적과는 다르게 지방분권화를 조장하는 결과를 가져왔다. 18세기에 중앙정부는 유럽에 대한 인식을 새롭게 하고 새로운 개혁을 시도하고 있었지만, 국가의 행정과 사회는 오히려 후퇴하고 봉건적 성격을 띠게 되었다.

오스만 제국의 18세기를 특징짓는 또 하나의 화두는 유럽을 바라보는 정치 엘리트들의 인식 변화와 생존을 위한 서구화 시도였다. 인식의 변화는 유럽의 군사적 우위를 인정한 것이었다. 오스만 정치 엘리트들은 오스만 제국이 왜 과거의 힘을 잃게 되었는지, 그 원인이 무엇인지에 대해 고민하기 시작했다. '튤립 시대'는 오스만 제국이 서구화로 가는 변화의 시작이었다. 셀림 3세의 '니자므 제디드'(새로운 질서) 개혁은 18세기 오스만 개혁의 절정을 이루었다. 셀림 3세가 '새로운 질서'를 개혁의 구호로 내세운 것은 앙시앵 레짐(舊체제)과의 단절이었다. 과거 상태를 회복하거나 바로잡는 데 그치지 않고 구체제를 타파하려는 혁명적인 시도였다. 18세기 100년 동안 수 명의 술탄이 다양한 개혁을 시도했지만, 군사국가인 오스만 제국은 과거의 관성에 따라 주로 군사 분야의 개혁에 관심을 두었다. 18세기 개혁은 개혁의 과녁이 예니체리에 조준됨으로써 전통체제를 고수하려는 사회 분위기와 개혁으로 기득권을 상실하게 되는 예니체리와 울레마 종교집단의 강한 반발에 부딪혀 성공하지 못했다. 야심차게 시작한 셀림 3세의 '새로운 질서' 개혁도 성공하지 못했지만, 19세기에 군사기술, 행정, 사법, 교육 등 광범위한 분야의 개혁을 통해 중앙집권화를 강화하려는 '탄지마트'(1839~76) 시대를 열게 하였다.

전통보수주의 고수

오스만 제국은 18세기에 처음으로 유럽의 제도와 문화를 알기 위해 문호를 개방했다. 오스만 제국 사회에 만연한 전통주의의 파괴였다. 옛것(카딤kadim)만을 고수하는 태도에서 벗어나 새것(네브주후르nev-zuhur)을 찾으려는 시도였다. 새것을 알기 위한 최초의 시도가 외교사절 파견이었다. '튤립 시대'에 이르미세키즈가 루이 15세 알현 이후, 오스만 외교사절의 유럽 방문이 활발해지면서 유럽 여러 나라와의 외교관계도 양자관계 차원에서 발전되었다. 유럽의 주요 도시를 방문하고 외교사절들이 남긴 '대사 보고서'에는 변화하는 유럽 도시의 상황과 유럽 각국의 군사, 정치, 의회제도와 함께 유럽인들의 일상 생활문화에 이르기까지 상세한 사실들이 기록되었다. 18세기에 세워진 누루오스마니예 모스크나 톱카프 궁전에 있는 오스만 3세의 정자(키오스크)는 유럽의 바로크, 로코코 건축양식이 반영되었다. 서양식의 새로운 건축물은 오스만 제국이 변하고 있다는 것을 가장 잘 보여주었다. 18세기에 오스만 제국과 유럽 간에는 인적 교류가 늘어나면서 정보와 지식도 상호 주고받았다.

그런데도, 오스만 사회에서 전통을 고수하는 보수적인 태도는 유럽의 변화를 인식하는 속도를 매우 느리게 만들었다. 과거의 질서와 가치를 중시하는 '전통보수주의'는 변화로 인해 생기는 질서 혼란과 파괴를 막는다는 의미였다. 사회나 경제 상태는 현 상태status quo를 유지하며 변화가 일어날 새로운 모델이나 대안을 찾지 않는다는 뜻이었다. 경제적인 면에서 중앙정부는 풍부한 물산을 신민에게 제공한다는 원칙을 지키되 사회질서를 변화시킬 생산과 소비의 작은 변화에도 민감하게 반응하며 전통질서(카딤 뒤젠kadim düzen)를 강조하였다. 변화를 거부하는 전통보수주의는 18세기에 급진적인 변화가 있었지만, 현상을 지키려는 전통적 관념과 보수적 인식체계로 인해 크게 바뀌지는 않았다. 이렇게 전통보수주의가 강조된 것은 오스만인들이 "우리의 전통가치는 절대로 변화할 수 없는 것"으로 생각하는 믿음과 이슬람은 다른 종교보다 우월하다는 전제가 내장되어 있기 때문이었다.

6
개혁과 근대화
1800~1922

혁명의 시대 19세기

1815년 빈 회의

19세기 들어 유럽 강대국은 오스만 제국의 미래에 관심을 나타내기 시작했다. 유럽이 오스만 제국을 유럽의 일원으로 인정한 회의는 1815년 빈 회의였다. 나폴레옹 전쟁의 전후 처리와 유럽의 질서를 나폴레옹 전쟁 이전의 상태로 돌리기 위해 오스트리아 재상인 메테르니히 주도로 영국·프로이센·오스트리아·러시아·프랑스 등 5개국 대표가 모여 회의를 했다. 오스만 제국도 나폴레옹과 직접 전쟁을 치렀기 때문에 전쟁에 참여했던 모든 열강은 사절단을 보낼 수 있다는 파리 조약(1814)의 규정에 따라 참가할 수 있었다. 메테르니히가 오스만 제국의 참가를 희망했으나, 오스만 제국은 영토보전 권리 같은 주권 문제를 다른 나라의 결정에 맡길 수 없다는 판단으로 오스트리아의 권고에도 불구하고 참여하지 않았다.[1] 오스만 제국이 빈 회의에 참여하지 않은 이유를 정치인이자 역사가인 제브데트 파샤(1822~95)는 지방 토호 아얀의 위협을 받는 중앙정부가 이렇게 대규모의 국제회의에 참석할 여유가 없었을 것이라고 분석했다.

나폴레옹 전쟁의 승전국인 영국·러시아·오스트리아·프로이센과 패전국인 프랑스 등 5개 강대국은 유럽 정치의 안전보장을 위한 세력 균형의 원칙에 따라 협조하자는 데 합의했다. 빈 회의 결과에 따라 유럽 각국의 국경이 새롭게 그려졌고, 열강의 이익에 반하는 반란이 일어나면 다 같이 공동으로 대처하도록 했다. 그러나 오스만 제국 문제에 관해 열강의 속셈이 서로 달라 그들이 의견 일치를 보는 것은 시작부터 불가능한 일이었다. 오스만 제국 문제가 회의에서 다루어지지는 않았지만, 러시아를 견제한 영국과 오스트리아는 오스만 제국의 영토는 보전되어야 한다는 의견을 냈다. 그러나 이마저도 발칸에서 정교회 Orthodox 제국을 세우려는 러시아의 반대로 더는 토의되지 않았다. 빈 회의 이후, 오스만 제국의 미래와 관련한 영토 문제, 그리고 발칸 지역과 터키 해협을 장악하려는 유럽 열강 간의 포괄적인 경쟁과 외교를 의미하는 '동방 문제Eastern Question'라는 어휘가 사용되기 시작했다.

빈 회의 대회장인 메테르니히는 오스만 제국이 해체될 경우 유럽의 세력 균형은 깨지고 전쟁이 일어날 것이라고 예견했다. 이는 곧 현실로 다가왔다. 1832~33년에 일어난 이집트 문제(후술)는 열강 간 세력 균형이 얼마나 어려운 일이며 이해 충돌을 얼마나 신중하게 처리해야 하는지를 보여주는 구체적인 사례가 되었다. 나폴레옹이 사라지자 유럽에서는 러시아가 새로운 강대국으로 부상하였고, 19세기 중반부터 영국의 외교력이 유럽 외교현장에서 힘을 발휘하면서 유럽의 협조체제는 살얼음 위를 걷는 상태가 되었다. 크림 전쟁 이후에 체결된 1856년 파리 조약은 "열강 각국은 오스만 제국의 영토보전 권리를 보장한다"라고 약속하였다. 이렇게 하여 오스만 제국이 공식적으로 유럽 협조체제의 일원이 되었고, 유럽 열강은 어느 나라도 오스만 제국과의 이익을 독점할 수 없게 되었다. 그러나 유럽 열강은 19세기 오스만 제국의 쇠퇴기에 팽팽한 긴장감 속에서 자국의 이익을 위한 전략을 구사하였다. 유럽 열강의 세력 균형이 완전히 깨진 1914년 제1차 세계대전까지 오스만 제국의 수명은 그만큼 길어지게 되었고 유럽식 개혁도 그만큼 연장되었다.

서구화 개혁과 이슬람 보수주의

오스만 제국은 18세기에 마련된 근대화의 기초 위에 19세기에는 본격적인 '서구화westernization'를 통해 개혁사업을 추진했다. 19세기를 열며 술탄에 즉위한 마흐무드 2세(1808~39)는 이슬람 전통 국가이념을 탈피하여 세속적인 개혁을 강력하게 추진했다. 예니체리 개혁 시도로 오스만 2세(1622)와 셀림 3세(1808)가 희생되었지만, 마흐무드 2세는 카리스마 있는 통솔력과 포용력으로 광범위한 개혁사업을 일사불란하게 진행하였다. 19세기 오스만 제국의 서구화 개혁은 1832년, 마흐무드 2세가 결의를 드러낸 자신의 초상화를 공공기관과 학교에 걸도록 하면서 시작되었다. 샤리아에서는 사람의 초상화를 그리는 것은 금지되었지만, 그는 저돌적인 돌파력으로 셰이훌 이슬람에게도 자신의 초상화를 보냈다.[2] 이전 술탄의 초상화는 풍성한 카프탄을 입은 모습이었으나, 마흐무드 2세는 서양식 모자와 바지, 그리고 프록코트를 입은 모습이었다. 제30대 마흐무드 2세부터 마지막 36대까지의 술탄은 모두 서양식 의상을 갖추고 대중 앞에 나타났다. 그의 개혁은 압뒬메지드와 압뒬아지즈 시대에 '탄지마트Tanzimat'(1839~76)라는 이름의 포괄적인 개혁으로 이어졌다.

탄지마트 개혁을 거치면서 교육·의상·언어·사상·여흥 등 유럽인의 행동양식과 가치관이 오스만 제국에 널리 유입되었다. 사회 전반에 서구화가 도입되었고, 유럽식 취향을 따라가는 방식을 '알라프랑가 Alafranga'[3]라고 불렀다. 유럽의 문화도시를 순방한 압뒬아지즈가 역사상 처음으로 자신의 동상을 만들도록 할 만큼 유럽 문화의 영향은 날로 커졌다. 특히 19세기 들어 유럽 상품이 대거 오스만 제국에 반입되자 오스만인들은 유럽 물산 소비에 빠지게 되었다. 건축 분야에서는 유럽식 궁전 건립이 전성기를 이루었고, 문학 분야에서도 프랑스 문학이 유입되어 오스만 문학사회를 지배하던 페르시아 문학 시대가 저물게 되었다.

19세기 오스만 제국에는 서구를 모방한 근대화modernization 개혁이 시작되었다. 근대화의 모체는 탄지마트였다. 탄지마트 직전의 마흐무드 2세의 개혁 의지는 이전 술탄의 그것과는 차원이 달랐다. 그는 제국이 쇠퇴해가는 원인을 '이슬람'에서 찾으려 하였다. 그런 시각에서 마흐무드 2세는 종교학자 그룹 울레마와 셰이훌 이슬람에 대한 개혁을 단행했다. 그는 정치, 경제, 사회, 교육 등 모든 제도에서 이슬람 색깔을 덜어내고 유럽식으로 전환하려 하였다. 마흐무드의 개혁에 대한 관점은 다음 탄지마트 개혁 시기에도 이어졌다. 절체절명의 위기에서 나온 해결책 '서구식 근대화' 사업에는 전통 기득권인 울레마와 셰이훌 이슬람이 온 힘을 다해 저항하였다. 서구식 개혁에는 언제나 지지하는 진보주의자와 반대하는 보수주의자들로 나누어져 오스만 사회는 양극화되었다. 오스만 지도층에서는 개혁이 깊어지자 이슬람 전통을 지켜가면서 서구화 개혁이 가능한지를 번민하였다. 이슬람과 서구화가 공존할 수 있을지는 오스만 지도층의 중요한 당면과제였다. 오스만 중앙정부는 개혁과정에서 이슬람 전통을 대변하는 종교적인 보수주의 울레마와 타협하지 않을 수 없었다. 탄지마트 기간에 울레마를 비롯한 이슬람 보수주의 계층이 서구식 개혁에 저항함으로써 새로운 법령체제에서 이슬람 율법 샤리아의 영향력을 완전히 걷어내는 데는 성공하지 못했다.

제국주의 열강의 각축장

19세기 유럽 각국은 산업화로 발생한 잉여 생산물의 시장 확보를 위해 치열하게 경쟁하던 시기였다. 정치·경제적으로 막다른 골목에 다다른 오스만 제국은 문제의 해결을 위해 유럽에 더욱 의존하게 되었다. 오스만 제국 역사상 19세기는 유럽과 가장 복잡한 양상의 외교관계를 유지한 시기였다. 이전 세기까지 오스만 제국은 중부 유럽을 넘어 서유럽에 진출하기 위해 발칸반도와 중부 유럽에서 유럽 세력과 각축을 벌였지만, 19세기에는 영토가 축소된 오스만 제국이 유럽 열강의 각축장이 되었다. 오스만 제국은 당대 중국의 청나라와 마찬가지로 유럽 열강에 의해 식민지가 되지는 않았지만, 열강의 이권침탈로 종국에는 반식민지 상태로 전락하였다.

　18세기에 오스만 제국은 닫힌 문을 열고 유럽과 교류하였던 것과는 달리 19세기에는 상황이 오스만에 그렇게 호의적이지는 않았다. 19세기에 오스만 제국은 유럽 열강의 이해관계가 교차하는 외교 중심지가 되었고, 불행하게도 이전 세기에 비교하여 붕괴음을 내며 기울어지기 시작했다. 패색이 짙어갈수록 오스만 정부는 국가의 체면을 세우고 근대국가로 가기 위해 경제·군사·교육·민권 등 분야에서 서구식 제도개혁을 추진하였다. 그러나 오스만 정부의 개혁 노력은 대내외의 저항을 받으며 고전했다. 대내적으로는 반개혁 보수주의자들의 저항을 받았고, 대외적으로는 유럽 열강이 오스만 내정에 간섭하며 오스만 제국의 위기 극복에 발목을 잡았다.

오스만 제국의 19세기는 영국 사학자 홉스 봄의 역작에 있는 제목처럼 '혁명의 시대'이자 '길고 긴 19세기'였다.

마흐무드 2세의 혁신

개혁의 장애물 예니체리 강제 해산

마흐무드 2세는 국정 운영 능력statecraft이 탁월한 술탄으로 개혁가이자 열렬한 서구화 신봉자였다. 수백 년간 유지되어온 '밀레트' 제도를 폐지하려 시도한 사람도 그였다. 무슬림과 비무슬림 간 거주지를 다르게 하고, 각 밀레트가 자치적으로 세금을 걷도록 하는 것을 그는 차별로 보았다. 울레마와 셰이홀 이슬람의 역할과 기능을 축소하고 전통적 이슬람 가치관 대신에 서구식 제도 도입을 시도하였다. 술탄의 강력한 의지와 정치적 수완으로 마흐무드 2세 시기에 오스만 중앙정부 관료들은 서양을 새롭게 인식해야만 했다. 서구화 개혁의 선봉에 선 마흐무드 2세는 서구식 의복을 입고 대중에 많이 노출되어 통치자의 서구화 개혁에 대한 선명도를 대중에 확산시켰다.

아얀의 반란이 극에 달할 즈음 즉위한 마흐무드 2세는 지방 토호 출신 알렘다르를 대재상으로 임명하고 개혁을 추진토록 하였다. 알렘다르는 지방 토호인 아얀의 대표를 이스탄불에 소집하여 1808년 9월 29일 '동맹협약서(세네디 이티파크Sened-i İttifak)'를 체결했다. 술탄 마흐무드 2세는 이 문서를 비준했다. 술탄이 지방 토호와의 상호협력 의정서에 서명한 것은 오스만 제국의 통치권력 구조상 이례적인 것이었지만, 예니체리가 존재하는 한 술탄은 이중적인 위장전술을 구사해야만 했다. 술탄이 비준한 문서를 통해 아얀은 자신들의 권한과 권위에 대한 정당성을 얻게 되었다.[4] 하지만 '세네디 이티파크'는 오래가지 못했다. 알렘다르가 '세크반느 제디드Sekbanı Cedid' 부대를 설립하자 예니체리가 반대하고 나섰고, '동맹협약'을 기획한 알렘다르는 예니체리에 의해 살해되었다. 알렘다르가 살해되자 동맹협약서가 중앙 통치권에 대한 도전이라고 본 마흐무드 2세는 동맹협약서를 폐지하고 아얀들의 정치력을 약화하는 조치들을 강력하게 단행했다.

마흐무드 2세는 예니체리를 제거하지 않는 한 개혁은 이룰 수 없다고 믿었다. 그는 이미 셀림 3세를 폐위시킨 카박츠 무스타파의 반란에서 자신에게는 예니체리와 싸워줄 '충성부대'가 필요하다는 교훈도 얻었다. 마흐무드 2세는 봉급 인상 등 당근책을 이용해 대포, 공병 등 화력부대를 자신의 편으로 만들었다. 또한 자신의 '과업'을 위해 필요한 사람을 신중하게 찾았다. 그 결과, 대재상·셰이훌 이슬람·울레마 등이 모두 충직한 술탄의 지지자로 인선되었다. 마흐무드는 예니체리를 견제하기 위해 '에쉬킨지Eşkinci' 부대를 만들었다. 그러자 예니체리 병사들은 어김없이 에트메이다느 광장에서 반란시위를 벌였다. 예리체리의 반란이 계속되자 술탄은 예니체리 척결을 위한 거국적 지원을 호소했고, 울레마와 이스탄불 신민들, 술탄을 지지하는 부대들이 술탄 앞에 집결하였다.

술탄이 이끄는 부대는 예니체리 부대를 포위하고 대포를 쏘아댔고, 광장은 화염에 휩싸였다. 1826년 6월 15일 오후, 예니체리의 반란은 술탄의 화력 앞에 굴복하였다. 술탄의 단호한 결단으로 진압 초반에 2만 6천여 명의 예니체리가 처형되었고, 그들이 추종하던 벡타쉬 종파[5] 활동도 금지되었다. 6월 17일 술탄은 '특권에 기반을 둔 구질서'의 상징이자 개혁의 최대 방해요소인 예니체리를 칙령으로 해산하였다. 500여 년 유지된 예니체리 부대를 과감하게 해산한 역사적 사건을 역사가들은 '성스러운 사건Vaka-i Hayriye'이라고 기록하였다. 예니체리 부대 해산은 터키 역사의 극적인 전환점이 되었다. 예니체리가 폐지된 후, 7월 7일 술탄은 1만 2천 명 규모의 '아사키리 만수레이 무함메디예'(무함마드 승리의 부대) 조직 법령을 공포하였다.

중앙 통치권 회복과 서구식 개혁

예니체리의 폐지로 강력한 통치력을 확보한 마흐무드 2세는 나라가 안팎으로 가장 어려운 시기에 사회·교육·경제·행정 분야의 개혁에 착수하고 구질서 체제를 새로운 질서로 바꾸는 조치를 단행했다. 무엇보다도 유명무실해진 조정의 내각회의 기능을 효율적으로 하기 위해 대재상의 관직명을 200여 년 사용해온 '사드라잠sadrazam'에서 유럽 제도인 '바쉬베킬başvekil', 즉 총리로 변경하였다. 바쉬베킬(총리) 아래 내무부, 외무부, 재무부, 법무부 등 주요 부처가 조직되었고 장관을 보좌하는 차관제도도 만들었다. 마흐무드는 지방 총독인 '왈리vali'를 정치 임명직에서 월급제 공무원 신분으로 전환했다. 관료들의 부패를 막으려는 조치였다. 중앙과 지방 간의 소통을 위해 도로를 개설하고 우체국을 세웠다. 수도 이스탄불을 포함하여 지방 각 주의 주민이 중앙정부와 긴밀한 관계를 유지할 수 있도록 통반장muhtar 제도도 도입했다. 이는 지방 토호의 영향력을 제거하고 중앙통치를 강화하려는 조치였다. 외교적으로는 셀림 3세 때 개설되었다가 카박츠 반란으로 폐쇄되었던 런던·파리·빈·베를린의 상주공관을 1834년에 재개설하였다. 1867년까지 베를린·아테네·테헤란·브뤼셀·헤이그·상트페테르부르크·부쿠레슈티에 상주공관 개설이 계속되었다.[6] 1836년에 조직된 외무부는 중앙정부 내 중요한 관료조직으로 부상하였다.

예니체리 폐지만큼 오스만 사회를 충격에 빠뜨리게 한 것은 '의상법 Kıyafet kanunu'이었다. 오스만 지배층 관리들의 의상은 유럽의 의상과는 너무나 달랐고, 피지배 계층과도 차별되었다. 이에 1829년 3월 21일, 술탄은 오스만 사회의 모습을 획기적으로 변화시키는 '의상법'을 공포하였다. 새로운 의상법은 군복과 일반 관리의 복장을 전통의상에서 유럽식 의상으로 변경하고 머리에 쓰는 터번(사륵sarık) 대신 붉은색의 원통 모자 '페즈'를 쓰도록 하였다. 모로코에서 기원한 원통형 모자 페즈는 마흐무드 2세 시기 근대화 개혁의 상징이었다. 이에 아나톨리아 내부 도시, 알바니아, 마케도니아 등지에서 반대 시위가 일어났다. 하지만 술탄의 단호한 개혁 의지에 반대 목소리를 크게 내지 못했다. 집권 후반기에 술탄은 유럽식 복장으로 대중에 노출되었고, 그의 금요일 예배 행차는 이전보다 외교사절에 더 많이 공개되었다.

마흐무드 2세의 개혁은 유럽의 발전을 따라잡을 목적으로 사회·경제·교육·군사·사법·의료 등 각 분야에서 전방위적으로 이루어졌다. 특히 그가 교육 분야에서 혁신을 가져온 것은 괄목할 만했다. 마흐무드 2세는 초등학교를 무상교육으로 하고 제국 내 새로운 피를 수혈하기 위해 1827년에 영국, 프랑스, 프로이센, 오스트리아에 150명의 유학생을 파견했다. 외교사절 접수에 유럽식 의전을 적용한 마흐무드 시기에 의상, 가구, 주거 형태, 의사소통 방식 등이 점점 유럽식으로 되어갔다. 관료사회에서는 프랑스어 사용이 유행하였다. 고위관리들의 가정에서 서구식 식탁, 나이프와 포크가 사용되기 시작했다. 프로이센의 총참모장인 폰 몰트케는 마흐무드 2세를 러시아를 근대화시킨 표트르 대제에 비유했다.

발칸 민족주의 발흥

세르비아 반란과 러시아와의 전쟁

18세기 말 미국 독립전쟁(1775~81)과 프랑스혁명(1789)을 계기로 유럽에서 민족주의 바람이 일어날 때만 해도 발칸은 아직 동요되지 않은 채 오스만 제국의 통치 아래 있었다. 그러나 나폴레옹의 유럽 원정(1803~15)에 따라 민족주의가 유럽에 확산하자, 그 바람은 다민족으로 구성된 발칸에 불어닥쳐 밀레트 제도 아래 종교적 자치를 허용받은 비무슬림 인구가 분리·독립을 요구하고 나섰다. 발칸에서 민족국가 수립을 열망하는 민족주의 열풍에 세르비아와 그리스인들이 불을 붙였다. 그들이 오스만 제국에 저항하는 데는 러시아의 배후 지원이 동력이 되었다. 발칸에서 일어난 민족주의 운동은 오스만 제국 해체의 발단이 되었다. 부동항을 확보하려는 러시아는 발칸으로 진출하기 위해 민족주의를 빌미로 발칸 지역에 반오스만 바람이 일도록 선동하였다. 러시아는 범슬라브주의를 표방하며 그리스정교회 민족과 슬라브 민족을 단결시켜 발칸 지역의 맹주가 되려고 하였다. 오스만 제국이 오스트리아 합스부르크 왕가와 전쟁을 벌일 때 무대가 되었던 세르비아에서 독립운동이 활발하게 일어났다.

　1808년 마흐무드 2세가 즉위할 때 오스만 제국은 러시아와 전쟁 중이었다. 러시아와의 전쟁은 이미 1806년 셀림 3세 때부터 시작되었다. 오스만 제국이 러시아와 전쟁을 치르게 된 데는 두 가지 사건이 배경이 되었다. 첫 번째는 400여 년간 오스만 제국의 속국인 세르비아에서 1804년에 카라조르제 페트로비치가 이끈 민중 봉기였다. 이 민중 봉기는 프랑스혁명에 영향을 받은 민족주의 바람으로 9년간 계속되었고, 세르비아인들은 러시아의 지원을 받아 독립하려 하였다. 두 번째는 오스만 정부가 종주국인 몰다비아와 왈라키아의 군주(보이보드)를 전격적으로 교체한 사건이다. 이들 친러시아 성향의 군주가 파면되자 오스만 제국과 러시아, 두 나라 간에는 긴장이 고조되었다. 러시아 군대는 1806년 11월 11일 드네스트르강을 넘어 몰다비아와 왈라키아로 진격하였다. 그러자 셀림 3세는 12월 22일 보스포루스 해협과 다르다넬스 해협을 폐쇄하고 러시아에 선전포고를 하였다. 1806년에 시작된 러시아와의 전쟁은 1812년까지 계속되었고, 6년 사이에 오스만 제국에서는 셀림 3세에서 무스타파 4세, 그리고 마흐무드 2세로 술탄이 바뀌게 되면서 전쟁을 효과적으로 수행할 수가 없었다.

　1812년 초까지 러시아군의 우세 속에 전쟁은 계속되었다. 그때 나폴레옹의 러시아 원정이 임박했다. 그러자 러시아는 오스만 제국과 평화 협상을 서둘렀다. 1812년 5월 28일 루마니아의 부쿠레슈티에서 평화 조약을 체결하였다. 이 협상은 1811년 10월 31일부터 시작되어 7개월간 계속되었다. '부쿠레슈티 조약'은 몇 가지 점에서 앞으로 오스만 제국과 러시아 간 관계를 규정하는 이정표 같은 조약이 되었다. 우선 러시아는 오스만 제국의 유럽 영토인 베사라비아를 차지하여 러시아가 앞으로도 유럽의 오스만 제국 영토 안에 깊숙이 들어올 수 있다는 여지를 남겼고, 캅카스 지역에 대한 영토 확장 의지도 조문에 남겨놓았다. 오스만 제국은 세르비아에 정치적·행정적 특혜, 즉 자치를 부여하게 되었는데, 발칸반도에서 러시아의 범슬라브주의가 확산하는 선례가 되었다. 이는 러시아의 외교적 성과였다. 그러나 이보다 더 강력한 것은 러시아가 기독교인들의 보호자임이 명시되었는데,[7] 이 조항으로 러시아는 기독교인들의 자유와 권리를 보장하도록 오스만 제국에 계속 요구할 수 있게 되었다. 19세기에 오스만 제국은 러시아와 네 차례 (1806~12, 1828~29, 1853~56, 1877~78)나 전쟁을 치렀다.

나바리노 해전과 그리스 독립

부쿠레슈티 조약 이후 오스만 제국은 1828년 다시 러시아와 전쟁을 해야만 했다. 1828~29년 러시아와의 전쟁 양상은 그리스의 독립운동으로 촉발된 나바리노 해전으로 확대되었다. 발단은 발칸 지역에서 일어난 그리스인들의 민족주의 봉기였다. 그리스인들은 비잔티움 영토를 회복한다는 '메갈리 이데아Megali Idea'라는 민족주의 이념으로 독립운동을 전개했다. 1821년 3월 그리스인들의 반란이 몰다비아에서 시작되자 마흐무드 2세는 바로 강력한 진압에 나섰다. 4월 6일에는 펠로폰네소스반도(모레아반도, 터키어 모라Mora)에서도 반란이 일어났다. 펠로폰네소스 반란은 이후 크레타Crete(터키어 기리트Girit)섬, 마케도니아로 번졌다. 전선이 다발적으로 확대되자 오스만 조정은 이집트 총독인 메흐메드 알리 파샤에게 지원을 요청했다. 1825년 2월 그의 아들 이브라힘이 크레타섬을 진압하고 펠로폰네소스를 장악하자, 영국·프랑스·러시아가 그리스 봉기를 지지하며 오스만 조정에 그리스를 독립시키도록 압력을 가했다.

영국·프랑스·러시아 등 열강 3국은 1827년 7월 6일 '런던 의정서'로 그리스의 완전 독립을 위해 공동 행동을 하기로 결의하였다. 런던 의정서 결정 사항은 오스만 제국에 통보되었으나 오스만 제국은 8월 16일 이를 거절했다. 3국은 그리스에 대해 적대 행위를 종식하고 이에 관한 결정을 15일 이내로 통보해줄 것을 오스만 조정에 최후통첩하였다. 오스만 제국으로부터 기다리던 답을 받지 못하자, 러시아가 발트해에서 전함을 출항시켰다. 영국과 프랑스 전함이 이에 가세하였다. 오스만 제국은 러시아·영국·프랑스의 3국 연합함대와 1827년 10월 20일 '나바리노 해전'을 치렀다. 결과는 참패였다. 해전 개시 세 시간 반 만에 57척의 오스만 함선이 침몰하였고 8천 명에 이르는 병사가 희생되었다. 이 패배로 오스만 제국은 함선과 해병 등 해군력을 거의 잃고 말았다. 나바리노 해전은 이후 1830년 그리스 독립으로 이어졌다.

오스만 조정은 연합 3국에 강력하게 항의하였다. 오스만 제국은 연합 3국 외교사절에게 피해 보상과 그리스 독립을 요구하지 않겠다는 보장을 요구했다. 그러나 연합 3국은 오스만 제국의 두 가지 요구를 모두 거절했다. 이에 오스만 제국은 3국에 외교관계 단절을 통보했고, 3국 사절은 1827년 12월 8일 이스탄불을 떠났다. 오스만 제국은 나바리노 해전 참사를 기회 삼아 러시아의 선제공격 가능성에 대비해 도나우강 연안에 군대를 집결시켰다. 이를 이유로 러시아는 1828년 4월 26일 오스만 제국에 선전포고를 하였다. 오스만 조정은 열강들의 내정간섭에 반대하며, 그리스 독립을 결코 좌시할 수 없다면서 5월 20일 러시아에 선전포고로 맞불을 놓았다. 러시아는 아나톨리아 동부에서는 카르스, 에르주룸까지, 서부에서는 에디르네까지 진군했다.

러시아 군대가 이스탄불에서 불과 230여 킬로미터 떨어진 에디르네까지 들어와 이스탄불이 러시아에 함락되는 것은 그야말로 촌각을 다투는 문제였다. 진퇴양난에 놓인 오스만 제국 정부는 런던 의정서를 이행하겠다며 러시아에 평화협상을 제의하였다. 양측은 1829년 9월 14일 '에디르네 평화조약'을 맺었다. 이 조약으로 양국의 국경은 전과 같이 프루트강이 되었고, 보스포루스 해협과 다르다넬스 해협에서 러시아 상선은 자유로운 통행은 물론 어떠한 간섭도 받지 않게 되었다. 그러나 이보다 더 치명적인 것은 오스만 제국이 그리스 독립을 인정할 수밖에 없었다는 사실이다. 에디르네 조약은 오스만 제국에 반세기 전 퀴췩카이나르자 조약보다도 더 큰 굴욕감을 안겼다. 오스만 제국이 러시아와 체결한 부쿠레슈티 조약과 에디르네 조약으로 제국 영토 내 소수민족의 독립이 현실로 나타나게 되었다.

발칸 지역 독립운동

발칸 지역의 독립운동은 1789년 프랑스혁명의 영향으로 19세기에 민족주의 열풍이 확대되면서 일어났다. '인민에 의한, 인민을 위한, 인민의 정치' 구호를 외친 1863년 링컨의 게티즈버그 연설도 발칸 지역 민족주의 운동과 때를 같이한다. 크림 전쟁 이후 오스만 제국이 자치를 허용한 왈라키아와 몰다비아 외에 도나우강 북쪽에서 이제 오스만 제국의 영토는 남아있지 않았다. 오스만 제국의 쇠퇴로 러시아·영국·프랑스·오스트리아 등 유럽 열강은 발칸 지역에 대한 주도권을 놓고 각축하게 되었다. 열강은 그리스, 불가리아, 세르비아, 알바니아, 마케도니아, 보스니아–헤르체고비나 등 오스만 제국의 발칸 지역에 대한 지배구조를 붕괴시키고 영향력을 잠식하려 혈안이 되었다.

특히, 압뒬아지즈 시기(1861~76)에는 러시아가 슬라브 민족의 단합을 외치며 발칸 국가들을 부추기면서 세르비아, 몬테네그로, 보스니아–헤르체고비나, 몰다비아, 왈라키아, 불가리아 등에서 오스만 제국으로부터 독립하려는 봉기가 물밀듯 일어났다. 부동항을 찾아 남하하려는 러시아는 발칸 지역 내 슬라브 민족들의 보호 명목 아래 그리스 정교인들을 러시아 편으로 끌어들이고 오스만 제국에 저항하며 독립운동을 일으키도록 부추겼다. 발칸 지역의 분리 독립운동에 관한 한 러시아는 언제나 오스만 제국에 가장 문제가 되었다. 지중해 지역에서 영향력을 구축하려는 영국은 초기에는 발칸 지역 소수민족들을 독립시키려는 다른 열강의 간섭에는 반대했다. 그러나 발칸 지역의 반란이 계속되고 발칸에서 다른 열강의 영향력이 확대되자 영국도 발칸 지역 독립을 지원하게 되었다. 영국은 러시아의 최대 경쟁국이 되었다. 지중해 지역에 식민지를 확대하려는 프랑스 역시 다른 열강에 발칸 지역에서 우위를 뺏기지 않기 위해 발칸 지역 독립운동을 지원하였다. 발칸 지역에서 오스만 제국은 사면초가가 되었다.

1877~78년 오스만 제국과 러시아와의 전쟁은 발칸 지역에서 러시아의 범슬라브주의 확산정책과 깊게 연계되어 있다. 세르비아와 몬테네그로가 오스만 제국에 대항한 분리 독립운동에 실패하자 러시아가

범슬라브주의를 기치로 전쟁을 통해 문제를 해결하려 했다. 오스만 제국은 다시 처참한 패배를 당하고 1878년 3월 3일 러시아와 29개 조항의 산스테파노(현 이스탄불의 예실쾨이)에서 조약을 체결하였다. 이 조약으로 세르비아, 몬테네그로, 루마니아가 독립하고 오스만 제국은 전쟁 배상금을 지급해야 했다. 산스테파노 조약이 러시아에 일방적으로 유리하게 된 것으로 세력 균형 원칙을 뒤엎었다고 본 나라는 영국과 오스트리아·헝가리 제국이었다.

이 때문에 열강 간 전쟁 발발 분위기가 고조되자 신생 열강으로 등극한 독일 제국의 수상 비스마르크가 산스테파노 조약을 수정하기 위한 중재에 나섰다. 같은 해 7월 13일 산스테파노 조약을 대폭 수정한 64개 조항의 베를린 조약이 체결되었다. 오스만 제국을 상대로 영국·프랑스·러시아·오스트리아 외에도 독일과 이탈리아가 서명 당사국이 되었다. 19세기 후반 들어 유럽 열강에 독일과 이탈리아가 이름을 올렸다. 베를린 조약은 유럽의 정치 지형을 크게 변형시켜 발칸에서 또 다른 분쟁을 촉발할 수 있는 여지를 남겼다.

이집트 문제

이집트 총독 메흐메드 알리

프랑스 군대가 이집트를 떠난 후 오스만 조정은 메흐메드 알리Mehmed Ali(또는 Muhammad Ali)를 이집트 총독으로 임명했다. 그는 북부 그리스 지방 마케도니아에서 태어났지만, 알바니아에서 오래 살아 알바니아인으로 알려진 인물로 무슬림으로 개종하여 터키어를 하는 오스만 신민이었다. 메흐메드 알리는 나폴레옹 군대를 축출하기 위해 술탄이 파견한 군대의 일원이 되어 1801년 처음으로 이집트에 발을 디뎠다. 그의 전투 능력은 탁월했다. 1805년 셀림 3세로부터 이집트의 총독으로 임명받은 그는 총독 초기에는 술탄의 지시 사항에 순종하는 신하임을 보여 주었고, 이집트 사회의 지배층인 '맘루크 베이'(맘루크 출신 지배층)들을 자극하지 않는 유인책으로 프랑스 군대 철수 후 혼란한 사회를 안정시키는 데 힘을 쏟았다.

메흐메드 알리는 교육을 받은 인물은 아니었지만, 정치적 수완이 탁월한 실사구시의 인물이었다. 위기를 맞은 이집트를 변화하는 시대 조류에 맞춰 탈바꿈시키려는 원대한 야망을 품은 그는 1811년 행정과 사회를 지배하고 있는 '맘루크 베이' 지도자들을 카이로 성채에서 청산하는 데 성공하고 이집트의 단독 실세로 떠올랐다. 오스만 제국의 군사력이 약해 유럽 열강의 지배를 받고 있다고 파악한 메흐메드 알리의 최우선 개혁 과제는 유럽의 선진기술을 도입한 군대조직이었다. 유럽 군사 전문가의 도움으로 이집트의 군대는 짧은 기간에 해군 함대를 포함한 강력한 군대로 탄생하여 이스탄불의 술탄을 위협할 정도로 성장했다. 이스탄불의 술탄 마흐무드 2세는 그리스 독립운동이 일어나자 메흐메드 알리에게 군사 지원을 요청했고 실제로 메흐메드 알리 군대는 크레타(1822), 모레아(1825)에서 반란을 진압하는 데 성공했다. 그러나 메흐메드 알리는 술탄에 복종하는 지방 총독으로 남아있을 인물은 아니었다.

이집트 총독의 반란과 내전

메흐메드 알리는 나바리노 해전으로 에디르네 조약이 체결된 직후 술탄에게 오스만 제국의 영내인 시리아를 자신의 관할로 내주도록 요구했다. 시리아는 인력과 목재가 풍부해 이집트 경제에 도움이 되기 때문이었다. 그러나 술탄의 승인도 없이 영국 함대의 도움으로 모레아에 주둔한 이집트 병력을 일방적으로 철수한 사실에 몹시 거슬린 마흐무드 2세는 메흐메드 알리의 요구를 거절했고, 그를 해임할 구실을 찾았다. 그러자 메흐메드 알리는 무력으로 시리아를 차지하기 위해 아들

이브라힘 파샤를 시리아 원정에 보냈다. 이브라힘 파샤는 1832년 6~7월 시리아 다마스쿠스, 홈스, 하마, 알레포를 점령했다. 이브라힘 파샤의 이집트 군대는 여기에 그치지 않고 아나톨리아 내륙으로 진군하였다. 아나톨리아 남부 도시 이스켄데룬, 안타키야, 아다나, 타르수스가 차례로 점령되었다. 술탄은 레쉬드 메흐메드 파샤Reşid Mehmed Paşa 대재상을 콘야에 파견하였다. 1832년 12월 21일 대재상이 이끈 중앙 정부 군대와 이집트의 지방 군대는 콘야에서 격돌했다. 전투를 지휘한 사령관이 인질이 되었다는 소문에 오스만 진영은 사분오열되었다.[8] 콘야 전투에서 오스만 군대는 패배를 인정하고 철수했다.

오스만 정부는 외세의 도움이 절실했다. 영국과 프랑스에 도움을 요청했으나 긍정적인 대답을 얻지 못했다. 영국 여왕은 오스만 제국의 내정간섭에 반대하며 외교적 방법으로 도울 수 있다는 공한을 조정에 보내왔고, 영국의 지중해 패권을 막으려는 프랑스는 메흐메드 알리를 지지하는 태도를 보였다. 다급해진 마흐무드 2세는 "바다에 빠지면 살기 위해 뱀이라도 잡게 된다"며 적국 러시아에 도움을 요청했다. 오스만 정부는 1833년 2월 3일 러시아 상주대사인 부테노프를 통해 러시아 니콜라이 1세 황제에게 이스탄불 방어를 위해 러시아 군대를 파견해달라고 요청했다. 러시아는 오스만 조정의 지원 요청을 수락했다. 그리고 2월 20일 러시아 함대는 터키 해협(보스포루스와 다르다넬스 해협)에 정박하였다. 프랑스와 영국은 러시아의 터키 해협 진출을 막기 위해 술탄과 메흐메드 알리 양측에 압력을 행사하면서 전함을 이집트로 집결시켰다. 일단 러시아의 지원을 받게 된 마흐무드 2세는 메흐메드 알리와 협상에 들어갔다.

터키 해협에 러시아 병사 수가 날로 증가하자 프랑스와 영국은 터키 해협에서 러시아 함대의 즉각 철수를 요구하고 나섰다. 러시아는 이집트 군사가 아나톨리아에서 철수하지 않는 한, 자국 함대도 철수하지 않겠다고 했다. 상황이 불리하게 돌아가고 있다고 판단한 영국과 프랑스는 중재를 서둘렀다. 마흐무드 2세는 메흐메드 알리와 1833년 5월 14일 '퀴타흐야 조약'을 체결하였다. 술탄으로서는 치욕적인 상황이었지만 어쩔 수 없는 일이었다. 이 조약으로 메흐메드 알리는 이집트, 시리아, 크레타 총독 자리를 얻었고, 아들 이브라힘은 제다 총독 자리와 아다나 지역의 세금 징수권을 얻었다. 협상이 타결되자마자 이브라힘의 군대는 철수했다.

퀴타흐야 조약은 오스만 제국의 술탄이 자신의 부하인 지방 총독에게 머리를 숙인 모양새가 되었다. 외관상 이집트 문제는 해결되었지만, 술탄은 프랑스·영국·이집트 총독 모두 신뢰할 수 없었다. 오스만 제국은 다시 서둘러 러시아와 1833년 '휜카르 이스켈레시Hünkâr İskelesi' 조약을 체결했다. 6개 조항으로 되어 있지만, 핵심은 마지막 조항 다음에 있는 비밀 조항에 있었다. 조약문의 내용은 일방적으로 러시아에 유리했다. 오스만 제국은 러시아가 요청하면 상호 합의한 수의 병력을 지원하기로 했고, 비밀 조항에서는 러시아가 서구 국가와 전쟁 상태가 되면 오스만 제국은 러시아와 전쟁 중인 국가의 함선에 대해 다르다넬스 해협(터키어 차낙칼레 해협Çanakkale Boğazı)을 봉쇄하기로 했다. 얼마 지나 급조된 휜카르 이스켈레시 조약이 열강에 알려지게 되면서 '터키 해협 문제'가 수면 위로 떠오르게 된다.

국제 문제로 비화한 이집트 문제

오스만 정부와 메흐메드 알리는 1833년 퀴타흐야 조약으로 일단 분쟁을 잠재웠지만, 양측은 이 조약에 만족하지 않았다. 술탄은 메흐메드 알리에게 빼앗긴 영토를 되찾아오려고 했고, 메흐메드 알리는 자기 지분이 적다고 생각했다. 퀴타흐야 조약 체결 6년 후인 1839년, 메흐메드 알리 이집트 총독은 연간 세금 납부를 거부하며 독립을 선포하는 등 다시 중앙정부에 도전했다. 결국, 오스만 군대는 메흐메드 알리의 아들 이브라힘 파샤가 이끄는 이집트 군대와 1839년 6월 24일 '니집 Nizip'(현 가지안테프)에서 결전을 벌였다. 그러나 오스만 군대의 참패는 이전 콘야에서 겪었던 것보다 더 충격적이었다. 니집 패배 소식은 5일 후인 6월 29일 마흐무드 2세에게 전해졌고, 깊은 시름에 빠진 술탄은 일주일 만에 세상을 떠났다.

오스만 군대가 패배하자 유럽 열강이 개입했다. 러시아의 개입을 막기 위해 영국이 재빠르게 행동에 들어갔다. 영국은 러시아가 터키 해협을 통해 지중해로 내려와 인도로 가는 해상 무역로를 차단하게 될 것을 두려워했다. 영국은 이집트 문제를 국제 문제로 규정하며 국제회의를 소집했다. 메흐메드 알리를 지지하는 프랑스는 참가하지 않았다. 오스트리아·프로이센·러시아·오스만 제국 대표가 런던에 모였다. 열강 회의가 소집된 것은 중동에서 무역로를 빼앗기지 않으려는 영국 외교의 승리였다. 1840년 7월 런던 조약London Convention에 따르면, 메흐메드 알리가 시리아, 헤자즈에서 철수하는 조건으로 이집트 총독은 메흐메드 알리 가문에서 영구적으로 세습하기로 하며, 시리아·아다나·크레타섬은 다시 오스만 제국이 갖는 것이었다. 이 조건은 오스만 제국을 통해 메흐메드 알리에게 전달되었다.

프랑스를 등에 업은 메흐메드 알리는 런던 조약을 거부했다. 그러자 영국이 메흐메드 알리의 영역인 아크레를 공격했다. 이집트 군대가 영국과 오스트리아 군대의 공격에 패하자 메흐메드 알리는 런던 조약에 서명했다. 이로써 오스만 제국은 이집트 총독의 반란 행위로 인한 몰락의 위기에서 구출되었고, 중동과 아라비아반도에서 자신의 제국을 건설하려던 메흐메드 알리의 꿈은 무산되었다. 그러나 적어도 이집트는 오스만 제국으로부터 '반半독립'의 지위를 얻었다. 1840년 런던 조약은 이집트에 '오스만 제국의 특혜 도Privileged Ottoman Province'라는 법적 지위를 부여하고 메흐메드 알리 가문이 이집트 총독 자리를 세습하도록 했다. 1841년 2월 압뒬메지드 1세는 세습 칙령Edict of Inheritance으로 메흐메드 알리를 이집트의 세습 총독으로 임명하고 이집트의 자치 상태를 공식화했다. 그러나 이집트 총독은 연간 조공을 이스탄불에 내야 하고 군대는 오스만 제복 착용과 군대 행진 시에는 오스만 기旗를 사용하도록 함으로써 오스만 제국의 주권이 이집트에 미친다는 것을 상징적으로 나타내게 했다. 이집트 문제가 일단락되자 유럽 열강은 러시아에 전적으로 유리하게 체결된 휜카르 이스켈레시 조약을 문제 삼고 이를 인정하지 않았다.

터키 해협과 흑해 문제

열강은 터키 해협 문제를 협의하기 위해 다시 런던에 모였다. 유럽의 5대 열강(영국·프랑스·오스트리아·러시아·프로이센)과 오스만 제국이 참가하여, 1841년 '해협에 관한 국제조약'이 체결되었다. 이 조약은 두 가지로 요약된다. 첫째 평시에는 어떤 전함이라도 보스포루스 해협과 다르다넬스 해협에서 항행을 금지하고, 둘째 상선의 자유 항행을 보장한다는 것이었다. 런던 국제조약으로 터키 해협은 국제수역의 성격을 가지게 되었다. 유럽 열강은 오스만 제국의 주권이 행사되는 터키 해협을 국제수로로 규정해놓았다. 오스만 제국은 해협 항행과 폐쇄에 관한 절대적인 주권을 행사해왔지만, 유럽 열강은 오스만 제국의 해협에 관한 '재량권'을 국제법의 테두리에 구속해버렸다. 이 조약으로 동부 지중해에서 러시아의 위협을 차단하게 된 프랑스와 영국이 최대 수혜자가 되었고, 러시아는 흑해를 향한 남하전략이 차단되는 외교력의 실패를 유럽 열강에 드러내 보였다. 1841년 조약은 형식적으로는 오스만 제국이 해협을 통제하는 것으로 보이지만, 실제로는 해협에 대한 오스만 제국의 통제권은 크게 제한되고 말았다.

부동항 획득을 위한 남하정책으로 오스만 제국을 노리는 러시아를 프랑스와 영국 등 서유럽 열강은 늘 의심스러운 눈초리로 견제했다. 터키 해협 문제는 서유럽 열강과 러시아 간 치열한 외교쟁점이 되었다. 1853년 성지 예루살렘을 놓고 가톨릭과 정교회 간 다툼이 일어났다. 그러자 러시아는 오스만 제국에 그리스정교를 보호할 권리를 인정해줄 것을 요구했고, 이를 거절하자 오스만 제국의 속국인 몰다비아와 왈라키아를 침공했다. 이를 계기로 서유럽 열강들이 러시아를 저지하는 데 단합하여 1853년부터 1856년까지 크림 전쟁이 일어났다. 크림 전쟁에서 러시아는 오스만 제국·프랑스·영국 등 연합군에 패배했다. 1856년 3월 30일 파리 조약에 따라 흑해는 중립화와 동시에 비무장화되었다. 서유럽 열강은 러시아가 터키 해협에 접근하지 못하도록 흑해에 러시아 전함이 진출할 수 없고 흑해 연안에는 군사기지도 둘 수 없게 하였다. 서유럽 열강과의 외교전에서 러시아는 고립되었다.

그러나 러시아 제국의 알렉산드르 2세(재위 1855~81)는 1870년 프로이센─프랑스 전쟁(보불전쟁)으로 유럽이 혼란한 틈을 타 흑해 '중립화'나 '비무장화'는 러시아 제국의 수치라고 하며 흑해 중립화 조항은 무효라고 선언했다. 보불전쟁 이후 독일 제국의 탄생(1871.1.18)으로 급속히 변화하는 유럽 정세에 대응하려는 영국의 외교적 중재로 전쟁 없이 1871년 3월 13일 런던 조약이 체결되었다. 런던 조약으로 흑해의 중립화는 폐지되었고 오스만 제국은 우호국이나 동맹국 전함의 통항을 위해 해협을 개방할 수 있도록 하였다. 터키 해협 통항권을 회복한 러시아는 즉시 오스만 제국에 대한 침략을 준비하기 시작했고, 오스만 제국은 러시아와 19세기 마지막 전쟁(1877~78)을 치러야만 했다.

서구식 근대화, 탄지마트 개혁

개방주의자 술탄

술탄 압뒬메지드 1세(1839~61)는 마흐무드 2세의 아들로 1839년 6월 30일 16세 젊은 나이에 술탄이 되었다. 유럽식 개혁을 추진한 아버지 덕분에 세자 시절에 카페스 생활을 하지 않고 자유로운 분위기에서 성장하였다. 아랍어와 페르시아어를 구사하고, 유럽 문화의 영향을 받으면서 자랐으며 프랑스어를 구사하는 최초의 술탄이었다. 압뒬메지드 1세는 키는 크나 체격은 마른 약골로 조용하고 차분한 성격의 소유자였다. 어렸을 적에 홍역을 앓아 얼굴에 작은 흉터자국이 남았다. 오스만 술탄으로서는 처음으로 외국 국가(프랑스)가 수여하는 훈장을 수락하였다. 그는 400여 년 술탄들이 거처한 톱카프 궁전을 떠나 새로 건축한 돌마바흐체 궁전으로 옮겨 화려한 유럽식 생활을 하였다. 술탄 압뒬메지드는 부친의 개혁 노선을 이어받아 보다 적극적으로 급진적인 개혁을 추진했다. 그는 재위 중 개혁과 관련한 두 개의 칙령(귈하네 칙령, 개혁 칙령)을 공포하였는데, 이것이 터키 역사에서 그를 상징하는 역사적 표식이 되었다. 다방면에 걸쳐 개혁을 추진한 그는 최초의 은행, 지폐, 기차, 오페라, 외채 도입, 무도회 등 새로운 기록을 많이 남겼다.

19세기 전반기에 유럽 열강은 오스만을 '유럽의 병든 자Sick man of Europe'로 바라보았다. 제국의 몰락이 임박했다고 믿는 유럽 열강은 오스만 제국 영역에서 자국의 이익만을 위해 행동할 뿐 오스만 제국을 '우방'으로 여기지 않았다. 19세기에 전략적 우방이 된 영국도 오스만 제국의 수명이 연장될수록 자국에 이익이라고 믿었다. 유럽 열강은 제국 내 소수민족들을 부추기며 제국 내부 사정을 더욱 어렵게 만들었다. 러시아는 정교회를, 프랑스는 가톨릭을, 영국은 프로테스탄트를 보호한다는 명분으로 오스만의 내정에 간섭하였다. 제국 내부의 반란, 경제 몰락, 정치 불안 등으로 오스만 제국은 유럽의 도움 없이는 스스로 모든 현안을 해결할 힘을 잃고 있었다. '탄지마트'는 이렇게 산적한 난제를 타개하고 '나라를 구하기' 위한 '만병통치약cure—all' 같은 해결책이었다.

개혁을 위한 두 개의 칙령

1839년 11월 3일 '귈하네 칙령Gülhâne Hatt—ı Hümâyûn'과 1856년 2월 28일 두 번째로 '개혁 칙령Islâhat Fermânı'이 공표되었다. 두 가지 모두 개혁 칙령이지만, 전자는 톱카프궁에 있는 귈하네 정원에서 발표된 것을 기리기 위해 귈하네 칙령이라고 부른다. 귈하네 칙령은 친영국파

이자 외무장관인 무스타파 레쉬드 파샤가 초안을 마련하고 압뒬메지드 1세가 승인한 후 공표되었다. 1839년 귈하네 칙령은 '모든 신민for all people'의 평등, 법에 따른 공정한 징병과 제대 조치, 공정한 징세 조치 등 세 가지가 핵심이었다. 종교·언어·문화에 상관없이 무슬림이든 비무슬림이든 모든 신민은 일체의 차별 없이 생명과 재산을 법으로 보호한다는 것이다. 한마디로 제국 내 모든 밀레트는 무슬림과 동등한 권리를 갖는다는 것을 서방에 약속한 것이었다. 귈하네 칙령으로 술탄은 자신의 절대권력 위에 '법'이 있음을 인정했다. 1839년 칙령에 따른 개혁은 인권의 내용을 담고 있어 군사 개혁과는 차원이 달랐다.

1856년 개혁 칙령은 귈하네 칙령 후 17년 만에 공표되었다. 이 칙령은 러시아와의 크림 전쟁이 끝나고 강화조약이 체결되는 과정에서 나온 정치적 산물이었다. 개혁 칙령은 귈하네 칙령에서 공표된 원칙에서 일부 세부 사항이 추가되었지만, 비무슬림 인구의 권리를 보장한다는 귈하네 칙령의 내용을 다시 확인해주었다. 세부적으로는 비무슬림의 예배 장소, 학교, 병원 및 묘지에 대한 보수·신설 허용 등 기독교인들의 권리에 관한 내용이 담겼다. 전체적인 골격은 비무슬림 신민과 관련한 조항으로 비무슬림 소수민족의 평등한 권리를 재강조한 것이었다.[9] 귈하네 칙령과 개혁 칙령은 법적인 구속력이 없는 정치적인 선언이지만, 제국 내 비무슬림을 이교도이자 피보호자로 취급하는 딤미 dhimmi[10]라는 인식을 포기한 것은 매우 획기적인 조치였다.

두 개의 칙령은 오스만 제국이 유럽의 지원이 절실할 때 공표되었다는 공통점이 있다. 1839년은 이집트 총독의 반란으로, 1856년에는 크림 전쟁으로 유럽의 지원이 절실한 때였다. 칙령은 유럽 열강에 대한 개혁의 약속이었지만, 위기에 유럽의 외교적 지원을 얻어내려는 조치였다. 오스만 제국의 서구화 혁신은 1876년 '헌법' 제정으로 정점을 찍었다. 터키 역사에서는 압뒬메지드 시기에 귈하네 칙령이 공표된 1839년부터 압뒬아지즈 시대 최초의 헌법이 제정된 1876년까지의 37년간을 '탄지마트'(재조직reorganization) 시기라고 부른다. 탄지마트 기간에 유럽 열강이 수혜를 누린 '카피툴라시온'이 폐지되었고, 상법, 형법, 민법 등 국가 기능과 개인생활 관계를 규율하는 서구식 법령이 도입되었다. 탄지마트는 이슬람에 기초한 제국의 기반을 근본적으로 변화시키는 서구식 근대화를 위한 제도적 개혁의 총칭이었다. 탄지마트 개혁은 오스만 제국이 종교와 정치의 분리를 최초로 시도하면서 서구 모델의 근대화 국가가 되기 위한 기초를 놓았다.

탄지마트 개혁은 전통 이슬람 사회를 개혁하고 제국을 살리기 위한 서구화 실행계획이었다. 외국어를 알고 유럽을 아는 관료들이 주도했다. 관료조직에서 울레마와 셰이훌 이슬람의 역할과 기능이 축소되면서 행정과 관료조직의 세속화가 촉진되었다. 하지만 정치·경제·사회·군사·교육 등 다방면에 걸친 제도 개혁이 중앙에서 진행되는 것처럼 지방에서도 같은 정도로 이루어지지는 않았다. 칙령은 제국 내 소수민족의 평등한 권리를 약속했지만, 발칸 소수민족들은 탄지마트 개혁에 만족하지 않았다. 그들은 개혁보다는 독립을 갈망했기 때문이었다. 1856년 개혁 칙령 조문에서 유럽인들에게 실질적이고 즉각적인 행동을 취하게 한 조항은 "유럽의 과학기술 자본을 활용한다"라는 조항이었다. 이 조항에 따라 이스탄불의 갈라타와 페라 지역에는 금융업을 포함 유럽의 사업가들이 속속 진출하기 시작했다.[11]

술탄의 최초 유럽 순방

술탄 압뒬아지즈(1861~76)는 마흐무드 2세의 둘째아들로 형인 압뒬메지드가 병사하는 바람에 1861년 6월 25일 31세에 술탄이 되었다. 압뒬아지즈는 전쟁 목적이 아니라 다른 나라와 양자 관계적 차원에서 해외를 순방하였다. 순방국은 프랑스, 영국, 오스트리아 등 유럽 3국으로 1867년 6월 21일부터 8월 7일까지 47일 소요되었다. 프랑스 방문은 나폴레옹 3세가 제2회 파리만국박람회 개막식에 초청하여 이루어졌고, 영국 방문은 프랑스 방문이 확정되는 단계에서 오스만 정부가 영국 주재대사를 통해 영국 왕실에 방문 의사를 전함으로써 이루어졌다. 또한 프랑스와 같이 크림 전쟁 때 오스만을 도와준 데 대한 고려이기도 했다. 영국 빅토리아 여왕은 압뒬아지즈의 방문을 환영했다.

압뒬아지즈는 영국 방문 후 귀환길에 프로이센을 거쳐 빈, 부다페스트, 바르나를 경유하여 이스탄불로 돌아왔다. 이는 내부적으로는 술탄이 선진 유럽을 방문한다는 사실을 알림으로써 통치자의 위신과 권위를 세우게 되었다. 대외적으로는 오스만 제국이 전쟁만 하는 국가가 아니고 선진 유럽과 교류하는 문화국가임을 보여주는 기회가 되었다. 비록 지금은 현저하게 쇠퇴하고 있으나 아직도 이슬람 세계의 지도자이며, 선진 문명국가의 일원임을 과시하는 성과도 보았다. 그러나 유럽 방문의 실제 목적은 오스만 제국이 쇄신하고 있다는 사실과 러시아의 야욕을 알려 유럽의 경계심을 자극하는 한편, 외채 도입의 가능성을 타진해보려는 것이었다. 압뒬아지즈의 유럽 순방은 오스만 역사상 처음이자 마지막이다. 이후 술탄의 해외 방문은 없었다. 이 순방을 통해 많은 영감을 얻은 압뒬아지즈는 귀국 후 즉각 개혁을 단행했다.

압뒬아지즈의 개혁

압뒬아지즈의 개혁은 1867년부터 1871년까지 비교적 순조롭게 이루어졌다. 압뒬아지즈는 유럽 순방 전에도 여러 개혁을 시행하였다. 1864년에 프랑스 제도를 모방하여 지방행정을 개혁하였다. 전국을 도(빌라예트)로 나누고 그 밑에 군(리바liva), 면(카자kaza), 읍(쾨이köy) 등 하위 행정조직을 두었는데, 이는 지방 행정조직을 점조직화하여 중앙 통치권을 강화하려는 시도였다. 1862년에 언론을 담당할 출판국을 교육부에 신설하였다. 이미 마흐무드 2세 시대인 1831년 최초의 신문이자 관보인 《탁비미 베카이으Takvîm-i Vekâyî》가 발간되었지만, 사용된 언어가 어려워 일반에게는 알려지지 못했다. 1860년대 들어 출판물이 늘어나자 '출판질서유지법'(1864)을 공표하였다.

압뒬아지즈 시기에 1862년 《타스비리 에프캬르》, 《메즈무아이 퓌눈》 등을 포함 1875년까지 발간된 신문 및 출판물의 종류가 무려 75종에 이르렀다.[12] 이들 출판매체는 유럽의 자유사상에 영향을 받은 지식인 계층을 형성하고 권위적인 술탄의 중앙정부를 감시하고 비평하는 역할을 하였다. 1867년에는 '공공교육법' 공표로 최초로 외국인 학교 개설을 허용하였다. 오스만 제국 내 소수민족인 그리스, 아르메니아, 유대인들의 학교 외에도 영국, 프랑스, 독일, 오스트리아, 이탈리아, 미국, 러시아 등이 오스만 제국에 학교를 개설하기 시작했다.

압뒬아지즈는 군사력 강화를 위해 영국으로부터 함선을 주문하는 등 외채의 상당 부분을 해군 강화 목적으로 사용했다. 그 결과 21척의 전함과 173척의 보조함을 갖추고 5만 명에 이르는 해군을 조직하여 영국, 프랑스 다음의 해군력을 자랑하게 되었다. 압뒬아지즈는 제국의 전략 지역을 철도로 연결하는 철도 건설사업에 관심을 가졌다. 철도 건설은 자본과 기술이 필요하였기 때문에 오스만 조정은 첫 번째 철도 사업권을 영국에게 주었다. 짧은 기간에 건설된 철도는 사회에 새로운 활력을 불어넣었고 철도를 중심으로 도시 인구가 증가하기 시작하였다. 압뒬아지즈 시대에 시작된 철도망 건설사업은 압뒬하미드 2세 때에도 추진되었다.

입헌군주제 도입

범이슬람주의자 술탄

제34대 술탄 압뒬하미드 2세(1876~1909)는 형제인 무라드 5세의 폐위로 1876년 8월 31일 34세에 술탄에 등극하였다. 1876년은 압뒬아지즈의 폐위, 무라드 5세(93일 재위)의 즉위와 폐위, 그리고 압뒬하미드 2세가 즉위함으로써 술탄 3명의 운명이 톱니바퀴처럼 맞물린 한 해가 되었다. 비교적 긴 얼굴에 큰 코와 눈을 가진 압뒬하미드 2세는 기민하고 부지런하며 기억력이 좋았다. 세자 시절 선친인 압뒬메지드가 외국어를 배우도록 하여 페르시아어, 아랍어, 프랑스어를 익혔고 오스만 역사와 서양음악 교육도 받았다. 압뒬하미드 2세가 재위한 33년 동안은 국내외 위협에 나라의 존망이 달린 위태로운 기간이었다. 오스만 제국은 압뒬하미드의 전제적인 통치방식 아래에서도 헌법 공포와 의회 개원 등으로 제국의 개혁사업은 절정을 맞았다.

그러나 압뒬하미드 2세는 오스만 제국에 대한 서구의 개입에 반대하며 중앙집권적 권위와 절대주의적 통치를 강화하기 위해 정치노선으로 이슬람 세계에 호소하는 범이슬람주의를 선택했다. 그는 자신의 통치권을 강화하기 위해 국내외에 깔린 비밀경찰(하피예hafiye) 조직을 동원하여 반체제 언론과 인사들을 감시하며 '일드즈 궁Yıldız Sarayı'에서 고립된 생활을 하였다. 압뒬하미드 2세는 전제 통치와 발칸 지역에서 일어나는 봉기에 무능하게 대처하는 중앙정부에 실망한 청년 터키인들의 반란으로 폐위되는 불운을 맞았다. 압뒬하미드 2세 때 막을 연 헌정체제는 얼마 안 가 터키 공화국을 탄생시키는 초석이 되었다.

최초의 제헌의회

압뒬하미드 2세가 즉위하자 여론은 술탄이 헌법을 제정할 것인지에 대해 집중되었다. 압뒬하미드 2세는 즉위하던 해 12월 19일 탄지마트 개혁의 선구자 중 한 사람인 '미트하트 파샤Mithat Paşa'를 총리로 임명하였다. 미트하트 파샤는 술탄보다 스무 살 위로 지방 총독, 총리, 외무장관 등을 역임하여 관료행정에 능통했다. 또한 개혁 마인드를 가진 진보 성향의 인물로 정평이 나 있었다. 압뒬하미드 2세는 발칸 위기를 조장하고 개혁의 압력 수위를 높이고 있는 유럽 열강을 진정시킬 수 있는 인물로 미트하트 파샤를 꼽았다. 미트하트 파샤는 술탄의 명에 따라 1876년 10월 6일부터 28명으로 구성된 제헌위원회를 주도해 무슬림과 비무슬림 모두의 평등을 보장할 헌법을 만들었다. 프랑스 헌법을 참고하여 만들어진 119개 조문의 '카누느 에사씨Kanûn-ı Esâsî'라는 최초의 헌법이 내각의 승인을 거쳐 술탄의 칙령으로 공포되었다.

1876년 12월 23일 오후, 칙령이 공포된 총리실 해안 광장에는 비가 내렸다.[13] 오스만 최초의 헌법은 술탄에게 의회 소집 및 해산 등의 권한을 부여하여 사실상 통치의 전권을 인정하였다. 하지만 입헌군주제 헌법이 되어 유럽 열강과 개혁론자들의 기대 수준을 충족시키지는 못했다.

상·하원 양원제로 구성된 최초의 '의회Meclisi−i Umumî'가 1877년 3월 19일 돌마바흐체 궁에서 압뒬하미드 2세의 개막 연설문 낭독으로 개원되었다. 술탄의 연설문은 조정 관리, 울레마 등 종교 지도자, 외교 사절이 참석한 가운데 비서실장인 사이트 파샤가 대독하였다. 개원식 후 상하원 의원들은 고등교육기관인 '다뤼퓐Darülfün'(현 이스탄불대학교) 건물에서 의정업무를 시작하였다. 최초로 개원된 제헌의회는 6월 28일까지 약 3개월간 회기를 계속하였다. 최초의 의회가 개원된 지 한 달여 만인 4월 24일 러시아는 오스만 제국에 선전포고를 하였다. 두 번째 의회가 그해 12월 13일 개원되었다. 첫 의회 때와 마찬가지로 '돌마바흐체 궁'에서 술탄의 연설문 대독으로 기념식이 열렸다. 이때는 러시아와 한창 전쟁 중이었고 러시아 군대가 이미 이스탄불에서 20여 킬로미터 떨어진 예쉴쾨이Yeşilköy까지 진군한 상황이었다. 의원들은 전쟁의 참혹하고 비관적인 상황에 대해 술탄에게 책임을 물었다. 의원들의 비난과 질책에 궁지에 몰린 술탄은 의회 해산권을 명시한 헌법 7조에 따라 나라가 전시 상황이라는 이유로 1878년 2월 13일 휴회를 선언했다. 최초의 헌정은 1년을 겨우 넘기고 짧게 끝나고 말았다. 압뒬하미드는 전제권을 회복하고 자신이 원하는 대로 통치하게 되었다.

제국의 운명을 결정지은 '청년 터키인'

프랑스혁명 이후 오스만 제국은 제헌 국민의회와 헌법을 제정하였다. 또한 1860년대 중반부터 몽테스키외, 루소 같은 계몽사상가의 영향을 받은 신지식인이 생기기 시작했다. 신지식인 중에는 프랑스에서 교육 받고 프랑스 문화와 언어를 아는 사람들이 많았다. 오스만 제국에서는 특히 프랑스 선교사들의 활동이 비교적 자유로워 선교사들과 접촉한 터키인들이 많았기 때문이다. 새롭게 등장한 지식인들은 구체제의 변화를 모색하려는 민족주의자nationalist들로 주로 문학가, 관료, 학자, 군인 등 청년 터키인Young Turks들이었다. 직업적 정치 활동가가 아닌 이들은 1878년 압뒬하미드 2세가 의회를 해산하자 술탄의 전제정치에 도전하기 시작하였다. 이들은 앙시앵 레짐(구체제)의 '전제'를 끝내려는 혁명세력이 되었다.

청년 터키인들은 구체제를 무너뜨리기 위해 '연합'과 '진보'를 구호로 비밀조직인 '연합진보위원회CUP(Committee of Union and Progress)'를 조직하였다. 연합진보위원회 활동을 비밀로 했던 것은 소속된 회원들이 터키인이었고, 민족주의를 표방한 이들의 활동이 노출될 경우 다른 소수민족들의 민족주의 활동을 부추길 수 있기 때문이었다. 연합진보위원회에는 군 장교나 민간 관료들이 많았는데, 이들 사이에서 헌정 복귀와 압뒬하미드 폐위운동이 시작되었다. 그들은 이스탄불에서 멀리 떨어진 마케도니아 군부대에서 압뒬하미드에게 헌정 복귀를 촉구하도록 압력을 가했다. 신변 위협을 느낀 압뒬하미드는 헌정 복귀를 공식 선언했다. 1908년 7월 24일 제2 헌정시대가 열렸다. 의회가 강제 해산된 지 30년 만이었다. 술탄이 헌정을 복귀하도록 만든 신지식인을

'청년 터키인'이라고 불렀다.[14] 헌정은 청년 터키인들에게 '만병통치약'과 같은 희망이었다.

1908년 청년 터키인들의 헌정 복귀를 요구한 '혁명'이 성공한 후, 1909년 3월 헌정 복귀에 반대하는 이스탄불의 보수주의 군대가 '반혁명counter-revolution'을 일으켰다. 술탄 압뒬하미드가 보수주의 성향의 반혁명에 아무런 조처를 하지 않자 셀라니크에 주둔한 하레케트 Hareket(Action)라는 이름의 부대가 이스탄불로 진군했다. 1909년 4월 23일 늦은 밤 하레케트 부대가 이스탄불에 입성하여 '일드즈 궁'을 포위하였다. 압뒬하미드는 저항없이 하레케트 부대에 투항하는 깃발을 올렸다.[15]

4월 27일 긴급의회를 소집한 상하원 의원은 압뒬하미드 폐위를 공식 결정했다. 청년 터키인들의 CUP는 민족주의 정당이 되어 1908년부터 제1차 세계대전이 끝날 때까지 15년간 제국을 통치했다. 1908년 '청년 터키인들'의 혁명은 성공했지만, 조직 내부에서 파벌이 생기고 발칸 내부에서 반란이 계속되어 더 의미 있는 진전은 없었다. 두 차례의 발칸 전쟁을 치른 오스만 제국은 다시 제1차 세계대전에 참전하여 종말의 시간으로 다가갔다.

한편, 압뒬하미드가 폐위된 다음 날인 4월 28일 압뒬하미드와 가족, 시종 등 24명은 기차 편으로 셀라니크에 있는 알라티니Alatini 저택으로 보내졌다.[16] 발칸 전쟁 시 그리스군이 셀라니크 근처까지 들어오자 오스만 정부는 압뒬하미드의 거처를 이스탄불로 옮기도록 했다. 에게해에는 그리스 전함이 있어 위험했고 전쟁 중이라 육상 이동도 쉽지 않은 상황이었다. 독일 대사관의 협조를 구해 압뒬하미드와 그 식솔들은 독일 선박 로렐라이Lorelei를 이용해 1912년 12월 3일 이스탄불 '베

고독한 이슬람주의자 압뒬하미드 2세

압뒬하미드 2세 재위기는 재정 고갈, 발칸 지역의 독립운동, 개혁과 반개혁파의 갈등으로 수많은 변화와 격동의 시기였다. 그럼에도 쇠망해가는 제국을 33년간 유지한 것은 그의 탁월한 정치능력 때문이었다. 그는 서방을 모방한 개혁을 하면서도 이슬람의 정체성을 망각하지 않는 범이슬람주의자였다. 사방에 높은 벽을 쌓아 일드즈 궁전 안에서 고립된 생활을 한 그는 한가한 시간에 목수 일을 즐기고 화초와 동물을 기르기도 했다.

세르필 바야즈 외 (2012), 《오스만의 회화예술*Osmanlı Resim Sanatı*》, 터키문화관광부, p.294. TSM 17/239.

일레르베이 궁'으로 이전했다. 압뒬하미드는 셀라니크 알라티니 저택
에서 3년, 이스탄불 베일레르베이 궁에서 5년을 지냈다. 그는 1918년
2월 9일 심장 기능이 떨어져 호흡곤란 증세를 보이면서 76세로 세상을
떠났다.

외채 도입과 경제난

크림 전쟁과 외채 도입

오스만 제국이 러시아와 싸운 크림 전쟁(1853~56)은 오스만이 최초로 외채를 도입하게 된 원인을 제공하였다. 크림 전쟁이 시작된 후 1854년 오스만의 재정은 극도로 빈약했다. 1838년 영국에 통상특혜를 부여한 '발타리마느Baltalimanı 조약' 이후 대외경제의 영향에 노출된 오스만 제국은 높은 인플레 속에서 국내 부채의 이자 상환 부담으로 큰 어려움을 겪게 되었다. 오스만 정부는 이스탄불 갈라타 지역에 있는 비무슬림(주로 베네치아 및 제노바인들이 운영하는 환전 금융상)으로부터 신용대출을 받았다. 오스만 정부가 도입한 내부 부채액이 1,500만 파운드 스털링에 이르렀지만, 이것으로는 전쟁 재정을 조달하기에 턱없이 부족하였고, 이자율이 20퍼센트에 육박해 부채 상환이 불가능한 상태가 되었다.

오스만 조정은 1774년 퀴췩카이나르자 조약에 따른 전쟁 배상금 지급 압박으로 외채를 도입하려 했으나 이슬람 군주가 비무슬림으로부터 돈을 빌릴 수 없다는 이슬람 율법의 판단에 따라 1854년까지 외채는 도입하지 않았다. 그러나 1854년 8월 4일 다른 방도를 찾지 못한 압뒬메지드 술탄은 최대 5백만 파운드 스털링을 차관할 수 있는 칙령에 서명했다. 이에 따라 오스만 정부는 8월 24일 런던(팔머Palmer)과 파리(골드스미스Gold Smith)의 금융기관과 런던에서 차관 도입 계약서를 체결했다. 오스만 제국은 차관 지불보증으로 이집트에서 받게 될 연간 30만 리라에 해당하는 세원을 제시했다.[17] 1차 차관 도입에도 불구하고 전쟁 재정 조달이 어려워지자 오스만 정부는 1855년 6월 27일 영국 정부의 보증으로 로스차일드Rothschild 가문으로부터 5백만 파운드 스털링의 차관을 도입했다.[18] 크림 전쟁 후 재정 고갈과 경제난을 모면하기 위해 영국, 프랑스로부터 도입한 외채는 눈덩이처럼 불어났다. 1860년 10월에 이르러 오스만 정부의 대내외 부채액은 7억 7,400만 프랑에 달했다.[19]

만성적 재정적자와 외채 폭증

오스만 제국은 일상이 전쟁이었고, 전쟁이 국가의 큰 재원이었다. 그러나 전쟁이 정체되면서 재원이 고갈된 지 오래였다. 오스만 제국이 영토가 축소되는 시기에 치러진 전쟁은 재정에 무거운 부담이 되었다. 압뒬아지즈 시기에 이르기까지 군조직 확대와 운영, 원정 예산, 중앙 및 지방 관리 증원 등으로 정부의 지출이 증가한 것이 재정 위기를 초래했다. 거기에다 생산성 저하, 세수 감소, 무역 특혜로 인한 수입 급증이 중앙정부의 재무 성과에 부담으로 작용했다. 이처럼 대내외 경제 환경 악화로 세출이 세입보다 커 오스만 제국은 만성적인 재정적자에 시달렸다. 특히 1838년 영국과의 무역 특혜조약 이래 다른 유럽 국가들과도 같은 무역통상 조약을 체결하여, 오스만 사회는 유럽 자본주의에 그대로 노출되었다. 고가 사치품을 비롯한 유럽 상품의 대거 유입으로 국내 생산품의 경쟁력은 잃게 되었다.

압뒬메지드 시기에 오스만 제국은 1854년부터 1860년까지 네 차례 외채를 도입하였다. 한번 시작된 외채 도입은 탄력을 받아 압뒬아지즈 시기에는 1862년에 2억 프랑을 비롯해 1874년 10억 프랑 등 총 11차례나 외채 도입이 있었다. 그 결과 외채액은 47억 6,900만 프랑 상당액과 1,670만 파운드 상당액에 달했다. 그야말로 오스만 제국은 감당할 수 없는 대규모 외채를 짊어진 국가가 되었다. 1876년 4월에 이르러 오스만 중앙정부는 대내외 채무상환 정지를 선언했다.[20] 지급유예 상태인 모라토리엄은 1881년 12월 20일까지 5년 넘게 계속되었다.

경제 파탄의 임계점에 이르다

오스만 제국은 변화와 혁신을 위한 개혁을 시행하였으나 행정·재정·정치·군사 면에서 모두 임계점을 맞게 되었다. 특히 1876년에는 대내외 부채 상환 불능을 선언했고, 재정 파탄 상태에서 벌어진 러시아와의 전쟁은 재정구조를 더욱 악화시켰다. 국가가 살아남기 위해서는 외채에 의존해야만 했다. 1877년 러시아와 전쟁을 위해 5백만 파운드 스털링 상당의 외채를 도입한 이래 압뒬하미드 재위 시기에 오스만 정부는 영국, 프랑스, 독일 등으로부터 총 18차례 외채를 들여왔다. 오스만 정부는 1881년 12월 20일 대내외 부채 문제를 해결하기 위해 '오스만 국가채무위원회Düyun-i Umumiye Komisyonu'를 조직했다.

오스만국가채무위원회는 오스트리아·영국·네덜란드·프랑스·독일·이탈리아 및 오스만 제국 등 7개국 채권단 대표로 구성되었다. 채권단은 영국과 네덜란드에서 1명, 프랑스, 독일, 오스트리아, 이탈리아에서 각 1명, 오스만 내국인 채권단 대표 및 갈라타 은행 대표 각 1명 등 7명이었다. 오스만국가채무위원회 활동으로 오스만 국가의 재정은 유럽계 은행의 통제에 놓이게 되어 오스만 재정정책이나 관세 등은 유럽의 기준을 따를 수밖에 없게 되었고, 이를 계기로 유럽 자본주의 투자가 본격적으로 이루어지기 시작하였다. 이리하여 프랑스, 영국, 독일 투자자들이 광산과 철도, 전기, 전화, 가스, 전차 사업 등에 참여하여[21] 오스만 제국은 서방의 자본이 주도하는 경제적 이권 전쟁의 포로가 되고 말았다.

압뒬하미드는 서방을 모방한 개혁을 하면서도 이슬람의 정체성을 망각하지 않는 범이슬람주의자였다. 그가 이슬람 성지순례를 촉진하기 위해 6년(1901~07) 만에 건설한 헤자즈 철도는 범이슬람주의의 대표적 산물이었다. 표면적으로는 성지순례 지원 목적이었지만, 이스탄불과 멀리 떨어진 아랍 지역과 소통을 원활히하고 반란 시 군사 파견을 쉽게 하기 위한 목적이 있었다. 1903년 바그다드 철도부설권이 독일에 넘어가자, 오스만 제국 영토에 대한 경제적 이익을 놓고 영국과 독일 간 경쟁이 치열하게 되었다. 오스만 정부는 외국인 건설회사가 손해를 보게 된다면 그 손해를 보전해준다는 조건으로 정부 보증을 해주었고, 철도 정거장이 설치될 지역의 토지와 광물자원의 사용 권한도 투자회사가 갖도록 하였다. 영국, 프랑스, 오스트리아, 벨기에, 독일 등 외국자본이 오스만 제국의 철도사업에 뛰어들게 되었고, 광물자원을 이용하려는 투자업체들의 사업적 욕심 때문에 오스만 제국에 건설된 철도노선은 직선이 아닌 S자 형태가 되었다.

　오스만 제국은 1904년부터 1914년까지 10년 동안 총 13차례에 걸쳐 6,500만 오스만리라 상당에 이르는 외채를 들여왔다. 부채 상환이 어려워지자 고리의 외채를 들여오는 악순환이 계속되었다. 외채 도입이 시작된 1854년부터 1914년까지 총 41차례나 외채를 도입했다. 외채로 사업을 위해 사용된 경우는 철도 건설 4건, 농업용수 사업용 1건일 뿐 나머지는 모두 외채 원금 상환을 위한 것이었다.[22] 제1차 세계대전 기간인 1914년부터 1918년까지는 오스만 제국의 외채 상환은 유예되었다. 그 기간에는 독일이 오스만 제국의 전쟁 예산을 위해 매년 1회, 총 다섯 차례에 걸쳐 1억 8,050만 리라 상당의 외채를 지원했다.[23] 오스만 정부의 지출 중 가장 큰 부분은 군사 지출이었지만 피할 수는 없는 일이었다. 경제적 지배권은 거의 유럽인들이 가지게 되었다. 유럽 열강의 이익에 따라 도로, 철도, 터널, 항구, 전화선 등 기간산업에 투자는 많이 이루어졌다. 오스만 정부가 도입한 외채는 터키 공화국 시대인 1954년 5월 외채 도입 100년 만에 완전히 상환되었다.

제국의 몰락

몰락의 전초전 발칸 전쟁

연합진보위원회의 1908년 혁명 이후 오스만 제국의 정치가 활기를 찾아가자 발칸 국가들은 자신들의 미래에 검은 구름이 닥칠 것을 우려했다. 발칸은 러시아가 범슬라브주의를 확산시키는 곳이었다. 동시에 오스트리아·헝가리 제국은 복잡한 자국의 민족 구성 때문에 세르비아인들의 독립운동을 필사적으로 저지하였다. 오스만 제국은 1911~12년간 이탈리아 왕국과 예상치 못한 전쟁을 치렀다. 1911년 9월 이탈리아는 오스만 제국이 지배하고 있는 트리폴리와 벵가지를 점령했다. 오스만-이탈리아 전쟁이 일어났다. 오스만 제국은 이탈리아와의 전쟁에서 인적·물적·유형무형의 모든 자산을 소진했으나,[24] 결과는 처절했다. 오스만 제국의 혼란을 틈타 발칸의 크고 작은 나라 4개국(그리스, 불가리아, 세르비아, 몬테네그로)이 발칸에서 터키인들을 몰아내자는 결의를 하고 오스만 제국에 선전포고하였다. 제1차 발칸 전쟁은 1912년 10월부터 1913년 5월까지 7개월간 계속되었다. 발칸 4개국이 동맹을 맺기까지 러시아가 배후에서 활약했다. 제1차 발칸 전쟁에서 오스만 제국은 발칸의 소국들에 패하고 말았다. 오스만 제국은 유럽 열강의 중재로 발칸 동맹국가들과 1913년 5월 30일 '런던 평화조약'을 체결하였다. 제1차 발칸 전쟁은 동맹국들이 발칸 지역에 남아있는 오스만의 영토를 전리품처럼 나누어 갖는 결과가 되었다.

제1차 발칸 전쟁으로 발칸 동맹은 소기의 목적을 달성했으나, 오스만의 영토 마케도니아를 놓고 갈등이 생겼다. 그러자 불가리아가 세르비아와 그리스에 전쟁을 도발했다. 발칸 동맹국 간 일어난 제2차 발칸 전쟁은 1913년 6월부터 8월 말까지 계속되었다. 제2차 발칸 전쟁의 일방은 불가리아, 다른 일방은 그리스, 몬테네그로, 세르비아였다. 오스만 제국도 상실한 영토에 대한 탈환을 목적으로 불가리아에 선전포고하였다. 루마니아도 불가리아 북부 도브루자 지역을 찾겠다며 발칸 전쟁에 가담하였다. 제2차 발칸 전쟁의 주 무대였던 마케도니아는 그리스, 불가리아, 세르비아령으로 분할되었다. 제2차 발칸 전쟁은 8월 10일 '부쿠레슈티 조약' 체결로 43일 만에 끝났다.

제1, 2차 발칸 전쟁으로 세르비아, 불가리아, 몬테네그로는 영토를 넓히게 되었고, 오스만 제국은 발칸의 대부분 영토를 잃었다. 종전이 되었지만 발칸 국가들은 영토에 대한 욕심을 버리지 못했고, 오스만 역시 발칸을 다시 찾아오려는 생각을 떨치지 않았다. 오스트리아·헝가리는 남부 슬라브족의 독립 의지를 꺾으려 하였다. 발칸 전쟁이 끝난 지 채 1년도 안 되는 시점인 1914년 6월 28일, 오스트리아·헝가리 왕위 후계자인 프란츠 페르디난드 부부가 세르비아의 민족 비밀 조직원에 의해 암살되는 사건이 발생했다. 제1차 세계대전의 시작이었다.

제국을 침몰시킨 제1차 세계대전

제1차 세계대전이 개시되자 오스만 제국은 중립을 선언했다. 그러나 독일의 압력과 전쟁의 진전 상황을 고려하여 오스만 제국은 독일 편에 서서 제1차 세계대전에 참전하게 되었다. 연합진보파로 전쟁장관인 엔베르 파샤가 내각의 힘을 배경으로 참전을 강하게 주장하였기 때문이다. 오스만의 내각도 참전 여부를 놓고 찬반으로 양분되어 있었지만, 참전에 반대하는 의견이 다수였다. 그러나 독일이 승리할 것이라고 확실하게 믿은 전쟁장관 엔베르 파샤와 총리인 사이트 할림 파샤는 독일과의 비밀협상에 들어갔다. 그들은 내각으로부터 어떤 권한도 위임받지 않은 상태였다. 오스만 제국은 참전을 결정하기 전인 1914년 8월 2일 독일과 8조로 된 비밀동맹 조약을 맺었다.

독일과 비밀협정을 마친 정부는 전쟁 동원령을 내리고 의회도 11월까지 휴회시켜 의회 내에서의 참전 논쟁을 원천적으로 차단했다. 오스만의 해군 사령관으로 임무를 부여받은 독일인 빌헬름 수성 제독이 10월 29일 전함을 이끌고 흑해로 나가 세바스토폴과 노보로시스크, 오데사 항에 폭격을 가했다. 그러자 1914년 11월 1일 러시아가 오스만에 선전포고를 하였다. 뒤를 이어 영국(11월 5일)과 프랑스(11월 6일)도 오스만 제국에 선전포고를 하였다. 오스만 제국도 11월 11일 3국협상 측에 선전포고 하였고, 레샤드 술탄은 11월 13일에 성전holy war을 포고하였다.

제1차 세계대전 중에 오스만 군대는 캅카스 전선, 발칸 전선, 이집트 전선, 이라크 전선, 팔레스타인 전선, 헤자즈-예멘 전선, 차낙칼레 전선 등 여러 개의 복합된 전선에서 전쟁을 치렀다. 제1차 세계대전은 오스만 제국이 치른 마지막 전쟁이 되었다. 오스만 제국은 차낙칼레 전투에서 연합군 세력을 성공적으로 방어한 것을 제외하고는 거의 모든 전선에서 패하고 말았다. 제1차 세계대전으로 32만 5천 명의 병사가 전사하고 2백만 명의 일반인이 부상하는 큰 인명 피해를 보았다.

패전국이 된 오스만 제국은 1918년 10월 30일 연합국을 대표한 영국과 25개 조문의 '몬드로스Mondros 휴전협정'을 체결하였다. 승전국들은 몬드로스 휴전협정 제7조를 들어 11월 1일부터 보스포루스 해협과 다르다넬스 해협을 장악하고 이스탄불 및 트라키아와 아나톨리아 여러 지역, 모술, 이스켄데룬을 점령하기 시작했다. 특히 24조는 동부 아르메니아 거주 6개 주에서 혼란 사태 발생 시 언제라도 점령할 수 있도록 하였다.[25] 몬드로스 휴전협정이 서명된 1918년 10월 30일 이후부터 터키 민족주의 지도자가 국민저항운동을 시작한 1919년 5월 19일까지 연합군은 오스만 제국을 실질적으로 점령하였다.

몬드로스 휴전조약 이후 군 장교인 무스타파 케말Mustafa Kemal이 열강들의 오스만 점령에 항거하고 새로운 독립국가를 세울 국민저항운동을 주도하였다. 무스타파 케말은 1919년 5~9월에 아마스야, 에르주룸, 시바스에서 국민저항운동 총회를 열고 국민 투쟁의 기본원칙을 발표하였다. 무스타파 케말은 제1차 세계대전 연합국의 점령에 대한 국민적 저항의 표시로 1920년 4월 23일 앙카라에서 '터키 대국민의회 TBMM(Türkiye Büyük Millet Meclisi(The Grand National Assembly of Turkey)'를 창립했다. 앙카라에서 처음으로 소집된 제헌의회는 터키 공화국을 새로 탄생할 국가의 국호로, 무스타파 케말을 새로운 정부의 대통령으로 결정했다. 대국민의회는 터키 공화국이 정식 출범할 때까지 정부 역할을 담당했다.

무스타파 케말은 아나톨리아 중앙 내부로 진입한 그리스 군대와 치열한 전투를 치르던 1922년 8월 30일 그리스군을 터키 영토에서 완전히 철수시키는 데 성공하였다. 터키군의 대반격 작전은 국민저항운동이자 구국전쟁의 마지막 전투로 기록되었다.

무스타파 케말이 주도한 구국전쟁이 성공적으로 끝나자, 연합국 측(영국·프랑스·이탈리아)과 터키 대국민의회 정부는 터키-그리스의 전쟁을 중단하는 '무단야Mudanya 휴전조약'을 1922년 10월 11일 체결했다. 무단야 휴전조약은 연합국들이 터키와의 전쟁을 끝내는 동시에 앙카라 국민정부(대국민의회 정부)를 공식으로 인정한 조약이 되었다. 무단야 휴전조약 체결로 연합국과 터키 간 남은 과제는 평화조약 체결 문제였다.

터키 공화국 탄생

무단야 휴전조약 체결 직후 연합국은 터키와 평화조약을 체결하는 문제를 적극적으로 검토했다. 연합국 측이 1919년 6월 독일과 베르사유에서 제1차 세계대전 평화조약을 체결하고 거의 3년 반이나 지난 시점이었다. 1922년 10월 27일, 연합국 측은 앙카라의 대국민의회 정부에 스위스 로잔에서 평화협상을 갖는다고 통보하고 참석하도록 초청했다. 연합국은 이미 생명이 다한 이스탄불의 술탄 정부도 초청했다. 이스탄불과 앙카라 정부의 대표가 동시에 협상에 참여할 경우 초래될 혼란을 방지하기 위해 앙카라 대국민의회는 11월 1일 308호 의결로 신속하게 술탄 직을 폐지하였다. 술탄 직 폐지는 오스만 제국의 종말을 의미했고, 스위스 로잔에서 열릴 평화협상 회의에는 앙카라 정부 대표가 터키를 대표하게 되었다.

제1차 세계대전 종전 이래 수습되지 않은 '터키 문제'를 해결하기 위한 평화협상이 11월 20일 중립국인 스위스의 로잔에서 시작되었다. 터키를 대표하여 이스메트 이뇌뉘İsmet İnönü 외무장관이 참석하였다. 로잔 평화협상은 1920년 1월 28일 오스만 제국의 마지막 의회에서 채택된 '국민헌장'에 명시된 국경 범위 안에서 독립국가를 수립한다는 면에서 중요한 회의였다. 로잔 평화협상은 연합국들과 군사적·정치적 문제를 해결하는 것 외에도 전장에서 '잃어버린 것'을 다시 찾는 좋은 기회였다. 1923년 7월 24일 체결된 '로잔 평화조약'으로 '터키 공화국'이 정식 수립되었고, 오스만 제국의 쇠퇴와 관련한 '동방 문제'도 완전히 해결되었다.

새롭게 탄생하는 터키 공화국은 과거에 비교해 영토가 대폭 축소되었지만, 유럽의 열강으로부터 행정, 재정, 정치적인 통제를 받지 않는 완전한 독립국가로 태어났다.

앙카라 국민정부는 1923년 8월 23일 로잔 평화조약의 국회 비준 절차를 거쳐 1923년 10월 29일 앙카라를 수도로 한 터키 공화국 수립을 정식으로 선포하였다. 로잔 평화조약은 서명국 국회의 비준을 거쳐 1924년 8월 6일 발효되었다. 로잔 평화조약으로 오스만 제국의 해체를 약속한 승전 연합국과 오스만 제국 간의 세브르 조약은 자동 폐기되었다. 터키 공화국은 오스만 제국의 승계 국가로 그 주권을 국제적으로 인정받게 되었다. 로잔 평화조약 이후 10주가 지난 1923년 10월 2일 이스탄불에 주둔한 영국군은 군 막사를 철수하고 터키 국기에 경례를 표한 후 이스탄불을 떠났다.

전제 술탄 왕정에 반대하고 강대국의 정치적 간섭에 반대하며 국민 저항운동을 이끈 무스타파 케말은 1881년 그리스의 셀라니크에서 태어났다. 터키 공화국 건립 후 1934년에 모든 국민이 성姓을 갖도록 하는 성제정법이 발효되자 터키 국회는 무스타파 케말에게 '터키인의 아버지'라는 뜻으로 '아타튀르크'라는 성을 부여하였다. 그의 이름은 '무스타파 케말 아타튀르크Mustafa Kemal Atatürk'가 되었다. 터키 공화국의 국부이자 초대 대통령이 된 아타튀르크는 1938년 11월 10일 57세로 사망할 때까지 주권은 국민이 갖는다는 '국민주권', 이슬람 이념으로 통치하지 않으며 서구화를 추구한다는 '세속주의' 등 두 가지 기본원칙 아래 근대국가 건설을 위한 개혁정치를 성공적으로 단행했다.

마지막 술탄 메흐메드 바히데딘

앙카라 정부의 술탄 직 폐지 후, 메흐메드 바히데딘(1918~22)은 돌마바흐체 궁을 떠나 '일드즈 궁'으로 거처를 옮겨야 했다. 바히데딘 술탄은 견디기 어려운 모욕적인 상황을 극복하기 위해 이스탄불을 떠날 준비를 했다. 바히데딘은 1922년 11월 13일 궁정 시종장 '외메르 야베르 파샤'에게 앙카라 정부 소속으로 10월 19일 이스탄불에 파견된 레페트 파샤를 만나 무스타파 케말과의 면담을 주선하도록 했다. 무스타파 케말은 레페트 파샤에게 "술탄이 먼저 면담 요청을 서면으로 하도록 하라"고 답을 했고, 레페트 파샤는 무스타파 케말의 대응을 11월 15일 일드즈 궁에 있는 외메르 야베르에게 전달하였다.

바히데딘은 면담 희망을 서면으로 해달라는 통보를 받고는 조국을 떠나야겠다고 결심했다. 11월 16일 바히데딘은 찰스 해링톤 영국 사령관에게 "이스탄불에서 목숨이 위험하다고 느끼기에 영국에 망명하기를 희망하며 한시라도 빨리 이스탄불을 떠날 수 있도록 해주기 바란다"라는 서신을 보냈다.[26] 해링톤은 술탄의 요구에 대해 즉각 네빌 헨더슨 영국 대사와 협의하고, 바히데딘의 망명 희망을 술탄의 주치의인 레샤트 파샤를 통해서도 확인했다. 바히데딘은 대중의 시선을 피하고자 사람들이 사원에 가는 금요일을 탈출 날짜로 택했다. 일드즈 궁에서 영국 장교들의 안내를 받은 바히데딘은 11월 17일 아침 아들, 식솔 등과 함께 이스탄불에 정박 중인 말라야Malaya라는 이름의 전함을 타고 몰타섬으로 향했다. 몰타에서 잠시 거주한 후 1922년 말 헤자즈 왕국 휘세인왕의 초청으로 메카에서 1923년 4월 20일까지 머물렀다. 이곳에서 바히데딘은 술탄 직과 칼리프 직 분리는 이슬람 샤리아법을 위배한다는 성명을 발표했다. 술탄 직을 폐지한 앙카라 정부의 결정을 기각시키려 한 것이었으나 아무런 효력이 없었다.

바히데딘은 메카에서 이탈리아 산레모로 옮겨 그곳에 정착한 후 1926년 5월 16일 65세로 사망했다. 생활고를 겪던 바히데딘은 산레모의 작은 가게들에 빚이 있었다. 빚을 먼저 갚으라는 가게주인들 때문에 며칠간 장례를 치르지 못하다가,[27] 프랑스에 있는 딸 '사피예 술탄'이 팔찌 등을 팔아 장례를 치렀다. 터키에 묻히는 것은 법으로 금지되어 있어 가능하지 않았다. 그의 시신은 사위 '외메르 파룩 에펜디'에 의해 베이루트를 거쳐 시리아 다마스쿠스에 있는 아부즈 셀림 술탄이 건축한 사원에 안치되었다. 바히데딘은 터키 영토에 묻히지 못하고 해외에서 잠든 유일한 술탄이 되었다.

한편, 앙카라 정부는 바히데딘이 이스탄불을 떠난 후인 1922년 11

월 19일 압뒬아지즈의 아들인 압뒬메지드 에펜디를 칼리프로 임명했다. 그러나 앙카라 정부는 1924년 3월 3일 431호 법안 통과로 칼리프 직도 폐지하였다. 앙카라 정부는 칼리프 직을 폐지하면서 오스만가의 후손들에 대한 추방 결정을 내렸다. 남성 후손들은 72시간 이내, 여성 후손들은 7∼10일 이내 터키를 떠나도록 하였다. 그리하여 144명의 오스만 가의 후손들이 1년 유효 편도 여권을 발급받고 터키 땅을 떠났다.[28]

정부의 추방 결정에 따라 최초로 터키를 떠난 오스만가의 자손은 칼리프 직에 있었던 압뒬메지드 에펜디로 그는 1924년 3월 5일 가족과 함께 망명의 길을 떠났다. 한 번 추방된 후손들은 터키로 귀환하는 것은 금지되었다. 그러나 추방 결정 28년 만인 1953년 6월 16일 터키 정부는 오스만가의 여성 후손에 한해 사면으로 터키 귀환을 허용하였고, 1974년 5월 15일에는 일반사면법 8조에 의거 남성 후손의 터키 귀환을 허용하였다. 오스만가의 후손들은 미국, 독일, 프랑스, 영국, 오스트리아, 시리아, 이집트, 레바논 등 세계 여러 나라에 퍼져 거주하면서 모국에 대한 향수와 함께 대부분 어려운 생활을 하며 살고 있지만, 해외에서 오스만 제국을 승계한 터키 공화국의 명예를 해하는 행위는 하지 않았다.

오스만인에서 터키인으로

'동방 문제'와 '세력 균형'

19세기 초 오스트리아 빈에 모인 유럽 열강은 "만약 오스만 제국이 해체된다면"이라는 가정 아래 오스만 제국의 영토를 처리하는 해법을 찾고 유럽의 평화와 안전을 위한다며 '동방 문제'와 '세력 균형'이라는 담론을 만들어냈다. 오스만 제국의 쇠퇴가 점점 분명해질수록 러시아, 영국, 프랑스, 오스트리아·헝가리, 독일 등 열강은 서로의 이해가 충돌하는 위험한 관계 속에서 '이해관계'의 균형을 이루고 있었다. 그러나 19세기 후반부터 러시아가 다양한 민족이 엉켜있는 발칸 지역으로의 진출 야욕을 숨기지 않으면서 발칸반도에서 오스만 제국, 러시아 제국, 오스트리아·헝가리 제국 등 세 제국의 이익이 격렬하게 충돌하게 되었다.

정교회 기독교인들을 보호한다는 명목으로 발칸반도의 슬라브 민족을 부추기고 있는 러시아에 맞서 오스만 제국은 발칸반도의 영토를 빼앗기지 않으려고 안간힘을 썼고, 오스트리아는 슬라브 민족의 독립이 자국에 미칠 영향 때문에 러시아의 발칸 진출을 적극적으로 저지하였다. 영국은 러시아의 발칸 진출을 반대하며 오스만 제국의 현 상태가 지속되기를 바랐고, 독일은 오스만을 식민지로 만들어 경제적 이익을 챙기려 하였다. 19세기 말에는 열강들의 경쟁에 이탈리아도 가세했다. 유럽 열강은 발칸반도를 바라보는 시각을 달리하며 자국의 정치적인 목적에 따라 어떻게 이익이 될 것인지 계산하였다. 발칸 전쟁은 더는 '이해관계의 균형'이 유지될 수 없다는 방증이었다. 쇠락하는 오스만 제국을 놓고 유럽 열강의 위험한 이해관계에 의한 균형은 발칸 전쟁으로 깨지고 발칸 전쟁이 제1차 세계대전으로 이어지면서 한 세기가 넘게 계속된 유럽의 세력 균형 원칙은 오스만 제국의 해체로 끝맺게 되었다.

오스만 제국은 18세기부터 200여 년 동안 근대화를 추진했다. 유럽의 과학, 기술, 경제, 군사 발전에 반해 오스만 제국은 모든 면에서 내림세를 면할 수 없었다. 오스만 엘리트들은 서구식 개혁이 제국의 수명을 연장하는 방법이라고 믿었다. 이슬람이 국가 정체성의 요체였던 오스만 제국에서 서구화는 반개혁주의자와 보수주의자들의 강한 저항에 부딪혀 많은 진통을 겪었다. 오스만 제국의 근대화는 제국의 영토에 대한 유럽 열강의 야욕에 맞서 영토를 상실하지 않기 위한 '방어'의 목적에 맞춰졌다. 그러다 보니 개혁은 군사 분야에 집중되었다.

서구화를 향한 개혁의 시발은 튤립 시대를 연 아흐메드 3세 시대였고 이후 반세기가 지나 셀림 3세와 마흐무드 2세 시대인 18세기 말과 19세기 초에 군사·교육·행정 등 다양한 분야에서 개혁이 이루어졌다. 이들 세 명의 술탄이 이룩한 개혁의 기반은 마흐무드 2세를 이은 압뒬메지드와 압뒬아지즈 시대(탄지마트 개혁 시기)에 행정·토지·징병·교육·사법제도에 이르기까지 다양한 분야에서 폭넓은 개혁으로 이어졌다. 오스만 제국의 무슬림들은 비무슬림 신민들이 자신들과 모든 면에서 동등한 권리가 있다는 것을 인정해야만 했다. 서양을 모방한 헌법과 의회가 이 시기에 만들어졌다. 그러나 온갖 난관을 겪으며 탄생한 헌정질서는 이슬람 보수주의자 압뒬하미드 2세에 의해 의회가 휴회 되면서 30년간 유예되었고, 오스만 제국은 추스를 겨를없이 곧 제국의 운명을 가를 전쟁에 휘말리게 되었다. 19세기 오스만 제국은 서구 열강의 압력 앞에서 좌절과 회복을 반복했다. 많은 사람의 피나는 희생을 수반한 오스만 제국 말기의 개혁과 혁신이라는 대업은 그것이 얼마나 힘들고 어려운 과제인지를 보여주었다.

절반의 성공, 근대 개혁

19세기 오스만 제국의 개혁은 중앙 정치 엘리트와 사회 구성집단의 개혁에 대한 '애증'의 관계 속에서 파괴와 분노의 혼란이 반복되었다. 오스만 제국의 지배 엘리트들은 서구의 제도를 받아들여 오스만 제국을 과거의 상태로 돌려놓으려 했지만, 러시아의 범슬라브주의 노선으로 발칸에서 독립을 위한 반란이 계속되고, 오스만 제국이 발칸 전쟁에 휘말리면서 개혁의 동력을 끝까지 이끌어갈 수가 없었다. 내우외환의 오스만 제국은 군사 개혁을 넘어 다른 분야에 대한 개혁을 과감히 시도했다. 그러나 국가재정 파탄으로 국가는 위기에 처하게 되고 산업시설이나 전문인력이 부재한 상황에서 포괄적인 개혁은 애당초 어려웠다. 그런데도 탄지마트 개혁 시기에 사법과 교육 부문에서 이루어진 대대적인 서구식 혁신은 정교분리政教分離라는 근대국가 원리에 기초한 것으로 매우 의미 있는 시도였다. 오스만 제국의 서구화 개혁은 개혁주의자와 보수주의자들 간 갈등 속에서 성공하지 못했지만, 전통질서를 깨뜨린 개혁정신은 터키 공화국에 전수되었다.

오스만 제국이 서구화로 근대화를 추진한 것처럼, 중국, 일본, 러시아도 같은 목적으로 근대화를 추진하였다. 중국과 비교하면 서양의 요구와 압력을 받아 관료들의 주도로 근대화가 진행된 것이 비슷하고, 일본과 비교하면 군사 강국의 나라에서 근대화로 이전하는 과정이 유사했다. 러시아와는 유럽을 알기 위해 군주가 유럽을 순방한 기록이 있다는 점이 닮았다. 러시아 근대화의 아버지라 불리는 표트르 대제는 1697년에 대사절단을 이끌고 유럽의 선진문화와 기술을 알기 위해 유럽을 순방했다. 오스만 제국에서는 술탄 압뒬아지즈가 1867년에 처음으로 유럽을 순방하였다. 러시아보다 170년이 지난 뒤였다. 이는 러시아가 어떻게 유럽의 강대국으로 갑자기 부상하게 되었는지, 그리고 오스만 제국은 왜 몰락의 길로 가게 되었는지 그 이유를 단편적으로 설명해준다.

큰 시각에서 보면, 오스만 제국은 전성기를 지나서는 제국이 몰락할 때까지 중앙집권 통치체제를 확보하지 못했다. 터키인들의 오랜 역사가 유목문화에 기인한다는 점에 비추어본다면, 중앙집권 통치는 통치권에 복종하는 백성과 영역을 지배하는 데 아주 중요하였다. 과거 유목민 역사에서 카리스마 넘치는 지도자가 사라지면 통일된 조직체는 금방 사라졌기 때문이다. 유목민들에게 중앙집권 통치는 부족적 성격의 여러 족장 세력들을 중앙통치 조직에 흡수하는 것이었다. 한번 무너진 술탄의 중앙통치 권력은 제대로 회복되지 않은 채 3백여 년을 보냈다. 쇠락의 기간이 3세기나 길게 지속한 것은 매우 특이한 현상이었고, 그렇게 된 직접적인 원인은 유럽 열강의 세력 균형 원칙이 작동했기 때문이었다.

앞서 살펴보았듯이, 오스만 제국이 쇠락하게 된 원인은 권력이양 구조에서 찾을 수 있다. 술탄의 통치력이 약해지면서 정부의 중심은 총리(대재상)에 집중되었다. 이는 관료제도를 발전시킨 장점이 있지만, 카리스마적 지도자가 우선시되는 튀르크인들의 지도력 문화에서 심리적으로 집단의 응집력을 약화시키고 실질적 국가 통제를 취약하게 만들었다. 중앙정부와 지방권력의 분산도 중앙 통치력이 약해진 이유이다. 영토가 광활하여 이스탄불에서 중앙정부의 행정권력을 지방 행정기관에 위임했으나, 17세기 이후 지방에서 사익을 추구하는 관리들이 독자적으로 행동반경을 넓혀가면서 혼란을 초래했다. 북아프리카의 트리폴리, 튀니지, 알제리 같은 지역은 거의 독립국가나 마찬가지였다. 이집트 지방 총독의 반란은 대표적인 사례이다. 16세기부터 등장하여 17~18세기에 힘을 과시한 오스만 제국의 대표적인 지방 토착세력인 아얀은 19세기 탄지마트 시기까지 존재를 과시하며 중앙정부의 통치력을 무력하게 만들었다.

오스만 제국의 유산

아시아, 유럽, 아프리카 대륙에 펼쳐진 영역을 장악했던 최강의 오스만 제국은 제1차 세계대전 이후 터키 공화국으로 이어졌다. 그 영역은 오늘날 아나톨리아반도 주변에 한정되었다. 오스만 제국은 발칸 전쟁과 제1차 세계대전을 겪으면서 발칸과 중동 지역을 상실했다. 발칸 지역에서는 민족주의 반란으로 1800년대에 그리스, 세르비아, 몬테네그로, 불가리아 등이 독립한 상태였지만, 중동 지역에서는 2차 세계대전 후에 독립된 아랍 국가들이 탄생하였다. 이들 지역의 독립국가들은 지배를 받았다는 집단 기억 때문에 반오스만 정서를 갖고는 있지만, 언어·음식·건축 등 분야에서 오스만의 유산은 지금도 켜켜이 남아있다. 발칸과 중동을 상실한 오스만인들은 아나톨리아와 이스탄불을 영토로 터키 공화국을 세웠다. '오스만인'들은 '터키인'이 되었다. 터키 공화국은 오스만 제국이 추진한 서구식 개혁 정신과 제국에서 양성된 관료와 관료조직의 유산을 그대로 이어받았다. 오스만 제국은 튀르크인의 민족적 전통, 문화 다양성, 사회정의, 관용 같은 정신적 가치도 유산으로 남겨주었다.

참고문헌

국문

김형오 (2013), 《술탄과 황제》, 서울: 21세기북스.

이은정 (2008), 《오스만 제국사: 적응과 변화의 긴 여정 1700~1922》, 서울: 사계절. (원저: Donald Quataert, The Ottoman Empire 1700~1922)

이희수 (2005), 《터키사》, 서울: 대한교과서주식회사.

이희철 (1998), 《터키사 강의》, 서울: 펴내기. (원저: Roderic H. Davison, Turkey: A Short History)

이희철 (2001), 《오스만 제국과 터키사》, 서울: 펴내기.

이희철 (2017), 《튀르크인 이야기: 흉노, 돌궐, 위구르, 셀주크, 오스만제국에 이르기까지》, 서울: 리수.

영문

A.D. Alderson (1956), *The Structure of the Ottoman Dynasty*, 옥스퍼드대학교 클라렌든 출판사.

André Clot (1992), *Suleiman the Magnificent: The Man, His Life, His Epoch*, London: Saqi Books.

Andrina Stiles (1998), *The Ottoman Empire 1450~1700*, London: Hodder & Stoughton.

Angus Konstam (2005), *Lepanto 1571*, London: Praeger.

Aysel Yildiz (2017), *Crisis and Rebellion in the Ottoman Empire: The Downfall of a Sultan in the Age of Revolution*, London: I.B. Tauris.

Caroline Finkel (2005), *Osman's Dream: The Story of the Ottoman Empire 1300~1923*,

London: John Murry.

Colin Imber (2003), *The Ottoman Empire 1300~1650*, London: Palgrave.

David Nicolle (2005), *Nicopolis 1396: The Last Crusade*, London: Preager.

Dimitris J. Kastritsis (2007), *The Sons of Bayezid*, Leiden: BRILL.

Doğan Gürpınar (2014), *Ottoman Imperial Diplomacy: A Political, Social and Cultural History*, London: I.B. Tauris.

Donald Everett Webster (1939), *The Turkey of Atatürk: Social Progress in the Turkish Reformation*, New York: AMS Press.

Douglas A. Howard (2017), *A History of the Ottoman Empire*, 케임브리지대학교 출판부.

Elizabeth A. Zachariadon (2007), *Studies in Pre-Ottoman Turkey and the Ottomans*, Hampshire: Ashgate.

Emra Safa Gurkan (2010), *Christian Allies of the Ottoman Empire*, European History Online.

Ernest Edmondson Ramsaur (1965), *The Young Turks: Prelude to the Revolution of 1908*, Beirut: KHAYATS.

Feroz Ahmed (2003), *Turkey: The Quest for Identity*, Oxford: Oneworld Publications.

Gábor Ágoston et al. (2009), *Encyclopedia of the Ottoman Empire*, New York: Facts On File.

Gabriel Piterberg (2003), *An Ottoman Tragedy: History and Historiography at Play*. Berkeley: 캘리포니아대학교 출판부.

Hakan Özoğlu (2011), *From Caliphate to Secular State: Power Struggle in the Early Turkish Republic*, Oxford: Praeger.

Handan Nezir Akmeşe (2005), *The Birth of Modern Turkey: The Ottoman Military and the March to World War I*, London: I.B. Tauris.

Herbert Adams Gibbons (2008), *The Foundation of the Ottoman Empire: A History of the Osmanlis up to the Death of Bayezid I 1300~1403*, Routledge Library Editions: Islam.

James C. Bradford (ed. 2006), *International Encyclopedia of Military History*, New York: Routledge.

Jason Goodwin (1998), *Lords of Horizon: A History of the Ottoman Empire*, London:

Vintage.

Jean Berenger et al. (1994), *A History of the Habsburg Empire 1273~1700*, London : Routledge.

John Freely (2000), *Inside the Seraglio : Private Lives of the Sultans in Istanbul*, London : Penguin Books.

John Jefferson (2012), *The Holy Wars of King Wladislas and Sultan Murad : The Ottoman-Christian Conflict from 1438~1444*, Leiden : BRILL.

Justin McCarthy (1997), *The Ottoman Turks : An Introductory History to 1923*, London : Longman.

Justin McCarthy (2001), *The Ottoman Peoples and the The End of Empire*, London : Arnold.

Karin Adahl (ed. 2006), *The Sultan's Procession, The Swedish Embassy to Sultan Mehmed IV in 1657~1658 and the Ralamb Paintings*, Swedish Research Institute in Istanbul.

Kaya Şahin (2013), *Empire and Power in the Reign of Süleyman*, 케임브리지대학교 출판부.

Leslie Peirce (2017), *Empress of the East*, Basic Books New York.

Lord Kinross (1977), *The Ottoman Centries : The Rise and Fall of the Turkish Empire*, New York : Morrow Quill Paperbacks.

M.A. Cook (1976), *A History of the Ottoman Empire to 1730*, 케임브리지대학교 출판부.

Marios Philippides et al. (2011), *The Seige and the Fall of Constantinople in 1453*, Surrey : Ashgate.

Michael Nizri (2014), *Ottoman High Politics and the Ulema household*, New York : Palgrave Macmillan.

Minna Rozen (2010), *A History of the Jewish Community in Istanbul : The Formative Years, 1453~1566*, Leiden : BRILL.

Nevra Necipoğlu (2009), *Byzantium Between the Ottomans and the Latins : Politics and Society in the Late Empire*, 케임브리지대학교 출판부.

Ömer Kürkçüoğlu (2004), *The Adoption and Use of Permanent Diplomacy, Ottoman Diplomacy : Conventional or Unconventional*, London : Palgrave.

Peter F. Sugar (2012), *Southeastern Europe under Ottoman Rule 1354~1804*, 워싱턴대학

교 출판부.

Roderic H. Davison (1973), *Reform in the Ottoman Empire 1856~1876*, New York: Gordian Press.

Roger Crowley (2005), *1453*, New York: Hyperion.

Selim Deringil (1998), *The Well-Protected Domains: Ideology and the Legitimation of Power in the Ottoman Empire 1876~1909*, London: I.B. Tauris.

Simon Millar (2008), Vienna 1683: *Christian Europe Repels the Ottomans*, New York: Osprey Publishing.

Sir Edwin Pears (1973), *Life of Abdul Hamid*, New York: Arno Press.

Stanford J. Shaw (1971), *Between Old and New: The Ottoman Empire under Sultan Selim III 1789~1807*, 하버드대학교 출판부.

Stanford J. Shaw (1991), *The Jews of the Ottoman Empire and the Turkish Republic*, London: Macmillan Press

Stephen Turnbull (2003), *The Ottoman Empire 1326~1699*, Osprey Publishing.

Suraiya Faroqhi (2009), *The Ottoman Empire: A Short History*, 영어 번역: Shelley Frisch, Princeton: Markus Wiener Publishers.

T.C.F. Hopkins (2006), *Confrontation at Lepanto: Christendom vs. Islam*, New York: A Tom Doherty Associates Book.

Tuncay Zorlu (2008), *Innovation and Empire in Turkey: Sultan Selim III and the Modernisation of the Ottoman Navy*, London: Tauris Academic Studies.

Uğur Ümit Üngör (2011), *The Making of Modern Turkey: Nation and State in Eastern Anatolia, 1913~1950*, 옥스퍼드대학교 출판부.

Virginia H. Aksan (1995), *An Ottoman Statesman in War and Peace: Ahmed Resmi Efendi 1700~1783*, Leiden: E.J. Brill.

Virginia H. Aksan (2007), *Ottoman Wars 1700~1870: An Empire Besieged*, Edinburgh: Pearson Education Limited.

터키어, 외국어 문헌 터키어 번역본 포함

Abdülkadir Özcan (1994), Devşirme, *TDV İslam Ansiklopedisi*.

Abdülkadir Özcan (2017), *Fatih Sultan Mehmed Atam ve dedem kanunu Kanunnamei Ali Osman*, Kronik Kitap.

Abdülkadir Özcan (2017), *Fatih Sultan Mehmed Atam Dedem Kanunu*, İstanbul: Kronik.

Ahmet Halaçoğlu (1995), *Rumeliden Türk Göçleri 1912-1913*, 터키역사위원회(Türk Tarih Kurumu).

Ahmet Refik Altınay (2001), *Sokollu*, İstanbul: Tarih Vakfı Yurt Yayınları.

Ahmet Refik Altınay (2011), *Köprülüler*, İstanbul: Tarih Vakfı Yurt Yayınları.

Akdes Nimet Kurat (2011), *Türkiye ve Rusya XIII. Yüzyıl Sonundan Kurtuluş Savaşına kadar Türk-Rus İlişkileri*, 터키역사위원회.

Atsız (2011), *Aşıkpaşsoğlu Tarihi*, İstanbul: Ötüken Yayınevi.

Ayşe Atıcı Arayancan (2014), Ankara Savaşı Öncesi Diplomatik Görüşmeler, *1402 Ankara Savaşı Uluslararası Kongresi Bildiri Kitabı*, 터키역사위원회.

Ayşe Osmanoğlu (1986), *Babam Sultan Abdülhamid Hatıralarım*, Ankara: Selçuk Yayınevi.

Biltekin Özdemir (2010), *Osmanlı Devleti Dış Borçları*, 터키 재무부.

Carter V. Findley (2011), *Modern Türkiye Tarihi: İslam, Milliyetçilik ve Modernlik*, 터키어 번역: Güneş Ayas, İstanbul: Timas Yayınları.

Cemil Hakyemez (2014), *Osmanlı-İran İlişkileri ve Sünnı-Şii İttifakı*, İstanbul: Kitapyayınevi.

Erol Mütercimler (2003), *Onlar Bizim İçin Öldüler: Bu Vatan Böyle Kurtuldu*, İstanbul: Alfa.

Fahameddin Başar (2005), *Ahmet Refik Bizans Karşısında Türkler*, Istanbul: Kitabevi.

Feridun M. Emecan (2011), *Yavuz Sultan Selim*, İstanbul: Yitik Hazine Yayınları.

François Georgeon (2006), *Sultan Abdülhamid*, 터키어 번역: Ali Berktay, İstanbul: Homerkitabevi.

Franz Babinger (2003), *Fatih Sultan Mehmed ve Zamanı*, 터키어 번역: Dost Körpe, İstanbul: Oğlak Yayıncılık.

Georges Pachymeres (2009), *Bizanslı Gözüyle Türkler*, 터키어 번역: İlcan Bihter Barlas, İstanbul: İlgi Kültür Sanat.

Godfrey Goodwin (1997), *Yeniçeri*, 터키어 번역: Derin Türkömer, İstanbul: Doğan Kitapçılık.

Günhan Börekçi (2016), *Macaristan'da Bir Osmanlı Padişahı Sultan III. Mehmed'in Eğri Seferi Ruznamesi (1596)*, İstanbul: Okurkitaplığı.

H. Bayram Soy (2004), *Almanya'nın Osmanlı Devleti Üzerinde İngiltere ile Nüfuz Mücadelesi 1890~1914*, Ankara: Phoenix Yayınevi.

Hacer Topaktaş (2014), *Osmanlı Lehistan Diplomatik İlişkileri: Francizek Piotr Potockinin İstanbul Elçiliği 1788~1793*, 터키역사위원회.

Hakan Yıldız (2006), *Haydi Osmanlı sefere! Prut Seferinde organizasyon ve lojistik*, İstanbul: 터키 İş은행 문화출판부.

Halil İnalcık (2002), *Osmanlı Tarihinde Dönemler: Devlet-Toplum-Ekonomi, Osmanlı Uygarlığı*, 터키 문화부.

Halil İnalcık (2003), *Osmanlı İmparatorluğu Klasik Çağ (1300~1600)*, İstanbul: YKY.

Halil İnalcık (2010), *Kululuş: Osmanlı Tarihini Yeniden Yazmak*, İstanbul: Hayykitap.

Halil İnalcık (2011), *Kuruluş ve İmparatorluk Sürecinde Osmanlı Devlet*, Kanun, Diplomasi, İstanbul: Timaş.

Halil İnalcık (2015), *Osmanlı Tarihinde Efsaneler ve Gerçekler*, İstanbul: NTV Yayınları.

Halil İnalcık et al. (2006), *Tanzimat Değişim Sürecinde Osmanlı İmparatorluğu*, Ankara: Phoenix Yayınevi.

Hasan Soygüzel et al. (2010), *Halil İnalcık Kululuş: Osmanlı Tarihini Yeniden Yazmak*, İstanbul: Hayykitap.

Hüseyin Gökçe et al. (2006), *Söğüt'ten Çınara: Resimli Osmanlı Kuruluş Dönemi Tarihi*, İstanbul: Kaynak Kitaplığı.

İbn Battuta (2003), *İbn Batutta Seyahatnamesi*, İstanbul: YKY.

İsmail Eyyupoğlu (2002), *Mudanya Mütarekesi*, Atatürk Araştırma Merkezi.

İsmail Hakkı Uzunçarşılı (1995), *Osmanlı Tarihi*, 터키역사위원회.

İsmail Hakkı Uzunçarşılı (2012), *Osmanlı Hanedanı Üstüne İncelemeler*, İstanbul Yapı Kredi Yayınları.

İsmail Hamdi Danişmend (2011), *İzahlı Osmanlı Tarihi Kronolojisi 1(1258~1512)*,

İstanbul: Doğu Kütüphanesi.

Johann Wilhelm Zinkeisen (2011), *Osmanlı İmparatorluğu Tarihi*, 터키어 번역: Nilufer Epçeli, İstanbul: Yeditepe.

Joseph Von Hammer, *Büyük Osmanlı Tarihi*, 1~10, İstanbul: Hikmet Neşriyat.

Kenan Ziya Taş (2011), *Osmanlı Devletinde Harem Hayatı*, Istanbul: Krypto.

Kerime Senyücel (2009), *Hanedanin Sürgün Öyküsü*, İstanbul: Timas Yayınları.

Kritovulos (2012), *Fetih 1453*, 터키어 번역: Mustafa Demirer, Ankara: Panama.

M. Emin Yolacılı (1999), Osmanlı Devletinde Şehzadeler Meselesi, *Osmanlı 6: Teşkilat*, Yeni Türkiye Yayınlar.

M. Münir Aktepe (1958), *Patrona İsyanı 1730*, 이스탄불대학교 문과대학 출판부.

M. Şamsutdinov (1999), *Mondros' tan Lozan' a Türkiye Ulusal Kurtuluş Savaşı Tarihi, 1918-1923*, 터키어 번역: Ataol Behramoğlu, İstanbul: Doğan Kitapçılık.

Mesut Uyar et al. (2010), *Osmanlı Askeri Tarihi*, 터키 İŞ은행 문화출판부.

Mevlüt Çelebi (1999), *Sultan Reşadın Rumeli Seyahati*, İzmir: Akademik Kitabevi.

Mithat Sertoğlu (1962), *Resimli Haritalı Mufassal Osmanlı Tarihi*, İstanbul: Güven Yayınevi.

Murat Kocaaslan (2014), *IV. Mehmed Saltanatında Topkapı Sarayı Haremi*, Istanbul: Kitapyayınevi.

Mustafa Cezar (2010), *Mufassal Osmanlı Tarihi*, 터키역사위원회.

Müzebber Yamaç (2014), Sultan Abdülaziz Döneminde Basında Muhalefet, *Sultan Abdülaziz ve Dönemi Sempozyumu 12~13 Aralık 2013, Ankara Bildiriler*, 터키역사위원회.

Namık Sinan Turan (2014), *İmparatorluk ve Diplomasi*, 이스탄불 빌기대학교 출판부.

Necati Gültepe (1999), *Osmanlılarda Bürokrasi: Merkezin Yönetimi*, Yeni Türkiye Yayınları.

Necdet Öztürk (2003), *Fatih Devri Kaynaklarından Düsturname-i Enveri Osmanlı Tarihi Kısımı(1299-1466)*, İstanbul: Kitabevi.

Necdet Öztürk (2011), *Saray Penceresinden 14-15. Yüzyıl Osmanlı Sosyal Hayatı*, İstanbul: Yitik Hazine Yayınları.

Necdet Sakaoğlu (2004), *Bu Mülkün Sultanları 36 Osman Sultanları)*, İstanbul: Oğlak Yayıncılık.

Nedim İpek (2014), II Abdülhamid Devri Nüfüs Politikası 1876~1908, *Sultan II Abdülhamid Sempozyumu 20~21 Şubat 2014 Selanik Bildiriler*, 터키역사위원회.

Nicole Jorga (2005), *Osmanlı İmparatorluğu Tarihi*, 터키어 번역: Nilüfer Epçeli, İstanbul: Yeditepe.

Nihat Erim (1953), *Devletlerarası Hukuku ve Siyasi Tarih Metinleri*, 앙카라법과대학 출판부.

Nihat Karaer (2007), *Paris Londra Viyana Abdülazizin Avrupa Seyahatı*, Ankara: Phoenix Yayınevi.

Nilay Özlü (2011), *Merkezin Merkez Sultan II. Abdülhamid Döneminde Yıldız Sarayı*, Toplumsal Tarih.

Ogier Ghislain De Busbecq (2005), *Türk Mektupları*, 터키어 번역: Derin Türkömer, İstanbul: Doğan Kitap.

Osman Köse (2006), *1774 Küçük Kaynarca Andlaşması*, 터키역사위원회.

Osmanlı Ansiklopedisi (1993), *Tarih/Medeniyet/Kültür*, İstanbul: Ağaç Yayınları.

Özer Özçelik (2014), 1875 Moratoryumdan Düyun-ı Umumiye İdaresine Osmanlı Ekonomisi, *Sultan II. Abdülhamid Sempozyumu, 20-21 Şubat 2014, Selanik Bildiriler*, 터키역사위원회.

Radovan Samarćić (1994), *Sokollu Mehmed Paşa*, 터키어 번역: Meral Gaspıralı, İstanbul: Sabah Kitapları.

Rifaat Ali Abou El Haj (2009), *1703 İsyanı Osmanlı Siyasinin Yapısı*, Çağdaş Sümer Ankara Tan Kitabevi Yayınları.

Robert Mantran (2007), *Osmanlı İmparatorluğu Tarihi*, 터키어 번역: Server Tanilli, İstanbul: Akım Yayınevi.

Selahattin Çetiner (2008), *Çöküş Yılları II. Abdülhamid Jön Türkleri İttihat ve Terakki*, Remzi Kitabevi.

Selahattin Tansel (2014), *Osmanlı Kaynaklarına Göre Fatih Sultan Mehmedin Siyasi ve Askeri Faaliyeti*, 터키역사위원회.

Sina Akşin (2006), *1839'da Osmanlı Ülkesinde İdeolojik Ortam ve Osmanlı Devletinin Uluslararası Durum Tanzimat*, Phoenix Yayınevi.

Songül Çolak (2006), Avusturya Elçiliği esnasında 1688~1692 Zülfikar Paşanın Lehistan Vekilleri ile yaptığı Sulh Müzakereleri, *Tarih ve Medeniyet*.

Steven Runciman (1999), *Kostantınopolis Düştü*, 터키어 번역: Derin Türkömer, İstanbul: Doğan Kitapçılık.

Sydney Nettleton Fisher (2013), *Sultan Bayezid Han 1481~1512*, 터키어 번역: Hazal Yalın, İstanbul: Kitapyayınevi.

Talha Uğurluel (2017), *II. Abdülhamid Han*, İstanbul: Timaş Yayınları.

Turgüt Özbay (2005), *Lozandan Sevre Türkiye*, Ankara: Anı Yayıncılık.

Türkan Polatcı (2011), *Rusya Sefaretnamesi 1757~1758*, 터키역사위원회.

Virginia Aksan (1997), *Ahmed Resmi Efendi (1700~1783)*, 터키어 번역: Özden Arıkan, Tarih Vakfı Yurt Yayınları.

Yaşar Yüzel et al. (1991), *Klasik Dönemin Üç Hükümdarı Fatih Yavuz Kanuni*, 터키역사위원회.

Yılmaz Çetiner (2005), *Son Padişah Vahideddin*, İstanbul Epsilon.

Yılmaz Öztuna (1977), *Başlangıcından Zamanımıza Kadar Büyük Türkiye Tarihi*, İstanbul: Ötüken Yayınevi.

Yılmaz Öztuna (1977), *Büyük Türkiye Tarihi*, İstanbul: Ötüken Yayınevi.

Yılmaz Öztuna (2004), *Osmanlı Devleti Tarihi*, İstanbul: Ötüken Yayınevi.

Yılmaz Öztuna (2006), *Tanzimat Paşaları Ali ve Fuad Paşalar*, İstanbul: Ötüken Yayınevi.

Yılmaz Öztuna (2008), *Genç Osman ve IV. Murad*, Istanbul: BKY Ajans.

Yusuf Halaçoğlu (1992), Kosova Savaşı, *I. Kosova Zaferinin 600. Yıldönümü Sempozyumu 26 Nisan 1989*, 터키역사위원회.

Yusuf Koç et al. (2012), *Nizamı Cedid Kanunları 1791~1800*, 터키역사위원회.

Yusuf Yıldız (2013), *Osmanlı-Habsburg İlişkileri*, 터키역사위원회.

Yüzel Özkaya (1977), *Osmanlı İmparatorluğunda Ayanlık*, 앙카라대학교 출판부.

주석

제1부

[1] Soltanga Ataniyazov (1999), Türkmen Boylarının Geçmişi, Yayılışı, Bugünkü Durumu ve Geleceği, Bilig, *Türk Dünyası Sosyal Bilimler Dergisi*, 10, 15쪽.

[2] V.M. Zaporozhets (2012), *The Seljuks*, Hannover: European Academy of Natural Sciences, 90쪽.

[3] Osman Turan (2003), *Selçuklular Tarihi ve Türk—Islâm Medeniyeti*, Istanbul: ÖTÜKEN, 85쪽 / Mehmet Altay Köymen (2011), *Büyük Selçuklu İmparatorluğu Tarihi* 1. Cilt, Ankara: Türk Tarih Kurumu, 31쪽.

[4] Mehmet Altay Köymen (2011), *Büyük Selçuklu İmparatorluğu Tarihi* 3. Cilt, Ankara: Türk Tarih Kurumu, 238~60쪽.

[5] 룸Rum은 로마인이라는 뜻으로 니케아가 동로마의 도시였다는 의미에서 '룸 셀주크' 는 '로마 땅에 있는 셀주크'라는 의미였다. 그러나 '룸'은 로마, 또는 비잔티움의 그리스정교도를 의미하기도 하므로 아나톨리아의 튀르크 인화를 강조한다는 의미로 터키 공화국 초기에 '룸 셀주크'는 '아나톨리아 셀주크'로 바뀌어 불리게 되었다.

[6] 바이추 노얀은 이란과 캅카스 지역을 책임지는 몽골의 사령관이다. '노얀'은 몽골 제국의 관직명으로 군대 사령관을 의미한다.

[7] 이희철 (2016), 〈터키 셀주크조 시대(11~14세기) 국제통상 정책: 고대 실크로드 교역과의 관련을 중심으로〉, 《중동연구》, 제35권 1호, 164쪽.

[8] 상업에 개방적인 몽골 제국의 관용적인 태도로 이탈리아 상인 마르코 폴로가 원나라 중국 곳곳을 여행하며 《동방견문록》이라는 여행기를 남겼다. 《동방견문록》은 13세기 유럽인에게 동방의 세계를 처음으로 알게 하였고 이는 대항해 시대를 여는 데 중

요한 동기가 되었다.

9 Umay Türkeş–Günay (2012), *Türklerin Tarihi*, Ankara: Akçağ, 280쪽.

10 Stanford J. Shaw (1995), *History of the Ottoman Empire and Modern Turkey*, Volume 1, Cambridge University Press, 9쪽.

제2부

1 아나톨리아에 세워진 토후국을 터키어로는 'Anadolu Beylikleri', 영어로는 'Anatolian Principalities' 라 한다.

2 비티니아Bithynia, Bitinya는 소아시아 북부 흑해에 접한 지역을 부르던 말로 오늘날 터키의 이즈니크, 이즈미트, 이스탄불, 부르사 등을 포함한다. 기원전 377~기원전 64년에 니케아를 수도로 한 비티니아 왕국이 있었다. 비티니아 왕국이 있었던 지역을 비티니아 지역이라고 부른다.

3 데르비쉬derviş는 이슬람 수피 종파의 수도자를 의미한다. 데르비쉬는 페르시아어로 '문 앞', '거지' 라는 뜻이 있다.

4 Halil İnalcık (2015), *Osmanlı Tarihinde Efsaneler ve Gerçekler*, İstanbul: NTV Yayınları, 54쪽.

5 Halil Inalcik (1997), *An Economy and Social History of the Ottoman Empire*, Vol. I: 1300~1600, Cambridge University Press, 11쪽.

6 Ayşe Atıcı Arayancan (2014), Ankara Savaşı Öncesi Diplomatik Görüşmeler, *1402 Ankara Savaşı Uluslararası Kongresi (Yıldırım–Timur) Bildiri Kitabı*, Türk Tarih Kurumu, 563쪽.

7 Ayşe Atıcı Arayancan, 앞의 논문, 568쪽.

8 Halil İnalcık (2015), 앞의 책, 79쪽.

9 1403 평화조약은 다음 논문 참조; George T. Dennis (1967), The Byzantine–Turkish Treaty of 1403, *Orientalia Christiana Periodica*, Vol. 33, 72~88쪽.

10 Johann Wilhelm Zinkeises (2011), *Osmanlı İmparatorluğu Tarihi* (1299~1453), 터키어

번역: Nilüfer Epçeli, İstanbul: Yeditepe, 334쪽.

[11] Nevra Necipoğlu (2009), *Byzantium Between the Ottomans and the Latins: Politics and Society in the Late Empire*, Cambridge University Press, 34쪽.

[12] Mustafa Cezar (2010), *Mufassal Osmanlı Tarih*i, Cilt:1, Türk Tarih Kurumu, 257쪽./ Ferhan Kırlıdökme Mollaoğlu (2009), Düzmece olarak anılan Mustafa Çelebi ve Bizans (1415~1416/7), *Ankara Üniversitesi Dil ve Tarih−Coğrafya Fakültesi Dergisi* 49−2, 173쪽.

[13] Mustafa Cezar, 앞의 책, 245쪽.

[14] Hilmi Kacar (2015), A Mirror for the Sultan: State Ideology in the Early Ottoman Chronicles, 1300~1453, *PhD Thesis*, University Press, Belgium, 159쪽.

[15] Caroline Finkel (2006), *Osman's Dream*, New York: Basic Books, 42쪽.

[16] Lord Kinross (1979), *The Ottoman Centuries*, New York: Morrow Quill Paperbacks, 85쪽.

[17] Yılmaz Öztuna (1977), *"Başlangıcından Zamanımıza Kadar Büyük Türkiye Tarihi"*, Cilt: 2, İstanbul: Ötüken Yayınevi, 412쪽.

[18] İsmail Hakkı Uzunçarşılı, 앞의 책, 426~27쪽.

[19] Selahattin Tansel (2014), *Osmanlı Kaynaklarına Göre Fatih Sultan Mehmed'in Siyasi ve Askeri Faaliyeti*, Türk Tarih Kurumu, 40쪽.

[20] Kritovulos (2012), *Fetih 1453*, 터키어 번역: Mustafa Demirer, Ankara: Panama, 87~89쪽./Steven Runciman (1999), *Kostantinopolis Düştü*, 터키어 번역: Derin Türkömer, İstanbul: Doğan Kitapçılık, 90쪽.

[21] Halil Inalcik (2000), *The Ottoman Empire: The Classical Age 1300~1600*, London: Phoenix Paperbook, 29쪽.

[22] Isa Kalayici et al. (2012), Osmanlı Devleti'nin İskan Siyaseti ve Yerleşim Birimleri Üzerine Bir Değerlendirme, *Mustafa Kemal University Journal of Social Sciences Institute 20th Year Special Issue*, Cilt/Volume: 9, Sayı/Issue: 18, 362쪽.

[23] Stanford J. Shaw (1991), *The Jews of the Ottoman Empire and the Turkish Republic*, London: MacMillan Press, 28쪽.

24 펜치Penç는 페르시아어로 "5"을 의미하며, 전쟁 포로 중 5명 중 1명은 조정에 바쳐야 한다는 것이었다.

25 Abdülkadir Özcan (1994), Devşirme, *TDV İslam Ansiklopedisi*, Cilt:9, 254~57쪽.

26 Franz Babinger (2003), *Fatih Sultan Mehmed ve Zamanı*, 터키어 번역: Dost Körpe, İstanbul: Oğlak Yayıncılık, 33쪽.

27 Necati Gültepe (1999), Osmanlılarda Bürokrasi: Merkezin Yönetimi, *Osmanlı 6: Teşkilat*, Yeni Türkiye Yayınlar, 241쪽.

28 Recep Ahishalı (1999), Divan-ı Hümayun Teşkilatı, *Osmanlı 6: Teşkilat*, Yeni Türkiye Yayınlar, 25쪽.

제3부

1 Elçin Macar (2003), *Cumhuriyet döneminde Istanbul Rum Patrikhanesi*, İstanbul: İletişim Yayınları, 29쪽.

2 Ramadan Marmullaku (1975), *Albania and the Albanians*, London: C. Hurst & Company, 14쪽.

3 당시 이탈리아는 베네치아, 제노바, 나폴리, 피렌체, 밀라노 왕국들이 패권다툼을 하고 있었다. 메흐메드 2세는 이탈리아의 불안정한 정국을 기회 삼아 원정에 나섰다.

4 Ahmed Akgündüz (2000), 700. *Yılında Bilinmeyen Osmanlı*, Osmanlı Araştırmaları Vakfı, 89쪽.

5 Abdülkadir Özcan (2017), *Fatih Sultan Mehmed Atam Dedem Kanunu Kanunname-i Al-i Osman*, Istanbul: Kronik Kitap, XLII쪽.

6 Gülru Necipoğlu (2012), Visual Cosmopolitanism and Creative Translation: Artistic Conversations with Renaissance Italy in Mehmed II's Constantinople, *Muqarnas: An Annual on the Visual Cultures of the Islamic World*, Leiden·Boston: BRILL, 8쪽.

7 Gunsel Renda (2006), The ottoman Empire and Europe: Cultural Encounters, *Foundation for Science Technology and Civilization*, 4~5쪽.

8 Mustafa Cezar (2010), *Mufassal Osmanlı Tarihi* 2. Cilt(2권), Türk Tarih Kurumu, 751쪽.

[9] Yaşar Yüzel et al. (1991), *Klasik Dönemin Üç Hükümdarı Fatih Yavuz Kanuni*, Türk Tarih Kurumu, 137쪽.

[10] Mustafa Cezar, 앞의 책, 880쪽.

[11] Mustafa Cezar, 앞의 책, 895쪽.

[12] André Clot (1992), *Suleiman the Magnificent: The Man, His Life, His Epoch*, London: Saqi Books, 64쪽.

[13] Halil Inalcik (2000), *The Ottoman Empire: The Classical Age 1300~1600*, London: Phoenix, 71쪽.

[14] Yaşar Yüzel et al. 앞의 책, 215쪽.

[15] André Clot, 앞의 책, 74쪽.

[16] Gülistan Ekmekçi (2016), Muhibbi Divanı' nda Renkler, Colors in Muhibbi' s Divan, *The Journal of Academic Social Science Studies*, 49호, 468쪽.

[17] 와크프(재단)는 오스만 제국시대 학교(메드레세), 사원(자미), 길, 다리, 음수대, 병원, 도서관, 구휼소 등 사회공공시설을 건설하고 운영하는 주요 기관이었다. 공익 법인 의 일종인 와크프는 술탄의 가족, 고위 관리, 부호들이 설립하고 사회시설을 통해 얻 는 수익금은 와크프 운영에 사용되었다.

[18] Muhammet Mustafa Ünlü (2018), Enderun ve Sanat Eğitimi, *AKRA Kültür Sanat ve Edebiyat Dergisi*, cilt:6, 148쪽.

[19] Hülya Kalyoncu (2015), Ehl-i Hiref-i Hassa Teşkilatının Osmanlı Kültür ve Sanat Yaşamındaki Yeri ve Önemi, *The Journal of Academic Social Science Studies*, 279~294쪽.

[20] Maryam Mesineh Asl (2017), A Comparative Analysis of Factors Influencing the Evolution of Miniature in Safavid and Ottoman Periods, *IntJCSS*, Vol.3, 487쪽.

[21] Sinem Erdoğan (2009), The Nakkaşhane, *Tarih* Vol. 1, İstanbul: Boğaziçi University, 45쪽.

[22] Kyong-Mi Kim (2018), Research on the Dragon Image in Turkish Miniature Paintings, *Acta Via Serica*, Vol.3, No.1, 120쪽.

[23] 이희철 (2020), "18세기 프랑스에서 튀르크 문화의 재현Turquerie에 관한 연구: 오스 만 제국과 프랑스 왕국 간 동맹관계를 중심으로", 《지중해지역연구》, vol. 22. no. 3. 132쪽.

제4부

[1] Radovan Samarćić (1994), *Sokollu Mehmed Paşa*, 터키어 번역: Meral Gaspıralı, İstanbul: Sabah Kitapları, 189쪽.

[2] Baki Tezcan (2009), The Ottoman Monetary Crisis of 1585 Revisited, *Journal of the Economic and Social History of the Orient*, Vol.52, No.3, 460쪽.

[3] 1 쿠루쉬kuruş는 베네치아 공화국의 금화인 1 두카트의 3분의 2 가치였다.

[4] Johann Wilhelm Zinkeises (2011), *Osmanlı İmparatorluğu Tarihi 3*, 터키어 번역: Nilufer Epçeli, İstanbul: Yeditepe, 441~43쪽. / Mustafa Cezar (2011), *Mufassal Osmanlı Tarihi* III, Türk Tarih Kurumu, 1721~22쪽.

[5] Songül Çolak (2006), Avusturya elçiliği esnasında (1688~1692) Zülfikar Paşa'nın Lehistan vekilleri ile yaptığı sulh müzakereleri, *Tarih ve Medeniyet*, 443쪽.

[6] Yüzel Özkaya (1977), *Osmanlı İmparatorluğunda Ayanlık*, Ankara Üniversitesi Yayınevi, 111쪽.

[7] Stephen Turnbull (2003), *The Ottoman Empire 1326~1699*, Osprey Publishing, 82쪽.

[8] 카자크kazak는 집 없이 떠도는 방랑자, 자유인, 부랑아 등의 의미가 있다. 몰다비아에서 아조프해에 이어지는 오스만 제국의 변경 초원 지역에 살던 카자크는 자체 군사 조직을 갖고 러시아 차르국과 폴란드-리투아니아 연방국으로부터는 독립되어 용병과 약탈로 반 자치적으로 생활하고 있었다. 이들은 주로 고기잡이와 사냥을 하면서 오스만 영토나 크림 타타르의 변경 작은 도시를 약탈하였다.

[9] Ömer Bıyık (2014), Osmanlı Rus hududunda bir kale: XVIII. yüzyılda Hotin, *Tarih İncelemeleri Dergisi*, XXIX/2, 2014, 491~92쪽. (İbrahim Peçevi (1971), Peçevi Tarihi II, Ankara, 354쪽 재인용)

[10] Kadir Kazalak et al. (2003), II. Osmanın Hotin Seferi (1621), *Osmanı Tarihi Araştırma ve Uygulama Merkezi Dergisi*, 144쪽.

[11] Yüzel Özkaya, 앞의 책, 99쪽.

[12] Zeynep Dramalı (2004), *Tarihi Tersten Okumak*, Istanbul: Yeditepe Yayınevi, 368~69쪽.

[13] Hasan Yaşaroğlu (2013), Osmanlı' da bir darbe ve tahlili: Genç Osman örneği, *Turkish Studies—International Periodical for the Languages, Literature and History of Turkish or Turkic*, Volume 8/7, Summer, 708쪽.

[14] Halil İnalcık & Günsel Renda (2004), *Ottoman Civilization* 1, Ministry of Culture and Tourism Press, 221~23쪽.

[15] 판관들은 부하 관리와 지방 실세를 동행하여 범인을 찾는다는 명목으로 마을을 순회하며 세금을 걷고 양, 닭, 버터, 꿀, 보리 등을 농민으로부터 수탈했다. 관리들이 양민을 약탈하는 술수도 명시했다. 어떤 지방 관리는 작은 선물이라며 신민들에게 값싼 칼, 테두리 없는 모자, 비누 등을 돌린 후 농민들로부터 양, 벌통, 보리 등을 받아내고, 싸게 산 물건을 농민들에게 비싸게 되판 사례들이 지적되었다.

[16] 상세 내용은 다음 논문을 참고함: Ali Fuat Gökçe (2009), Osmanlı Klasik Döneminde İdari Reform Hareketleri: Koçi Bey Risalesi, *Yasama Dergisi*, 66~75쪽.

[17] İlber Ortaylı (2010), Sekiz yıllık saltanatı bir faciaydi, 13 Şubat 2010, Milliyet.

[18] İlber Ortaylı, 앞의 기고문.

[19] Gábor Ágoston et al. (2009), *Encyclopedia of the Ottoman Empire*, New York: Facts On File, 263쪽.

[20] Gábor Ágoston et al., 앞의 책, 263쪽.

[21] Ahmet Refik Altınay (2001), *Köprülüler*, Istanbul: Tarih Vakfı Yayınları, 11~12쪽.

[22] Jean Berenger et al. (1994), *A History of the Habsburg Empire 1273~1700*, London: Routledge, 318쪽.

[23] William Blackwood et al. (1843), Chapters of Turkish History, No. X, *Blackwood's Edinburgh Magazine*, No. CCCXXXIII, Vol. LIV. 179쪽.

[24] Lord Kinross (1977), *The Ottoman Centuries: The Rise and Fall of the Turkish Empire*, New York: Morrow Quill Paperbacks, 356쪽.

[25] Türkan Polatcı (2011), *Rusya Sefaretnamesi 1757~1758*, Türk Tarih Kurumu, 7쪽.

[26] Virginia H. Aksan (2007), *Ottoman Wars 1700~1870: An Empire Besieged*, Edinburgh: Pearson Education Limited, 26쪽.

[27] Uğur Kurtaran (2016), Karlofça antlaşması' nda Venedik Lehistan ve Rusya'ya verilen

genel özellikeri ve diplomatik açıdan değerlendiriımesi, TAD, C.35/S.60, 115쪽.

제5부

[1] Osman Köse (2012), Rusya'nın Karadeniz' le ilk buluşması: İstanbul antlaşması(13 Temmuz 1700), *The Journal of Social Sciences Institute*, Balikesir University, Volume: 15 – Number: 28, December, 204~06쪽.

[2] Hakan Yıldız (2006), *Haydi Osmanlı sefere!: Prut Seferinde organizasyon ve lojistik*, İstanbul: Türkiye İŞ Bankası Kültür Yayınları, 97쪽.

[3] Fariba Zarinebaf (2010), *Crime and Punishment in Istanbul: 1700~1800*, University of California Press, 17쪽.

[4] 이희철 (2021), 오스만 제국 동양학자 디미트리에 칸테미르(1673~1723), 《역사문화연구》 제78집, 151쪽.

[5] H. Mustafa Eravıcı et al. (2010), Lale dönemi ve Patrona Halil isyanı üzerine yeni değerlendirmesi, *Tarih Okulu* 8호, 81쪽.

[6] Uğur Kurtaran (2012), Sultan Birinci Mahmud ve Dönemi (1730~1754), *Selçuk Üniversitesi Doktora Tezi*, 17쪽.

[7] M. Münir Aktepe (1958), *Patrona İsyanı (1730)*, İstanbul Üniversitesi Edebiyat Fakültesi Yayınları, 156쪽.

[8] John Freely (2000), *Inside the Seraglio: Private Lives of the Sultans in Istanbul*, London: Penguin Books, 189쪽.

[9] Hacer Topaktaş (2014), *Osmanlı Lehistan Diplomatik İlişkileri: Francizek Piotr Potocki nin İstanbul Elçiliği (1788~1793)*, Türk Tarih Kurumu, 25쪽.

[10] Osman Köse(2006), *1774 Küçük Kaynarca Andlaşması*, Türk Tarih Kurumu, 108쪽.

[11] Osman Köse, 앞의 책, 118쪽.

[12] Akdes Nimet Kurat (2011), *Türkiye ve Rusya XIII. Yüzyıl Sonundan Kurtuluş Savaşına kadar Türk−Rus İlişkileri*, Türk Tarih Kurumu, 28쪽.

13 Osman Köse, 앞의 책, 111쪽.

14 Akdes Nimet Kurat, 앞의 책, 32쪽.

15 Mithat Sertoğlu (1962), *Resimli Haritalı Mufassal Osmanlı Tarihi* Vol.5, İstanbul: Tan Matbaası, 2497쪽.

16 Uğur Kurtaran, 앞의 논문, 175쪽.

17 İsmail Hakkı Uzunçarşılı (2012), *Osmanlı Hanedanı Üstüne İncelemeler*, İstanbul: Yapı Kredi Yayınları, 341쪽.

18 Aysel Yildiz (2014), The Louis XVI of the Turks: The character of an Ottoman Sultan, *Middle Eastern Studies*, Vol. 50, No. 2, 280쪽.

19 Stanford J. Shaw(1971), *Between Old and New: The Ottoman Empire under Sultan Selim III 1789~1807*, Harvard University Press, 33쪽.

20 Aysel Yildiz (2017), *Crisis and Rebellion in the Ottoman Empire: The Downfall of a Sultan in the Age of Revolution*, London: I.B. Tauris, 6쪽.

21 Robert Mantran (2007), *Osmanlı İmparatorluğu Tarihi* II, 터키어 번역: Server Tanilli, İstanbul: Akım Yayınevi, 13쪽.

22 Ömer Kürkçüoğlu (2004), *The Adoption and Use of Permanent Diplomacy, Ottoman Diplomacy: Conventional or Unconventional*, Palgrave, 133쪽.

23 Namık Sinan Turan (2014), *İmparatorluk ve Diplomasi*, İstanbul Bilgi Üniversitesi, 288~91쪽.

24 Virginia Aksan (1997), *Ottoman Wars 1700~1870: An Empire Besieged*, Edinburgh: Pearson Education Limited, 229쪽.

25 Mustafa Gökçek (2001), Centralization during the era of Mahmud II, *The Journal of Ottoman Studies* XXI, 239쪽.

26 Hakan T. Karateke (2004), *Padişahım Çok Yaşa!: Osmanlı Devletinin Son Yüzyılında Merasimler*, Istanbul: Kitapyayınevi, 124쪽.

27 Uğur Kurtaran (2015), Osmanlı Diplomasi Tarihinin Yazımında Kullanılan Başlıca Kaynaklar İle Bu Kaynakların İncelenmesindeki Metodolojik ve Diplomatik Yöntemler Üzerine Bir Değerlendirme, *OTAM*, 38, 129쪽.

28 Arif Korkmaz (2011), Medmed Said Pasa Sefaretnamesi Uzerine Sosyolojik bir Degerlendirmesi, *Selçuk Üniversitesi İlahiyat Fakültesi Dergisi*, 207쪽.

29 이희철 (2020), 〈18세기 프랑스에서 튀르크 문화의 재현Turquerie에 관한 연구〉, 《지중해지역연구》, 제22권 제3호, 149쪽.

제6부

1 Fahir Armaoğlu (2014), 19. *Yüzyıl Siyasi Tarihi 1789~1914*, İstanbul: Timaş Yayınları, 114쪽.

2 Seyfettin Erşahin (2005), Islamic Support on the Westernization Policy in the Ottoman Empire: Making Mahmud II a Reformer Caliph-Sultan by Islamic Virtue Tradition, *Journal of Religious Culture* No.78, 3쪽.

3 오스만 사회에서 서양인(유럽인)을 국적에 상관없이 일반적으로 프랑크Frank라고 불렀다. 알라프랑가alafranga는 '서양식으로' 한다는 뜻으로 프랑스에서 유행한 '알라투르카alaturka'와 대칭되는 말이다. 서구문화가 유입되기 시작한 19세기 오스만 사회에서는 '알라프랑가'는 상류층에서, '알라투르카'는 일반 대중에서 유행한 문화적인 현상이었다.

4 Mustafa Gökçek (2001), Centralization during the era of Mahmud II, *The Journal of Ottoman Studies* XXI, 241쪽.

5 벡타쉬 종파는 이슬람 수피주의 종단(타리카트tariqat) 중 하나이다. 벡타쉬 종파는 13세기 중반 아나톨리아에서 활동한 하즈 벡타쉬 벨리Haji Bektash Veli에 의해 조직되었고, 예니체리는 그를 수호성인patron saint으로 숭배했다. 시아파인 벡타쉬 종파는 이슬람 율법에 느슨하여 여성도 포도주를 마시고 춤을 추는 예배의식에 참석하였다.

6 Namık Sinan Turan (2014), *İmparatorluk ve Diplomasi*, İstanbul Bilgi Üniversitesi, 352쪽.

7 Akdes Nimet Kurat (2011), *Türkiye ve Rusya XIII. Yüzyıl Sonundan Kurtuluş Savaşına kadar Türk-Rus İlişkileri*, Türk Tarih Kurumu, 50~51쪽.

[8] Akdes Nimet Kurat, 앞의 책, 60쪽.

[9] Halil İnalcık et al. (2006), *Tanzimat: Değişim Sürecinde Osmanlı İmparatorluğu*, Ankara: Phoenix Yayınevi, 29쪽.

[10] 딤미는 쿠란에서 '책의 사람들'로 지칭한 유대인과 기독교인으로 통치자에게 충성을 맹세하고 세금을 내면 개인의 종교적 관행은 유지할 수 있었으나, 법적·사회적 지위는 무슬림보다 낮았다.

[11] Joan Haslip (1973), *The Sultan: The Life of Abdul Hamid II*, New York: Holt, Rinehart and Winston, 40쪽.

[12] Hüseyin Dikme (2012), Osmanlı'da Halkla İlişkiler: Sultan Abdulaziz Dönemi Örneği, *The Journal of International Social Research*, 5권 21호, 300쪽.

[13] Roderic H. Davison(1973), *Reform in the Ottoman Empire 1856~1876*, New York: Gordian Press, 381쪽.

[14] Roderic H. Davison, 앞의 책, 174쪽.

[15] Ayşe Osmanoğlu (1986), *Babam Sultan Abdülhamid (Hatıralarım)*, Ankara: Selçuk Yayınevi, 142~145쪽.

[16] Ayşe Osmanoğlu, 앞의 책, 157쪽.

[17] Murat Şeker (2007), Osmanlı Devletinde Mali Bunalımı ve İlk Dış Borçlanma, *Cumhuriyet Üniversitesi İktisadi ve İdari Bilimler Fakültesi Dergisi*, Cilt 8, Sayı 2, 124쪽.

[18] Biltekin Özdemir (2010), *Osmanlı Devleti Dış Borçları*, T.C. Maliye Bakanlığı, 46~50쪽.

[19] Biltekin Özdemir, 앞의 책, 54쪽.

[20] Biltekin Özdemir, 앞의 책, 71쪽.

21 Biltekin Özdemir, 앞의 책, 81쪽.

[22] Turgüt Özbay (2005), *Lozandan Sevr'e Türkiye*, Ankara: Anı Yayıncılık, 51~55쪽.

[23] Bültekin Özdemir, 앞의 책, 108~109쪽.

[24] Bülent Durgun (2014), Italian Spark on Balkan Arsenal: Italian—Turkish War (1911~1912), *Journal of Modern Turkish History Studies*, XIV/28, 143쪽.

[25] İsmail Eyyupoğlu (2002), *Mudanya Mütarekesi*, Atatürk Araştırma Merkezi, XIX쪽.

26 Yılmaz Çetiner (2005), *Son Padişah Vahideddin*, İstanbul Epsilon, 213쪽.

27 Yılmaz Çetiner, 앞의 책, 307쪽.

28 Kerime Senyücel (2009), *Hanedan' ın Sürgün Öyküsü*, İstanbul : Timaş Yayınları, 27쪽.

찾아보기

지명

오스만 제국 600년사 1299~1922

2022년 6월 30일 초판 1쇄 발행
2024년 6월 5일 초판 6쇄 발행

글쓴이	이희철
펴낸이	박혜숙
편집	김진
펴낸곳	도서출판 푸른역사

　우) 03044 서울시 종로구 자하문로8길 13

　전화: 02)720－8921(편집부) 02)720－8920(영업부)

　팩스: 02)720－9887

　전자우편: 2013history@naver.com

　등록: 1997년 2월 14일 제13－483호

ⓒ이희철, 2024

ISBN 979－11－5612－220－3 03900